সবকিছুতে প্রভাবিত হবেন না

অতিরিক্ত চিন্তা, মানসিক বিশৃঙ্খলা
এবং নিজের ক্ষতি করা থেকে
কীভাবে মুক্তি পাওয়া সম্ভব

ড্যানিয়েল চিডিয়াক

অনুবাদ: অংশুলা দাশগুপ্ত

MANJUL
মঞ্জুল পাবলিশিং হাউস

First published in India by

MANJUL

Manjul Publishing House
Corporate and Editorial Office
•2nd Floor, Usha Preet Complex, 42 Malviya Nagar, Bhopal 462 003 – India
Sales and Marketing Office
•C-16, Sector 3, Noida, Uttar Pradesh 201301 – India
Website: www.manjulindia.com
Distribution Centres
Ahmedabad, Bengaluru, Kochi, Kolkata, Chennai,
Hyderabad, Mumbai, New Delhi, Pune

Bengali translation of *Stop Letting Everything Affect You* by *Daniel Chidiac*

English edition first published in 2025 by
Undercover Publishing House Pty Ltd.

This edition first published in 2026

ISBN 978-93-7317-795-3

Translation by Anshula Dasgupta

Printed and bound in India by Repro India Ltd.

এই বইটি আপনার বিকাশের জন্য উৎসর্গীকৃত

—ড্যানিয়েল চিডিয়াক

সূচিপত্র

সপ্তম পর্ব

আলো

ভূমিকা

সকলের জীবনেই একটা সময় আসে যখন তারা বুঝতে পারে যে এইভাবে আর বাঁচা যায় না—অশেষ ক্লান্তি, এমন সব জিনিস সবসময় মনে প্রভাব ফেলে চলেছে যেগুলোর এতটাও ক্ষমতা থাকা উচিত নয়। হয়তো আপনি বছরের পর বছর কাটিয়েছেন এই ভেবে যে আপনার আবেগের উপরে আপনার কোনো নিয়ন্ত্রণ নেই। প্রতিটি ছোট ব্যাপার—যেমন কেউ এমন কিছু বলল, বা এমন কিছু করল যা আপনার পছন্দ নয়—সেটাই আপনার মানসিক পরিস্থিতি কেমন থাকবে তা নির্ধারণ করে দেয়। হয়তো আপনি সারা জীবন ধরে এক অদৃশ্য ভার বহন করে চলেছেন; এমন ভার যা হয়তো আপনার বইবার কথাই ছিল না।

প্রতিদিন প্রবল মানসিক চাপ নিয়ে আপনার ঘুম ভাঙে, যেন আপনি আসন্ন স্ট্রেস নিয়ে তখন থেকেই চাপে রয়েছেন। মনে মনে পুরোনো কথাবার্তা ভাবতে থাকেন আপনি। এমন সমস্ত বিষয় নিয়ে আপনি চিন্তা করতে থাকেন যা পরিবর্তন করা আপনার পক্ষে সম্ভব নয়। আর এই করতে করতেই আপনি একটা চক্রের মধ্যে নিজেকে বেঁধে ফেলেন—**ওভার-থিংকিং, ওভার-কেয়ারিং এবং ওভার-রিঅ্যাক্টিং।** আর এই করতে করতে আপনি নিজের ওপর নিয়ন্ত্রণ হারিয়ে ফেলেন; স্বাভাবিকের থেকে অনেক বেশি বার। কখনো কখনো এটা দেখা দেয় একটা অনুভূতি হিসেবে, যা কিছুতেই আপনি আপনার মন থেকে সরাতে পারেন না। একটা আশঙ্কা, একটা অ্যাংজাইটির চোরা স্রোত যা আপনার ওপর পুরোপুরি কবজা করতে পারে না ঠিকই, কিন্তু একেবারে মিলিয়েও যায় না। এমনভাবে আপনার মনের ভিতর এটি তার অস্তিত্ব বজায় রাখে যাতে আপনি এর কাছে পণবন্দী হিসেবে থেকে যান। আবার কখনো পরিস্থিতি এতটাই খারাপ হয়ে যায় যে আপনার মনে হয় এখান থেকে পালাতে পারলে

আপনি বাঁচেন। **আপনি সত্যিই পালাতে চান।** আপনার মনে হয় আপনি পাগল হয়ে যাচ্ছেন, তার কারণ কোনো 'স্বাভাবিক' মানুষ এত ছোট ছোট জিনিসকে নিজের ওপর এত সহজে বা এতটা প্রভাব বিস্তার করতে দেয় না। যদিও এটি স্বীকার করা সত্যিই খুব কঠিন, কিন্তু আপনি সমানে নিজেকে মানসিকভাবে এবং আবেগের দিক থেকেও অসংলগ্ন মনে করতে থাকেন। আর এই বিষচক্রে আপনি চলতে থাকেন সমানে। এই চক্র কখনো শেষ হয় না। এক মুহূর্তে হয়তো আপনার মনে হয় আপনি সম্পূর্ণ ভালো হয়ে গেছেন এবং খুশিতে আপনার মন পরিপূর্ণ, ঠিক তার পরমুহূর্তেই আপনার মনে হয় আপনার চারদিকের পৃথিবী ভেঙে পড়ছে, টুকরো টুকরো হয়ে যাচ্ছে সবকিছু। ওপরে যাই মনে হোক না কেন, মনের গভীরে আপনি ঠিকই জানেন এটা কেবল চারপাশের মানুষের ব্যাপার নয়। এটা কেবল আপনাকে কে আঘাত করেছে, কে কষ্ট দিয়েছে, কে আপনার প্রশংসা করেনি, বা কে আপনাকে হতাশ করেছে—এর মধ্যে সীমাবদ্ধ নয়। **এই গোটা ব্যাপারটাই আপনাকে ঘিরে। আপনি কীভাবে আপনার মানসিক শান্তি, আবেগ এবং মানসিক স্থৈর্য রক্ষার চাবিকাঠি সকলের হাতে তুলে দিচ্ছেন; নিজেকে আপনি ঠিক কতটা কঠিনভাবে শাসন করেন—এই সমস্ত কিছু নিয়েই এই বিষয়।**

আবেগের এই ওঠাপড়ার মূল্য অপরিমেয়। এর ফলে আপনার সম্পর্ক ক্ষতিগ্রস্ত হয়, তার কারণ লোকে বুঝতেই পারে না তাদের সামনে কোন মূর্তি ধরে আপনি আসবেন। এর ফলে আপনার কাজেরও প্রচুর ক্ষতি হয়। তার কারণ, মানসিক অশান্তির জন্য আপনার মনোযোগ ছিন্নভিন্ন হয়ে যেতে থাকে। এটি আপনার আত্মবিশ্বাসে ক্ষয় ধরায়, প্রতিমুহূর্তে আপনি নিজে ভরসাযোগ্য কি না সেই প্রশ্ন নিজেকে করতে থাকেন। সবথেকে ধ্বংসাত্মক ব্যাপার হলো এটি আপনার বর্তমানকে কেড়ে নেয়—যার ফলে প্রতিমুহূর্তে জীবন উপভোগ করা থেকে বঞ্চিত হয়ে আপনি 'কী হতে পারে', সেই চিন্তার কারাগারে নিজেকে বন্দি করে ফেলেন।

এই পরিস্থিতি থেকে মুক্তি পাওয়ার জন্য আপনি নিশ্চয়ই বিভিন্ন পদ্ধতি অবলম্বন করে দেখেছেন। হয়তো আপনি আপনার আবেগকে অবদমিত করার চেষ্টা করেছেন, কিন্তু সেটা অন্য সময় বন্যার স্রোতের মতো আরও বেশি শক্তি নিয়ে ফেটে বেরিয়ে পড়েছে। হয়তো আপনি অন্যান্য লোকেদের কাছ থেকে অনুমোদন চেয়েছেন, মনে করেছেন যে লোকের আশ্বাসবাণীতে হয়তো আপনার মনের ভিতরের ঝড় স্তিমিত হবে। কিংবা আপনি সমস্ত পরিস্থিতি নিয়ন্ত্রণ

করার চেষ্টা করেছেন, আপনি মনে করেছেন যে, যদি আপনি কোনোভাবে আগাম ফলাফলটা বুঝে যেতে পারেন এবং সমস্ত পরিস্থিতি নিয়ন্ত্রণ করতে পারেন তাহলে হয়তো আপনার মনে শান্তি আসবে। কিন্তু প্রতিবারই এই সমস্ত কৌশল ব্যর্থ হয়েছে। তার কারণ এই সমস্ত কৌশল কেবল উপসর্গগুলিকেই ম্যানেজ করার চেষ্টা করেছে কিন্তু আসল কারণটাকে খুঁজে বার করতে চায়নি।

আপনি এখনো যেটা বুঝতে পারেননি, তা হলো হাইপার রি-অ্যাক্টিভিটি আপনার চারিত্রিক ত্রুটি নয়। এটা কোনো অপরিবর্তনীয় চরিত্রগত বৈশিষ্ট্যও নয়। এটা একটা প্যাটার্ন যেটা আপনি শিখেছেন। আপনার মনের এটা একটা অভ্যাস যেটা দীর্ঘদিন ধরে একাধিক বার পুনরাবৃত্তির ফলে আরও বেশি শক্তিশালী হয়ে উঠেছে। আর যেকোনো অভ্যাসের মতোই এটাকেও স্বাস্থ্যকর ভালো অভ্যাসের দ্বারা প্রতিস্থাপিত করা সম্ভব। আপনার প্রতিক্রিয়াশীল মন মানুষ হিসেবে আপনার পরিচায়ক নয়—এটা কেবলমাত্র আপনার একটা অভ্যাস।

সত্যিটা হলো: আপনার এভাবে বাঁচার কোনো প্রয়োজন নেই। আপনি নিজেকে বদলে ফেলতে পারেন।

এই যাত্রা সবসময়ই যে খুব সহজ হবে তা নয়। কোনো বৃদ্ধিই সরলরৈখিক নয়—এতে ওঠাপড়া, এগোনো-পিছোনো দুই-ই থাকবে। কিন্তু একভাবে অভ্যাস এবং এই বইয়ের পাতায় প্রস্তাবিত কৌশলের মাধ্যমে আপনি এমন একটা স্থিতি তৈরি করতে পারেন যা চূড়ান্ত বিশৃঙ্খল পরিস্থিতিতেও অটল থাকবে।

এই বইটি আবেগহীনতার কথা বলে না। বরং আপনি কোথায় এবং কীভাবে নিজের শক্তি ক্ষয় করছেন, সেটাকে নিয়ন্ত্রণ করতে শেখার কথা বলে। এ বই আপনাকে বোঝানোর চেষ্টা করে যে সমস্ত কিছুতে প্রতিক্রিয়া দেখানোর প্রয়োজন নেই, সবার আপনার সঙ্গে যোগাযোগ রাখার অধিকার নেই এবং সমস্ত চিন্তা বিশ্বাস করারও দরকার নেই। নির্ভয়ে, কোনো অপরাধবোধ ছাড়া নিজের মানসিক শান্তি বজায় রাখার জন্য একটা সীমারেখা তৈরির কথা এখানে বলা হয়েছে।

এই বই আপনাকে শেখাবে কীভাবে আপনি:

- ছোট ছোট কারণে আপনার গোটা দিন নষ্ট হওয়া রোধ করতে পারেন।
- নিজের ক্ষতি করা বন্ধ করতে পারেন।
- অপরাধবোধে না ভুগে স্বাস্থ্যকর সীমারেখা স্থাপন করতে পারেন।
- সত্যিকারের অপরাধবোধ এবং ম্যানিপুলেশনের মধ্যে পার্থক্য করতে পারেন।

- হাতের বাইরে বেরিয়ে যাওয়ার আগে ওভার-থিংকিং-এর চক্র ভাঙতে পারেন।
- সমস্ত কিছু গায়ে না মেখে নিজেকে আবেগঘন প্রতিক্রিয়া দেওয়া থেকে মুক্ত করতে পারেন।
- সম্পর্কে টক্সিক বা ক্ষতিকারক প্যাটার্ন চিনতে পারেন এবং কোনো অনুশোচনা ছাড়াই সেই সম্পর্ক থেকে বেরিয়ে আসতে পারেন।
- আরও বেশি নিয়ন্ত্রণে থাকতে পারেন এবং প্রতিদিন ভালো থাকতে পারেন।
- নিজেকে ভিকটিম ভাবার বদলে নিজের এমপাওয়ারমেন্ট বা ক্ষমতায়নের দিকে মনোযোগ দিতে পারেন।
- আবেগগত বিচ্ছিন্নতা সৃষ্টি করতে পারেন—শীতলতা না দেখিয়েও কীভাবে অবিচলিত থাকতে পারেন।
- আপনার বৃদ্ধির কারণ কাউকে দর্শাতে হবে এ ভাবনা ত্যাগ করে অনুশোচনাহীনভাবে এগিয়ে যাবেন।

মনে রাখবেন, প্রতিটা বিষয় নিয়ে অতিরিক্ত চিন্তাভাবনা করেন বলে বা সমস্ত বিষয়ে গভীরভাবে অনুভব করেন বলে আপনি কোনোভাবেই দুর্বল নন। কিন্তু এই অতিরিক্ত চিন্তা এবং আবেগ আপনাকে সম্পূর্ণভাবে গ্রাস করে ফেলার আগে এগুলোকে বন্ধ করতে হবে। সমস্ত কিছুর ভিতর থেকে নিজেকে বেছে নেওয়ার জন্য আপনি কোনোভাবেই স্বার্থপর নন। কিন্তু নিজেকে বেছে নেওয়ার জন্য সমানে ক্ষমা চাওয়া আপনাকে বন্ধ করতে হবে। যা আপনার জীবনে প্রয়োজন নেই তার থেকে নিজের দূরত্ব তৈরি করার জন্য কোনোভাবেই আপনি হৃদয়হীন বলে বিবেচিত হবেন না। কিন্তু যে সমস্ত লোকেরা আপনার চিন্তা-ভাবনা বুঝবে না, তাদের কাছে নিজের সমস্ত বিষয় ব্যাখ্যা করার অভ্যাস আপনাকে ত্যাগ করতে হবে।

এটা আপনার জীবনে একটা অন্যতম গুরুত্বপূর্ণ মোড়। আসুন, আমরা একসঙ্গে খুঁজে বার করি কেন সমস্ত কিছু আপনাকে এত গভীরভাবে নাড়া দিয়ে যায়—এবং তারপর দেখি, কীভাবে আপনি এই জাল থেকে নিজেকে মুক্ত করতে পারেন...

প্রথম পর্ব

কেন আপনি সমস্ত কিছুকে নিজের ওপর প্রভাব বিস্তার করতে দেন

প্রথম অধ্যায়

সমস্ত সমস্যার গোড়া: আপনি কেন সবকিছু এত গভীরভাবে অনুভব করেন

আচ্ছা, কখনো কি ভেবে দেখেছেন, কেন কোনো কোনো ঘটনা আপনাকে অন্যান্য লোকেদের তুলনায় অনেক বেশি প্রভাবিত করে? কেন একটা সহজ-সরল মন্তব্য, কারোর তাকানোর ভঙ্গি বা কারোর কথা বলার ঢং ঘণ্টার পর ঘণ্টা, কখনো বা কয়েক সপ্তাহ ধরে আপনার মনের মধ্যে তরঙ্গ তুলে চলে? কেন আপনার আবেগ আপনাকে এতটাই নিয়ন্ত্রণহীনভাবে উদ্বেলিত ও বিচলিত করে তোলে যাতে আপনি অতিরিক্ত চিন্তার ভারে সম্পূর্ণ ক্লান্ত এবং অভিভূত হয়ে পড়েন? যদি ভেবে থাকেন, তবে জানবেন আপনি একা নন। এ জগতের মধ্যে কিছু মানুষ আছেন যারা প্রতিটা বিষয়ই অত্যন্ত গভীরভাবে অনুভব করেন। এটা তাঁদের মজ্জাগত ব্যাপার। এটা কিন্তু কোনো দুর্বলতা নয়। এটা এমন কোনো দোষও নয়, যা আপনাকে 'অত্যন্ত সেনসিটিভ' হিসেবে প্রতিপন্ন করে। বরং বলতে পারেন এটি বিশ্বকে অনুভব করার আপনার একান্ত নিজস্ব কৌশল। কিন্তু জীবনের ওপরে আবেগের অতিরিক্ত নিয়ন্ত্রণ থাকলে তা অনেক সময়ই অভিশাপ বলে মনে হতে পারে।

গভীরভাবে সমস্ত কিছুকে অনুভব করেন এমন মানুষেরা জীবন বলার জন্য কাটান না—বরং জীবনের প্রতিটা বিষয় তাঁরা যেন নিজের দেহের মধ্যে **শুষে নেন**। প্রত্যেকটা কথা, প্রত্যেকটা আলাপ-আলোচনা প্রতিমুহূর্তে তাঁরা গভীর থেকে গভীরতরভাবে অনুভব করেন। এই গভীর অনুভূতি কিন্তু অত্যন্ত

সুন্দর একটা উপলব্ধি। এই অনুভূতি একজন মানুষকে অন্য মানুষের সঙ্গে অর্থপূর্ণ সম্পর্ক গড়ে তুলতে সাহায্য করে। এমন মানুষেরা জীবনের ছোট ছোট জিনিস থেকে আনন্দ পান। তাঁরা জীবনকে এমনভাবে অনুভব করেন যা অন্যান্য মানুষের পক্ষে বোঝা সম্ভব নয়। কিন্তু একইসঙ্গে অনুভূতির এই ব্যাপ্তি যেকোনো মানুষের কাছেই ক্লান্তিকর হয়ে উঠতে পারে। যদি আপনি সবকিছুই খুব গভীরভাবে অনুভব করেন তাহলে কঠিন মুহূর্তগুলো শুধুমাত্র আর কষ্টকর থাকে না—তারা **সর্বগ্রাসী** হয়ে ওঠে। একটা সামান্য ভুল বোঝাবুঝিও তখন প্রত্যাখ্যান বলে মনে হয়। একটা ছোট ভুলও তখন একজন মানুষের আত্মবিশ্বাস ভেঙে দিতে পারে। কোনো একজনের হালকা চালে করা একটা মন্তব্যও মনে লেগে থাকতে পারে দীর্ঘদিন। ততদিনে যিনি মন্তব্যটা করেছিলেন তিনি হয়তো এই মন্তব্যের কথা একেবারেই ভুলে গিয়েছেন।

এখন কেন কিছু লোক এত গভীরভাবে সমস্ত কিছুকে অনুভব করে, তার কারণ অনুসন্ধান করতে গিয়ে বেশ কয়েকটা বিষয় উঠে এসেছে। দেখা গিয়েছে, জেনেটিক্স, পার্সোনালিটি এবং জীবনের অভিজ্ঞতা—এগুলোই অনুভূতির এই ব্যাপ্তির প্রধান কারণ। কিছু কিছু মানুষ স্বাভাবিকভাবেই আবেগের ওঠাপড়া অন্যদের তুলনায় বেশি ভালো বুঝতে পারেন। তাঁরা এমন সমস্ত ছোট ছোট বিষয় খেয়াল করেন যা বেশিরভাগ মানুষ বুঝতেই পারে না। এই সমস্ত মানুষেরা বডি ল্যাঙ্গুয়েজ এবং গলার স্বরের ওঠানামার ছোট ছোট পরিবর্তন খেয়াল করতে পারেন, আর এর ফলে তাঁরা সমস্ত কিছু এমনভাবে বুঝতে বা দেখতে পান যা তাঁদের অভিজ্ঞতাকে আরও সমৃদ্ধ করে তোলে।

ডক্টর এলেইন অ্যারন (১৯৯৭) **'হাইলি সেনসিটিভ' (HSP)** মানুষদের ওপর গবেষণা করেন। এই গবেষণা থেকে জানা যায় যে, জনসংখ্যার প্রায় ২০% মানুষ অনেক বেশি রিঅ্যাকটিভ নার্ভাস সিস্টেম নিয়ে জন্মগ্রহণ করেন। সাদা বাংলায় বললে, এই সমস্ত মানুষের মস্তিষ্ক বিভিন্ন ইন্দ্রিয়লব্ধ তথ্য এবং আবেগ বাকি মানুষদের থেকে অনেক বেশি গভীরভাবে গ্রহণ বা প্রক্রিয়া করে। একইসঙ্গে ছোটবেলার অভিজ্ঞতাও এক্ষেত্রে একটা বেশ বড় ভূমিকা পালন করে। আপনি যদি এমন পরিবেশে বড় হন যেখানে আবেগকে বেশি প্রাধান্য দেওয়া হয় না, তাহলে আপনি সমস্ত কিছুকে বড্ড বেশিরকমের বিশ্লেষণ করে বোঝার চেষ্টা করাটা শিখতে পারেন। আবার ধরুন আপনি এমন জায়গায় বড় হয়েছেন যেখানে বাকি সকলের মেজাজের পরিবর্তনের বিষয়ে আপনাকে

অতিরিক্ত সতর্ক থাকতে হয়েছে। এক্ষেত্রে চারপাশের সমস্ত কিছুর বিষয়ে অতিরিক্ত সেনসিটিভ হয়ে ওঠাটা আপনার ক্ষেত্রে একেবারেই অস্বাভাবিক নয়।

সমস্ত কিছু গভীরভাবে অনুভব করাটা আপনার একমাত্র সমস্যা নয়—সমস্যা হলো আপনি জানেন না কীভাবে এটাকে আপনি বন্ধ করতে পারেন। আপনি কেবলমাত্র নিজের আবেগ গভীরভাবে অনুভব করছেন তাই নয়, একইসঙ্গে আপনি অন্যান্য মানুষের আবেগও আত্মস্থ করছেন। যেকোনো জায়গায় যাওয়ামাত্রই আপনি সেইখানের পরিস্থিতি খুব সহজেই বুঝে যান। কেউ যদি কোনো কারণে মানসিকভাবে বিপর্যস্ত থাকে তা আপনি সহজেই বুঝতে পারেন। কেউ যদি স্বাভাবিকের থেকে একটু অন্যরকমের আচরণ করেন, তাও আপনি খুব সহজেই খেয়াল করতে পারেন। যেন আপনি সবসময়ে স্থান-কাল-পাত্রের আবেগ বোঝার জন্য সঙ্গে করে একটা 'ইমোশনাল রাডার' নিয়ে ঘুরছেন, যা অনবরত বিভিন্নরকমের আবেগের সংকেত সংগ্রহ করে তা বিশ্লেষণ করে চলেছে। যদিও এই গুণ আপনাকে অনেক বেশি সহানুভূতিশীল এবং তীক্ষ্ণ বিচারবুদ্ধিসম্পন্ন হয়ে উঠতে সাহায্য করে, একইসঙ্গে এটি অত্যন্ত ক্লান্তিকরও বটে। তার কারণ, প্রতিমুহূর্তে আপনাকে এমন সমস্ত আবেগের বোঝা বইতে হচ্ছে যার সঙ্গে আপনার আদৌ কোনো যোগাযোগ নেই।

অতিরিক্ত সহানুভূতিশীল হওয়ার সমস্যা হলো
আপনার ক্ষতি করেছে এমন লোকের জন্যেও
আপনি দুঃখিত বোধ করেন।

এই পর্যায়ের সংবেদনশীলতা আবার সমস্ত কিছু নিয়ে **অতিরিক্ত চিন্তা** করার দিকে আপনাকে ঠেলে দেয়। আপনার মস্তিষ্কে সমানে বিভিন্ন আলাপ-আলোচনার পুনরাবৃত্তি হতে থাকে, যার প্রতিটি শব্দ বিশ্লেষণ করে আপনি অন্তর্নিহিত অর্থ খুঁজে বের করার চেষ্টা করতে থাকেন। আপনার বলা প্রতিটি কথাই ঠিক কি না তা নিয়ে আপনার মনে সন্দেহ দেখা দিতে থাকে। সকলে আপনার কথার ভুল অর্থ বের করবে, এই চিন্তা নিরন্তর আপনাকে কুরে কুরে খেতে থাকে। যদি কেউ চুপ করে থাকে, আপনার মনে হয় তার এই নৈঃশব্দ্যের কারণ নিশ্চয়ই আপনি। এই অতিরিক্ত বিশ্লেষণের ফলে যে কেবল আপনার মন সদা ব্যস্ত থাকে তাই নয়—এই অভ্যাস আপনাকে সামনের দিকে এগোতে দেয় না,

একই জায়গায় আটকে রেখে দেয়। ছোট ছোট জিনিস নিয়ে দুশ্চিন্তা আপনাকে আত্মসন্দেহের বেড়াজালে জড়িয়ে ফেলে।

অতিরিক্ত সংবেদনশীল মানুষের জন্য এর সঙ্গে অঙ্গাঙ্গিভাবে জড়িত **অপরাধবোধ**ও একটা সমস্যা হয়ে দাঁড়ায়। অতিরিক্ত যত্নশীল হওয়ার জন্যেও আপনি অপরাধবোধে ভুগতে পারেন। সবকিছুই খুব বেশি করে নিজের ঘাড়ে নিয়ে নেওয়ার অপরাধবোধে ভোগাটাও অস্বাভাবিক নয়। অথবা অন্যান্যদের কথামতো সমস্ত কিছু “ছেড়ে দিতে” না পারার অপারগতা থেকেও অপরাধবোধের জন্ম হতে পারে। আর যেহেতু আপনি অত্যন্ত আবেগপ্রবণ, কাজেই আপনি অন্যান্যদের অনুভূতির জন্যেও নিজেকে দায়ী বলে মনে করতে পারেন। ফলে আপনি নিজের ক্ষমতাকে ছাপিয়ে গিয়ে অন্যদের বেশি গুরুত্ব দেন এবং যেকোনো প্রকারে শান্তি বজায় রাখার চেষ্টা করেন—তাতে আপনার নিজের ভালো থাকা যতই ক্ষতিগ্রস্ত হোক না কেন।

সমস্ত কিছু গভীরভাবে অনুভব করার ফলে যে ক্লান্তির জন্ম হয় তা কেবলমাত্র মানসিক নয়—শারীরিকও বটে। যদি আপনি সর্বদা তীব্র অনুভূতিশীল অবস্থায় থাকেন তাহলে আপনার স্নায়ুতন্ত্র সর্বদা সতর্ক থাকবে। এর ফলে আপনার দেহে এমনভাবে স্ট্রেস তৈরি হবে যা আপনি বুঝতেও পারবেন না। সেই জন্যই অতিরিক্ত আবেগপ্রবণ মানুষেরা বেশিরভাগ সময়েই অ্যাংজাইটি, টেনশন, মাথাব্যথা প্রভৃতি সমস্যায় ভোগেন, অথবা মানুষের সঙ্গে মেলামেশার পরে ক্লান্ত বোধ করেন। আপনার দেহ কেবলমাত্র আপনার নিজের আবেগের কারণে প্রতিক্রিয়াশীল হচ্ছে না, বরং এটি আপনার চারপাশের প্রত্যেকটা জিনিস এবং প্রতিটি মানুষের আবেগের ভারের প্রভাবে প্রতিক্রিয়াশীল হচ্ছে। সমস্ত কিছু গভীরভাবে অনুভব করাটা কেবলমাত্র আপনাকে ইমোশনালি ক্লান্ত করে তোলে তাই নয়—এটি আপনার অজান্তেই আপনাকে অতিরিক্ত যত্নপ্রবণতার মাধ্যমে ভিতর থেকে ক্ষইয়ে দিতে থাকে।

অতিরিক্ত যত্নশীলতার আবেগগত মূল্য

যত্নশীল হওয়াটা একটা অত্যন্ত ভালো গুণ হিসেবে গণ্য হয়। বলা যেতে পারে অপরের প্রতি যত্ন করার বা অপরের প্রতি দায়িত্বশীল হওয়াটা আমাদের মানুষে পরিণত করে। কিন্তু যদি এই যত্নশীল হওয়াটাই আপনার জীবনে পরিপূর্ণতার

পরিবর্তে ক্লান্তি বয়ে নিয়ে আসে, তবে? যদি আপনার মনে হয় যে এটা একটা আবেগের ভারী বোঝা যা আপনি কোনোমতেই নীচে নামিয়ে রাখতে পারছেন না, তবে? লোকেরা কী ভাববে, কী মনে করবে, তাদের কী প্রয়োজন—আপনি যদি কেবল এই সব নিয়ে এতটাই চিন্তা করে থাকেন, যে তার ফলে আপনি **ক্লান্তি, অনাদর এবং শূন্যতা** অনুভব করেন, তখন?

যে সমস্ত লোক সমস্ত কিছু নিয়ে গভীরভাবে অনুভব করেন, তাঁদের বেশিরভাগ সময় এই জীবনকে অবিরল আবেগ বিনিয়োগের মাধ্যম বলে মনে হয়। আপনার বন্ধুত্ব, সম্পর্ক, এমনকী অচেনা লোকেদের সঙ্গে ছোট ছোট বাক্যালাপও আপনি সম্পূর্ণ হৃদয় থেকে করেন। কোনোরকম দ্বিধা না করে আপনি আপনার সময়, শক্তি এবং আবেগ বিলিয়ে দেন। কিন্তু তা সত্ত্বেও বেশিরভাগ সময়েই পরিপূর্ণতার বদলে আপনার নিজেকে পরিশ্রান্ত বলে মনে হয়। মনে হয় লোকে যেন আপনার সুবিধা নিচ্ছে। কখনো কখনো এজন্য লোকেদের প্রতি আপনি বিরক্তও হন। আপনি যে তাদের প্রতি যত্নবান হতে চান না, তা কিন্তু ঠিক নয়—আপনি আসলে জানেন না যে কোথায় আপনাকে থামতে হবে।

অতিরিক্ত যত্নশীলতার জন্য আপনাকে একটা মূল্য চোকাতে হয়। আর সেই মূল্য বেশিরভাগ সময়েই দিতে হয় আপনার **আবেগগত বা ইমোশনাল স্বাস্থ্য** দিয়ে। যদি আপনি সর্বদাই অন্যদের অগ্রাধিকার দিতে থাকেন তাহলে আপনার নিজের জন্য সময় এবং স্থান খুবই অল্প পড়ে থাকে। আপনার নিজের ইচ্ছে, চাহিদা, অনুভূতিগুলো পিছোতে পিছোতে কোথায় যেন বিলীন হয়ে যায়। আপনি নিজেকে এই বলে সান্ত্বনা দেন যে অন্যদের আনন্দের জন্য এটুকু আত্মত্যাগ তো আপনি করতেই পারেন, কিন্তু মনের গভীরে এই আত্মত্যাগ আপনাকে ক্লান্ত করে তোলে। দিনের পর দিন এই একই কাজ করতে থাকার ফলে একটা অসাম্য তৈরি হয়। এরই ফলস্বরূপ আপনার নিজেকে আবেগশূন্য বলে মনে হয়, যেন আপনি কেবল দিয়েই চলেছেন অথচ তার বদলে কিছুই ফেরত পাচ্ছেন না।

অতিরিক্ত যত্নশীল হওয়ার সব থেকে বড় সমস্যা হলো আবেগের দায়ভার। পৃথিবীর সকলের ভালো থাকার দায়িত্ব যেন আপনার কাঁধেই রয়েছে বলে আপনার মনে হয়। যদি কোনো সমস্যার সমাধান আপনি করতে না পারেন, তবে রাজ্যের অপরাধবোধ ঘিরে ধরে আপনাকে। অন্যের আবেগকে

আপনি নিজের আবেগের মতো আপন করে নেন। আর যখন লোকে কষ্ট করে বা কষ্ট পায় তখন আপনার মনে হয় যেন তাদের সমস্যার সমাধান করাটাই আপনার কর্তব্য। কিন্তু সত্যিটা হলো, সবাইকে ভালো রাখাটা আপনার পক্ষে সম্ভব নয়। আপনি নিজে যদি ভালো থাকতে চান তবে আপনার চারপাশের সমস্ত মানুষের আবেগের ভার বওয়াটাও আপনার পক্ষে অসম্ভব। আপনি যতই অন্যের প্রতি যত্নশীল হন না কেন, **অন্যের আনন্দের দায়িত্ব আপনার নয়।** আর আপনি যদি মনে করেন যে এই দায়িত্ব আপনার, তাহলে আপনাকে ক্লান্তি এবং হতাশার জন্যও প্রস্তুত থাকতে হবে।

আমি মনে করতাম আমি সবাইকে রক্ষা করব,
কিন্তু একদিন আমি বুঝতে পারলাম, সকলে মিলে
আসলে আমাকে ডুবিয়ে দিচ্ছে।

অতিরিক্ত যত্নশীল হওয়ার আরেকটা মূল্য আপনাকে চোকাতে হয়, নিজের ওপর সীমার অধিক চাপ নিয়ে। কোনো ক্ষেত্রে 'না' বলার ইচ্ছে হলেও আপনি 'হ্যাঁ' বলেন। আপনি এমন এমন লোকেদের দিকে সাহায্যের হাত বাড়িয়ে দেন যারা আপনি বিপদে পড়লে ফিরেও তাকাবে না। আপনি নিজের ক্ষমতার বাইরে গিয়ে লোকেদের সাহায্য করেন কারণ আপনি কাউকে হতাশ করতে চান না। কিন্তু আপনি যদি কেবলই একটা শূন্য পাত্র থেকে পানীয় ঢালতে থাকেন তাহলে শেষে গিয়ে কী হবে? আপনি মানসিকভাবে প্রচণ্ড ক্লান্ত হয়ে পড়বেন, আরও বেশি করে সংবেদনশীল হয়ে পড়বেন এবং কখনো কখনো মানসিক এই ক্লান্তি শরীরেও প্রতিফলিত হবে। আর সবথেকে খারাপ দিক? আপনি যাদের জন্য এইভাবে প্রাণপাত করছেন, তারা হয়তো আপনার এই আত্মত্যাগ খেয়ালও করবে না।

অতিরিক্ত যত্নশীল হতে গিয়ে অনেক সময়েই আপনি দুর্বল হয়ে পড়েন যার ফলে লোকে আপনার থেকে অন্যায় সুবিধা নিতে পারে। যখন লোকে খেয়াল করে যে আপনি সবসময়েই তাদের সাহায্য করছেন, সব বিষয়েই 'হ্যাঁ' বলছেন, সবসময়ে তাদের ভালো-মন্দের খেয়াল রাখছেন—কিছু লোক আপনার প্রশংসা করার পরিবর্তে আপনার কাছ থেকে সবসময়েই এইরকম ব্যবহার প্রত্যাশা করতে শুরু করবে। তারা ভাবতে শুরু করবে, তারা আপনার সঙ্গে

যেমন ব্যবহারই করুন না কেন, আপনি সবসময়েই তাদের সাহায্যার্থে এগিয়ে আসবেন। আর যেহেতু আপনি সকলের প্রতি অতিরিক্ত যত্নশীল তাই আপনি এমন সমস্ত জিনিস সহ্য করতে থাকবেন যা সহ্য করা আপনার একেবারেই উচিত নয়। এমন ব্যবহার যা আপনাকে আঘাত করছে, তার জন্য আপনি অজুহাত খাড়া করতে শুরু করবেন। আপনি একটা একতরফা সম্পর্ক, বন্ধুত্ব বা পরিস্থিতিতে আটকে থাকবেন যেখানে পদে পদে আপনার নিজেকে **অদৃশ্য এবং অস্বীকৃত** বলে মনে হয়।

কিন্তু সত্যি কথাটা হলো: **আপনি কোনো মানুষের প্রতি যত্নশীল বলেই তিনিও যে আপনার প্রতি একইরকমভাবে যত্নশীল হবেন, তার কোনো মানে নেই।** আর এই উপলব্ধি খুবই দুঃখজনক। এর থেকেই নিঃশব্দে বিরক্তি, মানসিক এবং শারীরিক অবসাদ ও মানসিক ক্লান্তির সৃষ্টি হয়। একসময়ের অত্যন্ত প্রিয় সম্পর্কই আপনাকে মানসিকভাবে ক্লান্ত করে তোলে। কোনো বিষয়ে সীমার অতিরিক্ত যত্নশীল হলে, আপনি নিজেকে ঠিকমতো সামলাতে না পারলেও শেষ পর্যন্ত অন্যান্য সকলের আবেগের ভার বহন করতে বাধ্য হন।

দ্বিতীয় অধ্যায়

শুধু মানুষেরা নয়, সমস্ত কিছুই সমস্যার কারণ

কীভাবে জীবন আপনাকে বিহ্বল করে তোলে

আমার একটা দিনের কথা পরিষ্কার মনে আছে, যেদিন আমার আর কোনো কিছুই সহ্য হচ্ছিল না। সেদিনের সকালটা আর পাঁচটা দিনের মতোই সাধারণ ছিল; কিন্তু সেটা এমনভাবে বদলে গেল যে তার ভার সহ্য করার ক্ষমতা আমার ছিল না।

সারারাত ঘুমোনোর পরেও সেদিন সকালে আমি খুবই ক্লান্ত বোধ করছিলাম। ঘুম ভেঙে উঠেই আমার প্রথম চোখ পড়ে আমার ফোনের ওপরে—শয়ে শয়ে নোটিফিকেশন জমে রয়েছে। কোন কাজগুলো করিনি তার একগাদা রিমাইন্ডার, মেসেজের পর মেসেজ, যেগুলোর জবাব দেওয়ার মতো শক্তি আমার ছিল না। আমি নিজেকে বলেছিলাম যে আমি এইসব কিছু পরে করব, কিন্তু ওই যে অপরাধবোধ! আমি বিছানা ছেড়ে ওঠার আগেই সে এসে আমার ঘাড়ে কয়েকশো মণ এনে ফেলেছে। সেদিন সকালে তারপর দেরি হয়ে গিয়েছিল বলে আমি তাড়াহুড়ো করতে লাগলাম। এরপর আমি খানিকটা কফি ফেলে দিয়েছিলাম। খুব বিরাট কিছু কাণ্ড নয়, তাই না? কিন্তু সেই মুহূর্তে আমার মনে হয়েছিল মাথায় যেন আকাশ ভেঙে পড়েছে। যেন সারা বিশ্ব আমাকে চোখে আঙুল দিয়ে দেখিয়ে দিচ্ছে যে, যতই চেষ্টা করি না কেন, খুব সাধারণ জিনিসও আমি কিছুতেই ঠিক করে করতে পারব না।

আমাকে জামাকাপড় বদলাতে হয়েছিল, যার জন্য আমার আরও দেরি হয়ে গিয়েছিল। যার ফলে আমি আরও বেশি উদ্বিগ্ন হয়ে উঠছিলাম। গাড়িতে গিয়ে বসে আমি স্টিয়ারিং হুইলটা এত জোরে চেপে ধরেছিলাম যে আমার হাতের গাঁটগুলো সাদা হয়ে গিয়েছিল। মনে হচ্ছিল আমাকে দেখেই রাস্তার প্রতিটা সিগন্যাল লাল হয়ে যাচ্ছে। মনে হচ্ছিল রাস্তায় প্রত্যেকে যেন আমাকে আরও দেরি করিয়ে দেওয়ার জন্য ইচ্ছাকৃতভাবে ধীরে গাড়ি চালাচ্ছেন। মনে মনে আমি চিন্তার প্যাঁচ সৃষ্টি করছিলাম: আমার আরও আগে বেরোনো দরকার ছিল। আমার আরও গোছানো স্বভাবের হওয়া উচিত। কেন আমি আমার জীবনকে অন্যদের মতো গুছিয়ে ফেলতে পারি না?

সেদিন মিটিংয়ে পৌঁছতে পৌঁছতে আমি শুধুমাত্র যে স্ট্রেসড হয়ে গিয়েছিলাম তাই নয়—আমি ভীষণ ক্লান্ত হয়ে গিয়েছিলাম। কিন্তু মুখে একটা প্রশান্তির মুখোশ চাপিয়ে আমি সেদিন মিটিংয়ে ঢুকেছিলাম এবং এমন ভাব করেছিলাম যেন সবকিছু একদম ঠিকঠাক রয়েছে। কিন্তু ভিতরে ভিতরে আমার মনে হচ্ছিল আমি যেন ডুবে যাচ্ছি। আমি এমন সমস্ত জিনিসের তলায় চাপা পড়ে যাচ্ছি যার নামও আমি সঠিকভাবে বলতে পারব না। **এটাই বিহ্বলতার ধারা—এটা কাউকে একবারে প্রচণ্ড ধাক্কা মারে না। বরং ধীরে ধীরে একটু একটু করে** আপাত সাধারণ মুহূর্ত ও ঘটনাবলির মধ্যে দিয়ে আপনাকে ক্ষইয়ে ফেলতে থাকে। প্রত্যাশার ভার—আপনার নিজের, অন্য লোকেদের, সমাজের—এই সমস্ত কিছুই আপনাকে চেপে ধরতে থাকে ততক্ষণ পর্যন্ত, যতক্ষণ না আপনার দম বন্ধ হয়ে আসে।

নিজেকে আপনি বলতে থাকেন যে এ সমস্ত ব্যাপার আপনার সামলে নেওয়া উচিত। অন্যান্য লোকেরা তো খুব সহজেই সবকিছু সামলে নিচ্ছে। তাহলে আপনার জীবন কেন এত টালমাটাল? **সত্যি কথা বলতে কী, এটা ঠিক একটা বিষয়ের ব্যাপার নয়—সবকিছু মিলিয়ে এই পরিস্থিতির সৃষ্টি হয়।** শুধু বিরাট সমস্যা দিয়েই আপনার একটা দিন তৈরি হয় না, বরং তা তৈরি হয় অনেকগুলো ছোট ছোট ঘটনা দিয়ে যেগুলোর প্রত্যেকটারই আপনার থেকে কিছু না কিছু দাবি থাকে। প্রত্যেকটা নোটিফিকেশন দেখা, প্রত্যেকটা কাজ করা এবং প্রত্যেকবার কথাবার্তা বলার জন্য শক্তির প্রয়োজন হয়। কিন্তু যখন আপনার শক্তির ভাণ্ডার প্রায় শূন্য, তখন খুব ছোট একটা অনুরোধও পাহাড়প্রমাণ বলে মনে হতে পারে।

একবার ভেবে দেখুন—এমন কি একটাও দিন গেছে যেদিন কোনো একটা ভুলভ্রান্তি ঘটেছে কিন্তু তাতে আপনার খুব একটা মানসিক অশান্তি হয়নি? হয়তো আপনি প্রচুর হেসে ঘটনাটিকে উড়িয়ে দিয়ে অন্যান্য কাজে মনোনিবেশ করেছেন। আবার অন্য একদিনের খুব ছোট কোনো একটা ঘটনা আপনাকে প্রচণ্ড রাগিয়ে দিয়েছে। **এই পার্থক্যটা কেবলমাত্র পরিস্থিতির ভিন্নতার কারণে তৈরি হয়েছে তা নয়, পার্থক্যটা তৈরি হয়েছে আপনার মানসিক স্থিতির ভিন্নতার কারণে।**

সঠিক সময় আপনার আবেগ এবং অনুভূতিকে স্বীকার করে সেটা খতিয়ে না দেখার মানে এই নয় যে এরা অদৃশ্য হয়ে যায়। বরং আপনার মনের অগোচরে এরা জমতে থাকে। যদি আপনার আবেগ প্রকাশের রাস্তা না থাকে, তাহলে এই জমে থাকা আবেগ যেকোনো অজুহাতে বেরিয়ে আসতে চায়। সেই জন্যই আপনি হয়তো হাত থেকে ফোন পড়ে যাওয়ার মতো ছোট ঘটনাতেও কেঁদে ভাসিয়ে দেন—তার কারণ, এটা কেবলমাত্র একটা ফোনের ব্যাপার নয়। **বরং এটি আপনার মনে জমে থাকা সমস্ত কিছুর সঙ্গে জড়িত।**

সাইকোলজিস্ট জন সোয়েলার তাঁর 'কগনিটিভ লোড থিওরি'-তে (১৯৯৮) বলেছেন, কীভাবে মস্তিষ্ক অতিরিক্ত ক্রিয়াশীল হলে ছোট ছোট সমস্যাও অসহনীয় বলে মনে হয়। মানুষের মস্তিষ্কের তথ্য বিশ্লেষণ করার ক্ষমতা পরিমিত। যখন অত্যধিক স্ট্রেস বা সিদ্ধান্ত নেওয়ার চাপ আপনার মনকে ভারাক্রান্ত করে ফেলে, তখন আপনার মস্তিষ্ক ঠিকমতো কাজ করতে পারে না।

নিজেকে এবং নিজের মনকে আপনার শোয়ার ঘরের সঙ্গে তুলনা করুন। যদি আপনার ঘর প্রচণ্ড অগোছালো থাকে—চারিদিকে জামাকাপড় ছড়িয়ে ছিটিয়ে রাখা, কাচার জন্য জামাকাপড়ের ঢিপি, ঘরের সমস্ত জায়গায় বিভিন্নরকম জিনিস ছড়ানো-ছিটানো—তাহলে বিহ্বল বোধ করাটা খুব একটা অযৌক্তিক নয়। হয়তো আপনি দিনের পর দিন এভাবেই কাটিয়ে চলেছেন, কিছু মানুষের ক্ষেত্রে সেটা সপ্তাহের পর সপ্তাহও হতে পারে। আপনি হয়তো খেয়াল করছেন, আপনি এটাও স্বীকার করছেন যে চারপাশের পরিস্থিতিতে আপনার সামান্য অসুবিধা হচ্ছে, আপনি কোনো পদক্ষেপ নিচ্ছেন না। আর তারপর একদিন ওই একই ঘরে ঢোকার পরে আপনি প্রচণ্ড টেন্সড হয়ে যাচ্ছেন, তার কারণ ঘরটা প্রচণ্ড অগোছালো এবং আপনি যেটা খুঁজছেন সেটা

পেতে আপনার অনেক বেশি সময় লাগছে। এক্ষেত্রে আপনি কেবল আপনার সেই মুহূর্তে হাতের কাজ সারছেন না, আপনার মস্তিষ্ক একইসঙ্গে অবচেতনে ঘরের এলোমেলো অবস্থাকেও বিশ্লেষণ করে চলেছে।

এবার একবার কল্পনা করুন, আপনার ঘর যদি একদম সাজানো গোছানো থাকে—সব জিনিস যথাস্থানে রয়েছে, অনেক খোলা জায়গা রয়েছে, আপনার মনোযোগ কেড়ে নেওয়ার মতো কোনো অতিরিক্ত জিনিস নেই—তাহলে কেমন লাগবে? হঠাৎ করেই ঘরটা আপনার অনেক বড় বলে মনে হবে। মনে হবে আপনি যেন অনেক সহজে শ্বাস নিতে পারছেন, অনেক বেশি রিল্যাক্স করতে পারছেন এবং মনোযোগও অনেক সহজে দিতে পারছেন। **আপনার মস্তিষ্ক ঠিক একইভাবে কাজ করে।** যখন আপনার মস্তিষ্কে স্ট্রেস, বিভিন্ন সিদ্ধান্ত এবং অসম্পূর্ণ চিন্তা এলোমেলোভাবে ছড়িয়ে থাকে তখন অত্যন্ত ক্ষুদ্র সমস্যাও অনেক বড় বলে মনে হয়। তার কারণ, আপনার মস্তিষ্ক ইতিমধ্যেই তার সর্বাধিক ক্ষমতা দিয়ে কাজ করে চলেছে।

যখন আমাদের মস্তিষ্ক এইভাবে কাজ করে তখন এটি এমন সমস্ত আবেগঘন প্রতিক্রিয়া সৃষ্টি করে যা গভীর মানসিক ক্ষতর সঙ্গে সম্পর্কিত। বাইরে থেকে আমাদের প্রতিক্রিয়া বাড়াবাড়ি রকমের বলে মনে হতে পারে, কিন্তু এই প্রতিক্রিয়া সেই নির্দিষ্ট মুহূর্তের ঘটনাক্রমের কারণে জন্মায়নি—এই প্রতিক্রিয়ার কারণ এ যাবৎকাল পর্যন্ত এই জাতীয় সমস্তরকম ঘটনার অভিজ্ঞতা। রাস্তায় অন্য গাড়ি আপনাকে ওভারটেক করাটা খুব বড় ঘটনা বলে মনে না-ও হতে পারে, কিন্তু সেই মুহূর্তে এই সামান্য ঘটনা থেকেই আপনার মনে হতে পারে যে সব মানুষ ভীষণ স্বার্থপর এবং অবিবেচক প্রকৃতির। কেউ যদি আপনার মেসেজের উত্তর তৎক্ষণাৎ না দেয়, আপনার সেটাকে তাদের প্রত্যাখ্যান বলে মনে হতে পারে—যদিও আদতে তা আদৌ সত্যি কি না তা বিবেচ্য। সত্যি কথা বলতে, এই সমস্ত প্রতিক্রিয়া একেবারেই যুক্তিসঙ্গত নয়, বরং তারা আপনার মনের গহিনে লুকিয়ে থাকা ধারণা এবং মানসিক আঘাতের দ্বারা পরিচালিত হয়।

নিজের মন এবং জীবনের ওপরে নিয়ন্ত্রণ ফিরে পাওয়াটা আরও কঠিন করে তোলে বর্তমান পরিস্থিতি। আজকাল আমরা প্রতিনিয়ত বিভিন্নরকমের তথ্য, তুলনা এবং সকলের সঙ্গে পা মিলিয়ে চলার চাপের সম্মুখীন হয়ে চলেছি। সোশ্যাল মিডিয়া আমাদের সামনে এমন লোকেদের দেখাতে থাকে যাদের দেখে

মনে হয় যে তারা অনেক বেশি কাজ করছে, অনেক বেশি সাফল্য পাচ্ছে এবং অনেক বেশি ভালো জীবনযাপন করছে। সমাজ আমাদের ভাবতে বাধ্য করে যে, যদি আমরা সমানে উন্নতি না করি তাহলে কোথাও না কোথাও আমরা ব্যর্থ হচ্ছি। কাজেই আমাদের মধ্যে অনেকেই যে বার্ন-আউটের সীমায় বাস করি তা মোটেই আশ্চর্য কোনো ঘটনা নয়।

সমস্যাটা এটা নয় যে আপনার চিন্তাভাবনা আপনাকে বিহ্বল করে তুলছে অথবা মানুষজন আপনাকে ক্লান্ত করে তুলছে। সমস্যাটা হলো যে আপনার জীবন একটা অবিরাম চলতে থাকা প্রত্যাশা, তথ্য এবং দাবি-দাওয়ার মুখোমুখি হতে থাকে যা সামলানোর শিক্ষা খুব কম লোকেই পেয়েছে। আর যখন এই সমস্ত কিছুর ফলে আমাদের মন অভিভূত হয়ে যায়—তখন বিকল হয়ে যাওয়ার পরিবর্তে তারা অতিরিক্ত কর্মক্ষম হয়ে ওঠে। যার ফলে আমাদের মন বিভিন্ন তথ্য বিশ্লেষণ করে, তা নিয়ে চিন্তা করে এবং এই চাপকে আরও বাড়িয়ে তুলে আমাদের জন্য সত্যিকারের কারাগার গড়ে তোলে।

তৃতীয় অধ্যায়

চিন্তার কারাগার: কীভাবে মানুষের মন মানসিক চক্র তৈরি করে

বেশিরভাগ সময়ই আমাদের মন আমাদের সঙ্গে ছলনা করে। আর এই ছলনার কারণেই আমরা অতিরিক্ত চিন্তার বেড়াজালে আটকে যাই। আশ্চর্যের বিষয় হলো... অবচেতন মনের মাধ্যমে আমাদের মন আমাদের এটা বিশ্বাস করানোর চেষ্টা করে যে, যদি কোনো কিছু নিয়ে আমরা দীর্ঘক্ষণ ভাবতে থাকি তাহলে সেই বিষয়টি আমরা নিয়ন্ত্রণ করতে পারব। প্রথম প্রথম আপনার হয়তো মনে হবে যে এভাবে সত্যিই লাভ হচ্ছে—মানে প্রতিটি বিষয় পুঙ্খানুপুঙ্খ বিশ্লেষণ করে আপনি নিজেকে যন্ত্রণার হাত থেকে এবং ভুল করার হাত থেকে রক্ষা করছেন। কিন্তু যেটা আপনি বুঝতে পারেন না সেটা হলো অতিরিক্ত চিন্তা আপনাকে কোনোভাবেই সুরক্ষা দিচ্ছে না। **এটা আপনাকে এমন একটা চক্রে বেঁধে ফেলছে যেটাকে মনস্তত্ত্ববিদরা বলেন "অ্যাংজাইটি লুপ" (Anxiety Loop)।**

এই চক্র শুরু হয় যখন আপনার মস্তিষ্ক কোনো একটা নির্দিষ্ট চিন্তায় তীব্রভাবে মনোনিবেশ করে, সেটিকে ক্রমাগত মানসিক চাপ দিয়ে পুষ্ট করতে থাকে এবং তারপর আপনাকে বিশ্বাস করিয়ে ফেলে যে এই সমস্যার "সমাধান" করতে গেলে আপনাকে এটি নিয়ে সমানে চিন্তা করে যেতে হবে। কিন্তু আপনি যত চিন্তা করবেন, তত সমস্যা বাড়বে। এই ব্যাপারটা অনেকটা চোরাবালির মতো—আপনি যত বেরিয়ে আসার চেষ্টা করবেন ততই তলিয়ে যাবেন।

আর এর সবথেকে খারাপ দিকটা হলো, **যে সমস্ত জিনিস নিয়ে আপনি দুশ্চিন্তায় ভুগছেন সেগুলো হয়তো ঘটেইনি।** আমি নিশ্চিত আপনারা সকলেই জানেন কীভাবে আপনাদের মন বিভিন্ন আলাপচারিতার পুনরাবৃত্তি ঘটায়। প্রতিটি কথার, প্রতিটি বাক্যের বিশ্লেষণের মাধ্যমে আপনার মন আপনাকে বলতে থাকে আপনার কী বলা উচিত ছিল এবং এমন সমস্ত খারাপ পরিস্থিতির কথা চিন্তা করতে থাকে যা আদৌ ঘটেনি। আপনি নিজেকে প্রবল হতাশার জন্য প্রস্তুত করেন কিন্তু সেই হতাশা আদৌ আসে না। আর কোনো সমস্যা তৈরি হলেও দেখা যায় তা আপনার মনের দ্বারা তৈরি সমস্যার থেকে অনেক সহজ-সরল। কিন্তু তা সত্ত্বেও আপনার মস্তিষ্ক এই একই চক্র সমানে চালিয়ে যেতে থাকে।

একবার কল্পনা করুন কী হবে যদি কেউ আপনার মেসেজের উত্তর তৎক্ষণাৎ না দেয়? আপনার মস্তিষ্ক এটা ভাবে না যে, ওরা হয়তো ব্যস্ত রয়েছে। তার বদলে সে সমানে প্রশ্ন করতে থাকে: আমি কি ভুল কিছু বলেছি? ওরা কি আমার ওপর রেগে গেছে? ওরা কি আমার সঙ্গে সম্পর্ক রাখতে আগ্রহী নয়? আপনার কোনো বন্ধু যদি আপনার সঙ্গে একটু দূরত্ব রেখে কথা বলে তাহলে আপনার মন সোজাসুজি বলে দেয়: ওরা নিশ্চয়ই আমার ওপর প্রচণ্ড রেগে আছে। আমি কি কিছু ভুল করেছি? কী হবে যদি ওরা আমার বন্ধু না থাকতে চায়?

আসলে আপনার মস্তিষ্ক অনিশ্চয়তা পছন্দ করে না। সেই জন্য এটি গল্প তৈরি করে—সাধারণত যেটা নেতিবাচকই হয়। সমস্যাটা হলো এইরকম চিন্তা আপনার মাঝেমধ্যে হয় না, বরং **এগুলো আপনার মনের দৃঢ় বিশ্বাসে পরিণত হয় এবং জগতের প্রতি আপনার দৃষ্টিভঙ্গি বদলে দেয়।**

আপনার মস্তিষ্ক যেকোনোরকমের বিপদ বা সমস্যার ওপরে মনোযোগ দেওয়ার জন্যই তৈরি—এটা একটা বেঁচে থাকার কৌশল যা আমাদের পূর্বপুরুষদের বিপদ থেকে রক্ষা করত। বেশিরভাগ সময়ই মনস্তত্ত্ববিদরা এটিকে **'নেগেটিভিটি বায়াস' (Negativity Bias)** বলে অভিহিত করেন। এর অর্থ আপনার মস্তিষ্ক স্বাভাবিকভাবেই ইতিবাচক অভিজ্ঞতার চেয়ে বেশি নেতিবাচক অভিজ্ঞতার ওপরে মনোযোগ দেয়, এমনকী যখন আশপাশে কোনো বিপদের আশঙ্কা নেই, তখনও।

বাউমায়েস্টার এবং তাঁর সহকর্মীদের (২০০১) গবেষণা দেখিয়ে দিয়েছে যে, আমাদের মানসিক স্থিতির ওপরে নেতিবাচক ঘটনাবলির প্রভাব একইরকমের

ইতিবাচক ঘটনাবলির তুলনায় অনেক বেশি। এই অতিরিক্ত সতর্কতা আমাদের পূর্বপুরুষদের বাঁচিয়ে রেখেছিল। কিন্তু আধুনিক জীবনে আপনার মস্তিষ্ক আপনাকে সত্যিকারের বিপদের বিষয়ে সচেতন করছে না—বরং এটি আপনাকে বিব্রত হওয়া, প্রত্যাখ্যান, অসফলতা এবং অনিশ্চয়তার বিষয়ে সাবধান করছে।

আপনার মস্তিষ্ক নিশ্চয়তা চায়। এটি উত্তর চায়। এটি সবথেকে খারাপ পরিস্থিতি কী কী তৈরি হতে পারে তা কল্পনা করে নিয়ে তার জন্য প্রস্তুত হতে চায়, তার কারণ আপনার মস্তিষ্ক বিশ্বাস করে যে, যদি সে যথেষ্ট চিন্তাভাবনা করে তাহলে খারাপ পরিস্থিতির সৃষ্টি করা সে আটকাতে পারবে বা একদম সঠিক সিদ্ধান্ত নিতে পারবে। এটা 'কপোলকল্পনা' ছাড়া আর কিছু নয়। **দুশ্চিন্তা করে কোনো কিছু আটকানো সম্ভব নয়। আর দুশ্চিন্তা করে খুব কম ক্ষেত্রেই সঠিক সিদ্ধান্ত নেওয়া যায়। উলটে এটি আপনার মানসিক শান্তি কেড়ে নেয়।** বাউমায়েস্টার এবং সহযোগীরা (১৯৯৮) দেখিয়েছেন দুশ্চিন্তা করে আপনি যত মানসিক শক্তি ক্ষয় করেন, ততই আপনি স্বচ্ছভাবে চিন্তা করে যুক্তিবাদী সিদ্ধান্ত নিতে অপারগ হন। অ্যাংজাইটি আপনার মনোসংযোগের ক্ষমতা কমিয়ে দেয় যার ফলে আপনি মানসিকভাবে ক্লান্ত হয়ে পড়েন কিন্তু সমাধান বার করতে সক্ষম হন না।

কেন আপনার মন বেদনা আঁকড়ে ধরে

অতিরিক্ত চিন্তা কেবলমাত্র বেঁচে থাকার সঙ্গে জড়িত নয়—এটি আবেগঘটিত বেদনার সঙ্গেও সম্পর্কিত। জীবনের কোনো না কোনো মুহূর্তে আপনি বুঝতে পারবেন যে বেদনা আসলে মনোযোগ চায়। হয়তো অতীতের কোনো ভুল আজও আপনার মনে অপরাধবোধের সৃষ্টি করে অথবা কোনো অতীত সম্পর্ক যা আপনাকে প্রবল মানসিক আঘাত দিয়েছিল। হয়তো আপনি এমন পরিবেশে বড় হয়েছেন যেখানে আপনাকে সবসময়ই সতর্কতা অবলম্বন করতে হতো, সবসময়ই আপনি নিজেকে পরবর্তী হতাশার জন্য প্রস্তুত করে রাখতেন। কারণটা যাই হোক না কেন, আপনার মস্তিষ্ক বেদনা ভুলে যাওয়ার পরিবর্তে সেটিকে ধরে রাখার ব্যাপারে অভ্যস্ত হয়ে গিয়েছে। কঠিন সত্যিটা হলো: **বেদনা আপনার কাছে অতি পরিচিত হয়ে উঠতে পারে—এতটাই পরিচিত যে আপনি বুঝতেও পারবেন না আপনি একে আঁকড়ে ধরে রয়েছেন।** যখন আপনি কষ্ট

পান, আপনার মস্তিষ্ক সেটিকে বারবার পুনরাবৃত্তি করতে চায়, যেন অনেকবার সেটি নিয়ে ভাবনা-চিন্তা করলে ফলাফলটা বদলে যাবে। কিন্তু শান্তি পাওয়ার পরিবর্তে এভাবে আপনি সমানে পুরোনো ঘা খুঁচিয়ে তোলেন। ঘা সারিয়ে তোলার বদলে আপনি সমানে সেটিকে খুঁচিয়ে চলেন।

এইজন্যই কিছু মানুষ অবচেতনে এমন পরিস্থিতি খুঁজে চলে যেখান থেকে নতুন করে তারা ব্যথা পায়। তারা সবসময় নাগাল মিলবে না এমন লোকের পিছনে ছোটে, সম্পর্কের বিষচক্রে আটকে পড়ে, অথবা নিজেদের এমন জায়গায় নিয়ে যায় যেখানে হতাশাই তাদের একমাত্র প্রাপ্তি। তারা এগুলো করে এ জন্য নয় যে তারা কষ্ট পেতে ভালোবাসে। তারা এটা করে, তার কারণ কষ্ট পাওয়ার অভিজ্ঞতাটাকেই তারা ভালো করে চেনে। যদি আপনার মন ব্যথা পেতে অভ্যস্ত হয়ে পড়ে তাহলে শান্তি আপনার কাছে অত্যন্ত অচেনা বলে মনে হতে পারে—অনেক সময় এটি অস্বস্তিকরও হয়ে ওঠে। আপনি বুঝতে না পারলেও সমানে আপনি সেইরকম পরিস্থিতিতেই ফিরে যান যা আপনাকে কষ্ট দেয়, তার কারণ সেটাই আপনার স্বাভাবিক বলে মনে হয়। সাধারণত অতিরিক্ত চিন্তাই এই অভ্যাসগুলোকে লুকিয়ে রাখে। যেমন, যখন আমাদের জীবনে কোনো কিছু শান্তিপূর্ণ বলে মনে হয় আমাদের মস্তিষ্ক অতিরিক্ত ক্রিয়াশীল হয়ে খুঁজে বের করার চেষ্টা করে যে এই পরিস্থিতিতে কী কী অসুবিধার সৃষ্টি হতে পারে। আর এই পরিস্থিতিকে সামলানোর উপায় যদি আমাদের না জানা থাকে তাহলে এটি আমাদের মনে ডালপালা মেলে বসবে এবং অবচেতনের সাহায্যে আমাদের নিজেদের ক্ষতি করার দিকে ঠেলে দেবে। আর তারপর আমরা সেই গোলমালের জীবনে ফিরে যাব।

মনস্তত্ত্ববিদ সুজান নোলেন-হোকেসিমা (২০০০) 'স্মৃতি রোমনথন' বা রিউমিনেশন (Rumination)-এর ওপরে একটা অভূতপূর্ব গবেষণা করেছিলেন—সমানে পীড়াদায়ক অভিজ্ঞতার কথা চিন্তা করা নিয়ে এই গবেষণা। তাঁর গবেষণা থেকে পাওয়া যায় যে, স্মৃতি রোমনথন সত্যিকারের অ্যাংজাইটি এবং মানসিক অবসাদ কমানোর বদলে বাড়িয়ে তোলে। **আপনি যত পুরোনো দুঃখ নিয়ে ভাবতে থাকবেন ততই আপনার সেখান থেকে বেরিয়ে আসাটা কঠিন হয়ে যাবে।** আপনাকে আপনার আবেগ বিশ্লেষণ করতে সাহায্য করার বদলে অতিরিক্ত চিন্তা আপনার মানসিক পীড়া আরও বাড়িয়ে তোলে। যার ফলে সামনের দিকে এগিয়ে যাওয়াটা আপনার কাছে আরও কঠিন হয়ে যায়।

আপনি খুব দ্রুত বড় হয়ে গিয়েছিলেন, খুব কম বয়সে প্রেমে পড়েছিলেন, একেবারেই অল্প বয়সে কঠিন লড়াই লড়তে হয়েছিল এবং এখন আপনি একজন পূর্ণবয়স্ক মানুষ যিনি সারা জীবন 'ফাইট অর ফ্লাইট' পরিস্থিতিতে কাটিয়েছেন এবং এখন আপনার পক্ষে যত ভালো সম্ভব তত ভালো একটা জীবন কাটাতে চাইছেন।

আপনার চিন্তা কেবলমাত্র আপনি কেমন বোধ করছেন সেটিকেই নিয়ন্ত্রণ করে না—বরং আপনার সমস্ত বাস্তব আপনার চিন্তার মাধ্যমে তৈরি হয়। আপনার মন আপনাকে যে গল্পগুলো বলে সেগুলোর মাধ্যমেই আপনি দুনিয়া দেখতে শুরু করেন। আর যেহেতু এই গল্পগুলো আপনার মাথার ভিতরে তৈরি হয়, আপনি ধরে নেন এগুলো নিশ্চয়ই সত্যি। একবার প্রশ্নও করেন না তাদের সত্যতা নিয়ে। কিন্তু এখানেই মূল ব্যাপারটা আপনার বোঝার প্রয়োজন: **আপনার চিন্তা আর বাস্তবের মধ্যে বিস্তর ফারাক রয়েছে।** আপনার মস্তিষ্ক শুধুমাত্র তথ্য যোগান দেওয়ার জন্য তৈরি কোনো আশ্চর্য মেশিন নয়। বরং এটি আপনার ভয়, নিরাপত্তাহীনতা এবং পূর্ব অভিজ্ঞতার ওপর ভিত্তি করে একেবারে উপসংহার টানে। এটি শূন্যস্থান পূরণ করে। এটি এমন সমস্ত সমস্যা তৈরি করে যার কোনো বাস্তব অস্তিত্ব নেই।

যখন কোনো কিছু পরিষ্কারভাবে বোঝা যায় না, বা অপরিচিত ঠেকে, তখন আপনার মস্তিষ্ক শূন্যস্থান পূরণ করে—এবং বেশিরভাগ ক্ষেত্রেই সে সবথেকে খারাপ পরিস্থিতি অনুমানের মাধ্যমে এই কাজটি করে। আপনার মস্তিষ্ক কিছু ভাবছে বলেই সেটা যে সত্যি তা একেবারেই নয়। **বেশিরভাগ ক্ষেত্রেই আপনি যা ভাবছেন, পরিস্থিতি অতটাও খারাপ নয়।** খুব বড় করে দেখলে বোঝা যাবে, যে সমস্ত বিষয়ে আমরা অতিরিক্ত প্রতিক্রিয়াশীল হই, তার বেশিরভাগই ততটা গুরুতর নয়। অন্তত স্নায়বিক বিপর্যয় ঘটানোর মতো গুরুতর তো নয়ই।

এই সব মনগড়া গল্প সময়ের সঙ্গে সঙ্গে আমাদের কাছে স্বাভাবিক বলে মনে হতে থাকে। আপনি বুঝতেও পারেন না যে আপনি আপনাকে প্রতিদিন একইরকমের কথা বলে চলেছেন। বরং আপনার কাছে সেটাই বাস্তব বলে মনে

হতে থাকে। কিন্তু এই গল্পগুলো কেবলমাত্র একধরনের দৃষ্টিকোণ যা আপনি মেনে নিয়েছেন—বাস্তব নয়।

যদি আপনি মনে করেন যে আপনি নিজে যথেষ্ট নন, তাহলে আপনি এমন সমস্ত মুহূর্তগুলোকে উড়িয়ে দিতে চাইবেন **যে সময়ে লোকে সত্যিই আপনার কদর করেছে।** যদি আপনি বিশ্বাস করেন যে সকলে কোনো না কোনো সময়ে আপনাকে ছেড়ে চলে যাবে, তাহলে **যে লোকেরা আপনার সঙ্গে রয়ে গিয়েছে** তাদের কথা মনে রাখার পরিবর্তে প্রতি মুহূর্তে আপনি যারা ছেড়ে চলে গিয়েছে তাদের দিকেই মনোনিবেশ করবেন। আপনার মস্তিষ্ক সত্যের খোঁজ করছে না। বরং এটি আপনি যে গল্পগুলো বিশ্বাস করবেন বলে মনস্থির করে ফেলেছেন সেগুলির সপক্ষে প্রমাণ খুঁজছে।

কেন একই ছক ফিরে ফিরে আসে

এই মানসিক চক্রের বজায় থাকার পিছনে বেশ কয়েকটি কারণ রয়েছে।

১। **আপনার মস্তিষ্ক অতিরিক্ত চিন্তা করাকে পুরস্কৃত করে।** এমনকী সেই সময়েও যখন অতিরিক্ত চিন্তা কোনোভাবেই আপনাকে সাহায্য করতে পারবে না। যতবার আপনি দুশ্চিন্তা করেন, ততবার ভবিষ্যতে একইরকমের চিন্তা করার স্নায়ুপথকে মজবুত করে তোলেন। আপনি যে জাতীয় চিন্তা বেশি করেন, আপনার মস্তিষ্ক আরও বেশি করে সেই জাতীয় চিন্তার জন্ম দিতে থাকে।

২। **আপনার মস্তিষ্ক পরিচিতি পছন্দ করে।** যদি কোনো বিশ্বাস কষ্টদায়কও হয়, তাও সেটাকেই বেশি তৃপ্তিদায়ক বলে মনে হয় কারণ আপনি এই চিন্তাভাবনার সঙ্গে পূর্বপরিচিত। পরিবর্তন খুবই অস্বস্তিকর বলে মনে হয়, তার কারণ এটি আপনার দীর্ঘদিন ধরে লালিত বাস্তবের ধারণার বিরুদ্ধে প্রশ্ন তোলে। এটিকে 'কগনিটিভ কনসিস্টেন্সি' (Cognitive Consistency) বলা হয়, যার অর্থ উপযুক্ত প্রমাণ থাকা সত্ত্বেও কোনো বিশ্বাসকে অন্ধভাবে আঁকড়ে থাকার প্রবণতা।

৩। **আপনি কখনো সক্রিয়ভাবে এই জাতীয় চিন্তাভাবনার বিরোধিতা**

করেননি। এদের বিশ্বাসযোগ্যতা নিয়ে প্রশ্ন না করে আপনি বরং এদের নিজের অংশ হিসেবে মেনে নিয়েছেন। কগনিটিভ বিহেভিয়োরাল থেরাপি (CBT) হলো বর্তমানে সর্বাপেক্ষা প্রমাণযুক্ত পদ্ধতি যা অ্যাংজাইটি সারিয়ে তুলতে, বিশেষ করে এই জাতীয় স্বতঃস্ফূর্ত চিন্তাভাবনাকে খুঁজে বের করে তাদের বিরুদ্ধাচরণ করতে সহায়তা করে।

৪। **ছেড়ে দেওয়াকে দায়িত্বজ্ঞানহীনতা বলে মনে হয়।** আপনার মস্তিষ্ক আপনাকে মনে করায় যে আপনি যদি কোনো কিছু নিয়ে চিন্তা করা বন্ধ করে দেন তাহলে আপনি নিশ্চিতভাবে একজন দায়িত্বজ্ঞানহীন মানুষ। কিন্তু কোনো কিছু ছেড়ে দেওয়ার মানে এটা নয় যে আপনি আপনার সমস্যাগুলিকে উপেক্ষা করছেন—এর অর্থ হলো আপনি মেনে নিচ্ছেন যে আপনার পক্ষে সবকিছু নিয়ন্ত্রণ করা সম্ভব নয়। মাইন্ডফুলনেসের ওপরে করা গবেষণা থেকে জানা যায় কোনো চিন্তার সঙ্গে মানসিকভাবে না জড়িয়ে গিয়ে বাইরে থেকে একজন দর্শকের মতো করে দেখলে আসলে আপনি আরও ভালোভাবে সমস্যার সমাধান করতে সক্ষম হবেন।

আপনি যত নেতিবাচক চিন্তাভাবনা করতে থাকবেন, ততই সেগুলোই আপনার মনের গভীরে গেঁথে যাবে। এর ফলে এই চক্র ভেঙে বেরিয়ে আসাটাও আপনার কাছে ততটাই কঠিন হয়ে পড়বে। নোলেন-হোকেসিমার গবেষণায় দেখা যায়, যে সমস্ত মানুষ বেশি স্মৃতি রোমন্থন করেন তাঁদেরই মানসিক অবসাদ থেকে বেরিয়ে আসতে বেশি সময় লাগে। বরং এই জাতীয় মানুষেরাই বেশিরভাগ সময়ে মানসিক অবসাদ বা ডিপ্রেশনে আক্রান্ত হন।

একটা নির্দিষ্ট চিন্তাই সময়ের সঙ্গে সঙ্গে আকারে আয়তনে বেড়ে বেড়ে বৃহত্তর সমস্যার চেহারা নেয়—আর এর সবটাই হয় কারণ আপনার মস্তিষ্ক মনে করে যে এটি যা চিন্তা করছে তার সবটুকুই খুব গুরুত্ব সহকারে দেখা প্রয়োজন। হয়তো আপনি আপনার কাজের জায়গায় ছোট কোনো ভুল করেছেন, কিন্তু দেখতে দেখতে আপনি ভাবতে শুরু করবেন যে আপনি ভয়ঙ্কর বড় একটা ভুল করে ফেলেছেন এবং আপনাকে অসফল হওয়া থেকে কেউ আটকাতে পারবে না। হয়তো আপনি ঘুম থেকে উঠেছেন একটু দুশ্চিন্তা

নিয়ে, সেই চিন্তা মন থেকে দূর করার পরিবর্তে আপনার মস্তিষ্ক সেটাকে আঁকড়ে ধরে সমানে ভাবতে থাকে: সত্যিই কি আমার কোনো অসুবিধা হচ্ছে? যদি সারা জীবন আমার এইরকমই মনে হতে থাকে তাহলে কী হবে?

সময়ের সঙ্গে সঙ্গে আপনি কেবল কষ্টের কথা ভাবেন না—**বরং কষ্টই আপনার পরিচয় হয়ে দাঁড়ায়।** আপনি আপনার নিজের চিন্তাগুলোকে বাস্তব বলে ভুল করতে থাকেন; মনে করতে থাকেন আপনার ভয়গুলোই সত্যি। কিন্তু আপনার চিন্তা আর আপনি মানুষটা এক নন। সত্যি কথা বলতে কী আপনার সব ভাবনাকেই যে সত্যি হতে হবে তার কোনো মানে নেই। আপনার চিন্তা কেবলমাত্র আপনার চিন্তাই। যে মুহূর্তে আপনি সেগুলোকে ধ্রুব সত্য হিসেবে মানবেন না সেই মুহূর্ত থেকে আপনি সব বাধার ঊর্ধ্বে উঠে যেতে পারবেন।

নিজের ওপরে নিয়ন্ত্রণ ফিরে পাওয়ার জন্য সবার আগে এই ছকটা বুঝতে হবে। যখন আপনি বুঝতে পারেন যে আপনার চিন্তাভাবনা থেকেই এই চক্রের সৃষ্টি হচ্ছে—বাইরের ঘটনা প্রবাহের কারণে নয়—আপনি বুঝতে পারেন যে আপনার উপরে এদের কতটা প্রভাব রয়েছে। **এই জেলখানাটা কেবলমাত্র আপনার মনেই রয়েছে।**

আর ঠিক এই কারণেই, একটু পিছিয়ে আসাটা কেবলমাত্র আপনাকে সাহায্যই করে না, বরং এটা অত্যন্ত প্রয়োজনীয়। আমরা যখন এই মানসিক চক্রে আবদ্ধ হয়ে যাই, সবকিছুকেই তখন আমরা একটা ছোট ছিদ্রের মধ্য দিয়ে দেখতে থাকি। এর ফলে আমাদের দৃষ্টিভঙ্গি খুব সংকীর্ণ হয়ে যায়, যার ফলে আমাদের কাছে সমস্যাগুলো অনেক বড় হয়ে দেখা যায়। তার তুলনায় আমাদের ধৈর্য এবং লড়বার ক্ষমতা অনেক ছোট বলে মনে হয়। এই চক্র থেকে ভেঙে বেরিয়ে আসার জন্য আমাদের নিজেদের দৃষ্টিভঙ্গি নাটকীয়ভাবে বদলাতে হবে। শুধুমাত্র তাৎক্ষণিক চিন্তাই নয়, আমাদের পর্বতপ্রমাণ উদ্বেগকেও জয় করতে হবে।

চতুর্থ অধ্যায়

বৃহত্তর দৃষ্টিভঙ্গি

এক মুহূর্তের জন্য নিজের মনের বাইরে নিজেকে নিয়ে এসেছেন বলে কল্পনা করুন। মনে মনে বাইরের গ্রহ থেকে আসা একজন দর্শককে কল্পনা করুন যে অনেক দূর থেকে পৃথিবীকে লক্ষ করছে। দূর থেকে তারা পাহাড়-পর্বত, সমুদ্র, কোটি কোটি জীবে ভরা আমাদের প্রাণিজগৎকে দেখছে। প্রতিদিন তারা দেখতে পায় মানুষদের ঘুম ভাঙে ভালোবাসা, সৃষ্টি ও অভিজ্ঞতার সুযোগে ভরা এক অদ্ভুত মায়াবী জীবনে। তারা জানে যে তাদের কাছে এই সমস্ত কিছু উপভোগ করার জন্য একটাই জীবন রয়েছে। তারপর তারা নিজেদের গ্রহের দিকে তাকায় এবং দেখে সেখানে জীবন শূন্য। সেটা একটা ধুলোয় ভরা বল ছাড়া আর কিছুই নয়। জীবনশূন্য, ঠিক যেন একটা খালি পাত্র।

যখনই আমি এই ছবিটার কথা মনে মনে কল্পনা করি, আমি সত্যিই ভাবি, যদি আমাদের কেউ এরকমভাবে দেখত তাহলে তারা কী ভাবত? এই মহাজাগতিক দৃষ্টিভঙ্গি থেকে গোটা ব্যাপারটাই প্রচণ্ড হাস্যকর মনে হতে পারে, কিন্তু আদতে তা একেবারেই নয়। গোটা ব্যাপারটাই আসলে প্রচণ্ড দুঃখজনক। এই মহাবিশ্ব বিশাল এবং নির্বিকার। সমস্ত দিকে এর বিস্তৃতি অসীম। কিন্তু তা সত্ত্বেও আমরা এই ছোট্ট কিন্তু প্রচণ্ড সুন্দর গ্রহের মধ্যে বসে কে আমাদের সোশ্যাল মিডিয়া পোস্ট লাইক করল বা করল না, গতকাল রাতের ডিনার করার সময় লজ্জাজনক কিছু বলেছি না বলিনি, বা সামাজিক প্রত্যাশা পূরণ করতে পেরেছি কি পারিনি—তা নিয়ে নিরবচ্ছিন্ন ভাবতে থাকি। আমরা আমাদের জানা সবথেকে সুন্দর গ্রহে বসে আদতে সময় নষ্ট করে চলেছি। একবার ভেবে দেখুন।

প্রতিবার দুশ্চিন্তা করার সময়ে আমরা আসলে অমূল্য সময় নষ্ট করি। আর সেটা করি কীসের জন্য? আমরা এমনভাবে বাঁচি যেন আমাদের হাতে অফুরন্ত সময় আছে। যেন মানসিক ভয় এবং চিন্তার চক্রে পড়ে আমাদের পক্ষে খুব সহজেই দিন, সপ্তাহ, এমনকী বছরের পর বছর নষ্ট করা সম্ভব।

কতগুলো পারিবারিক উৎসব, কিংবা অন্য কোনো অনুষ্ঠান বা অভিজ্ঞতা অন্য কারো ব্যবহারের জন্য খারাপ হয়েছে? কতবার আপনি দেহে এক জায়গায় আর মনে আরেকটা জায়গায় থেকেছেন? ভালোবাসার মানুষদের সঙ্গে জড়িত কত মূল্যবান স্মৃতি এবং মুহূর্ত নষ্ট হয়েছে। কীসের জন্য? কীসের দুশ্চিন্তায়? সত্যিটা হলো আমাদের হাতে সীমিত সময়। আমরা সকলেই একসময় মারা যেতে চলেছি।

একদিন আপনি আপনার প্রিয় কাজগুলো করার জন্য এখানে থাকবেন না। এমনকী আপনাকে আপনার মৃত্যু পর্যন্ত অপেক্ষা করতে হবে না। একটা নির্দিষ্ট বয়সের পর (যদি আমাদের মধ্যে থেকে কেউ সেই বয়সে পৌঁছায়), আপনি শারীরিকভাবেই সেই কাজগুলো করতে সক্ষম হবেন না। বার্ধক্যের কারণে নিজে নিজেই স্বাধীনভাবে ঘুরে বেড়ানোটাও আপনার কাছে কষ্টসাধ্য হয়ে যাবে। আপনি যাদের প্রচণ্ড ভালোবাসেন এমন অনেক লোকই আর থাকবে না। পিছনে ফিরে তাকিয়ে আপনি কী বলবেন বা ভাববেন? 'আমাকে মেসেজ করেনি এমন একজন লোকের কথা ভেবে আমি দু-মাস সময় নষ্ট করেছি'—এটা ভাববেন? আমার ধারণা, এ কথা ভেবে আপনি অনুশোচনা করবেন। এর মানে এই নয় যে আপনার সমস্যাগুলোকে আপনি উপেক্ষা করবেন, বরং এর অর্থ প্রতিটি বিষয়ের ওপর সঠিক গুরুত্ব দেওয়া এবং বিষয়গুলিকে সঠিক দৃষ্টিভঙ্গি থেকে দেখা।

গাছের তলায় কী আছে তা নিয়ে দুশ্চিন্তা না করে হয়তো
এবছর আমাদের চারপাশে যারা আছে তাদের নিয়ে
কৃতজ্ঞ হওয়া উচিত।

পরিস্থিতি থেকে দূরে সরে গিয়ে দর্শকের দৃষ্টিভঙ্গি থেকে জীবনকে দেখলে পরিষ্কার দৃষ্টিভঙ্গি ফিরে পাওয়া সম্ভব। এটাকে নিজের হাতের দিকে তাকানোর সঙ্গে তুলনা করুন। যদি আপনি আপনার হাতটা নাকের ডগায় ঠেকিয়ে রাখেন তাহলে কিছুতেই সেটাকে পরিষ্কারভাবে দেখতে পাবেন না। এবার হাতটাকে

সরিয়ে দেখার চেষ্টা করে দেখুন। আমাদের জীবন এবং তার সমস্যাগুলোও অনেকটা এরকমই। কখনো কখনো কোনো সমস্যা নিয়ে ক্রমাগত ভাবতে থাকলে তার সমাধান করা সম্ভব হয়ে ওঠে না। আমাদের কিছুটা দূরত্ব প্রয়োজন। একটু জায়গা থাকলে তবেই আমাদের পক্ষে গোটা ছবিটা একসঙ্গে দেখা সম্ভব হয়। এরপর যখনই আপনার মনে হবে দুশ্চিন্তার চক্রে হারিয়ে যাচ্ছেন একটু চেষ্টা করবেন দূর থেকে দেখার। নিজেকে জিজ্ঞাসা করবেন, এটা কি তিন মাস, ছ-মাস বা এক বছর পরেও এতটাই গুরুত্বপূর্ণ থাকবে? উত্তর দেওয়ার সময় নিজের কাছে সৎ থাকার চেষ্টা করুন। বেশিরভাগ সময়ই এই প্রশ্নের উত্তর হয়—'না'। কখনো কখনো কয়েক সপ্তাহের মধ্যেই ঘটনাটা গুরুত্ব হারায়।

বেশিরভাগ সময় যে আমরা দুশ্চিন্তা করি, তার কারণ আমরা গোটা ছবিটা একসঙ্গে দেখতে পাই না। আমাদের মধ্যে অনেকেরই আবার অভ্যাস সবকিছু নিয়ন্ত্রণ করার। বাইবেলের 'জব' (Job)-এর গল্পটার কথা মনে করুন—যে গল্পের মধ্যে দিয়ে মানুষের কষ্ট এবং জীবনের অর্থের উদাহরণ দেওয়া হয়েছে। আপনি ধার্মিক হোন বা না হোন, এই গল্পটা কষ্ট এবং ক্ষমতাহীনতার সময়ে আমাদের মনুষ্যত্বের প্রতিফলন ঘটায়। এই গল্পটা আমাদের শেখায় সমস্ত কিছু ছেড়ে দেওয়ার ব্যাপারে এবং স্বীকার করে নিতে যে, কোনো কিছু কেন, কখন এবং কীভাবে ঘটে তা আমাদের পক্ষে বোঝা সম্ভব নয়। গল্পের নায়ক সমস্ত কিছু খুইয়ে ফেলেছিলেন: তাঁর ছেলে-মেয়ে, তাঁর ধনসম্পত্তি, তাঁর স্বাস্থ্য—সমস্ত কিছু যা তিনি তৈরি করেছিলেন এবং যাদের তিনি ভালোবাসতেন। এই অপরিমেয় যন্ত্রণার মধ্য দিয়ে যাওয়ার সময় জব উত্তর পাওয়ার আকাঙ্ক্ষায় কান্নাকাটি করতে থাকেন। ভগবানের কাছে জানতে চান কেন তাঁর মতো একজন সহৃদয় মানুষকে এত কষ্ট পেতে হবে। এই গল্পের সবথেকে আগ্রহ জাগানো অংশটা হলো ভগবানের উত্তর।

ভগবান শেষ পর্যন্ত যখন কথা বললেন তখন তিনি সরাসরি জবের প্রতিটা প্রশ্নের উত্তর দেননি। তিনি বলেননি যে কেন মানুষ কষ্ট পায় বা জবকে তিনি কোনো সান্ত্বনাও দেননি। বরং ঈশ্বর তাঁর নিজস্ব কয়েকটা প্রশ্ন জবের দিকে ছুড়ে দিলেন। **"আমি যখন পৃথিবীর ভিত্তিপ্রস্তর স্থাপন করছিলাম তখন তুমি কোথায় ছিলে? তুমি যদি বুঝতে পেরে থাকো তাহলে আমার উত্তর দাও। কে এর পরিমাপ নিয়েছিল—নিশ্চয়ই তুমি তা জানো!"** ঈশ্বর জবকে মহাবিশ্ব ভ্রমণে নিয়ে গেলেন। তারাদের নকশা থেকে শুরু করে পাহাড়ি ছাগলের জন্ম

পর্যন্ত সৃষ্টির জটিল সব নকশা তাঁকে দেখালেন। তাঁর বার্তা খুব স্পষ্ট ছিল: জবের দৃষ্টিভঙ্গি খুবই সংকীর্ণ। তাঁর দৃষ্টিভঙ্গি থেকে কষ্ট পাওয়ার কোনো অর্থ সে খুঁজে পায়নি। বরং সেটাকে বেশি নিষ্ঠুর বলেই তাঁর মনে হয়েছে। কিন্তু সারা বিশ্ব জুড়ে একটা অদ্ভুত নকশায় কাজ হয়ে চলেছে যা বুঝতে পারা তাঁর পক্ষে সম্ভব ছিল না। এটা জবের এক বন্ধুর উপদেশকেও সমর্থন করে। জবের অন্যান্য তিন বন্ধুর (এলাইফাজ, বিলদাদ এবং জোফার) বক্তব্য—জবের পাপের কারণেই তাকে এই কষ্ট পেতে হচ্ছে। কিন্তু এলাইহু বলেছিল এই কষ্ট আধ্যাত্মিক বিকাশ এবং পরিশোধনের কারণেও হতে পারে।

এর মাধ্যমে বিভিন্ন সময়ে কষ্টের প্রাবল্যকে মোটেই ছোট করে দেখা হচ্ছে না। বরং এটা আমাদের দৃষ্টিভঙ্গি কত সংকীর্ণ হতে পারে তার স্মৃতিচিহ্ন। আমরা এই ছকের একটা অতি ক্ষুদ্র অংশ দেখতে পাই—একটা বড় ট্যাপেস্ট্রির কয়েকটা সুতো দেখতে পাওয়ার মতো। সেই জন্যই আমাদের বিশ্বাস করতে হবে যে প্রতিটা জিনিসেরই নিজস্ব লক্ষ্য এবং মানে আছে যা আমরা আমাদের সংকীর্ণ দৃষ্টিভঙ্গি থেকে বুঝতে পারছি না। আর আমরা নিজেদের জীবন দিয়ে দেখতে পাই যে সেই মুহূর্তগুলো যেগুলোকে প্রথমে বিপর্যয়কারী বলে মনে হয়েছিল, পরে সেই মুহূর্তগুলোই আমাদের পরিবর্তিত হতে সহায়তা করেছে। সেই মুহূর্তে আমরা কখনোই ভাবিনি যে আমরা সেই পরিস্থিতি থেকে বেরিয়ে আসতে পারব, কিন্তু পরবর্তীকালে দেখা গিয়েছে ওই অভিজ্ঞতাই আমাদের 'আজকের আমি'-তে পরিণত করেছে।

যখনই আপনি স্ট্রেস এবং অ্যাংজাইটির এই বেড়াজালে আটকে পড়বেন, তখনই একটু থেমে যান। একটা বড় শ্বাস নিন। মনে রাখবেন যে এই মুহূর্তে আপনার দৃষ্টিভঙ্গি খুবই সংকীর্ণ। আপনার চিন্তাভাবনা জুড়ে যে বিষয়টি রয়েছে সেটি সম্ভবত ততটাও গুরুত্বপূর্ণ নয় যতটা মনে হচ্ছে। আর যদিও এটা সেই মুহূর্তে মনে করা কষ্টকর তা সত্ত্বেও ভেবে দেখার চেষ্টা করুন যে, এই বিশাল পৃথিবীতে কত কিছু একদম ঠিকঠাকভাবে, সুন্দরভাবে, যেভাবে যেরকম চলা উচিত সেভাবে চলছে। এই বৃহত্তর দৃষ্টিভঙ্গি আপনার মনের মধ্যে থাকলে আপনি এমন বাস্তব কৌশল অবলম্বন করতে পারবেন যা আপনাকে এই মানসিক এবং আবেগগত ছক ভেঙে বেরোতে সাহায্য করবে। এগুলো কোনো তাৎক্ষণিক সমাধান নয়। এই অভ্যাস আপনার চিন্তা, আবেগ এবং আপনার চারপাশের পৃথিবীর সঙ্গে যোগাযোগের পদ্ধতিতে আমূল পরিবর্তন নিয়ে আসতে সাহায্য করবে।

প্রথম পর্ব

সমাধান

সাক্ষ্যের অভ্যাস: আবেগের মাধ্যমে সম্পর্কের পরিবর্তন

আবেগের মুক্তির কেন্দ্রে একটা ছোট্ট কিন্তু প্রচণ্ড গুরুত্বপূর্ণ পরিবর্তন রয়েছে: নিজের আবেগের সঙ্গে একাত্ম না হয়ে গিয়ে তার সাক্ষী থাকা। যখন আপনি প্রবল আবেগের অনুভূতির মধ্যে বাঁধা পড়ে যান তখন আপনি আপনার স্বচ্ছ চিন্তা করার ক্ষমতা হারিয়ে ফেলেন। আপনি আর নিজের মধ্যে থাকেন না—আপনি আপনার রাগে, দুশ্চিন্তায়, কষ্টে পরিণত হয়ে যান। আপনার আবেগের সঙ্গে এই সম্পূর্ণ একাত্মতাই আপনাকে এতটা বিহ্বল করে তোলে।

সাক্ষী থাকার অভ্যাস এই ছক ভেঙে দিতে সাহায্য করে, তিনটে সহজ পদ্ধতির মাধ্যমে:

প্রথম, আপনি কী অনুভব করছেন তা নির্দিষ্টভাবে বলুন। এটা কেবলমাত্র একটা মানসিক ব্যায়াম নয়—বরং এটিকে 'স্নায়বিক অ্যালকেমি' বলা চলে। যখন আপনি নির্দিষ্টভাবে কোনো আবেগকে চিহ্নিত করেন ('আমার খুব খারাপ লাগছে'-র পরিবর্তে 'আমি খুব হতাশ') আপনি আপনার 'প্রি-ফ্রন্টাল কর্টেক্স'-কে (Prefrontal Cortex) সক্রিয় করে তোলেন। প্রি-ফ্রন্টাল কর্টেক্স হলো আপনার মস্তিষ্কের যুক্তিবাদী অংশ যা আবেগের তীব্রতাকে নিয়ন্ত্রণ করতে পারে। ব্রেইন ইমেজিং স্টাডিজ থেকে জানা যায়, এই নামকরণের ছোট্ট পদ্ধতিটি 'অ্যামিগডালা'-র (Amygdala) সক্রিয়তা হ্রাস করে। অ্যামিগডালা হলো আপনার আবেগের অ্যালার্ম সিস্টেম।

দ্বিতীয়ত, একটা ভাষাগত দূরত্ব তৈরি করুন। 'আমি খুব রেগে গেছি' বলার পরিবর্তে বলার চেষ্টা করুন 'এই মুহূর্তে আমার মধ্যে রাগের উদ্রেক

হচ্ছে’। এই সামান্য পরিবর্তন আপনাকে আপনার আবেগের সঙ্গে একাত্ম হতে না দিয়ে আপনাকে তার দর্শকে পরিণত করে। আপনি আপনার আবেগকে স্বীকার করে নিচ্ছেন কিন্তু তাকে কোনোভাবেই আপনার ওপরে নিয়ন্ত্রণ পেতে দিচ্ছেন না। এর মাধ্যমে আপনার অনুভূতিকে আপনি কোনোভাবেই অস্বীকার করছেন না। বরং আপনি স্বীকার করে নিচ্ছেন যে আপনার মধ্যে ওঠাপড়া করা সমস্ত অনুভূতির থেকে আপনি অনেক বড়।

অবশেষে, শারীরিক অনুভূতি সম্পর্কে সচেতনতা তৈরি করুন। আপনি কেন আপনার দেহে এই আবেগ অনুভব করছেন? আপনি কি বুকে চাপ অনুভব করছেন? আপনার পেটের মধ্যে কি একটা শক্ত গিঁটের মতো কিছু আছে বলে মনে হচ্ছে? আপনার কি মুখ গরম হয়ে যাচ্ছে? শারীরিক অনুভূতির দিকে আপনার সম্পূর্ণ মনোযোগ নিবেশের মাধ্যমে আপনি নিজেকে কপোলকল্পিত গল্পের জগৎ—যা আপনার আবেগকে আরও প্রবল করে তুলত—তা থেকে টেনে বের করে নিয়ে আসতে পারবেন। এই শারীরিক অনুভূতি সম্পর্কে সচেতনতা আপনার বিমূর্ত আবেগঘটিত কষ্টকে সহজে সামলানো সম্ভব এমন শারীরিক অনুভূতিতে পরিবর্তিত করে।

প্রতিদিন ছোট ছোট আবেগের ক্ষেত্রে এই কৌশল অভ্যাস করুন, যাতে এটি আপনার স্বভাব হয়ে দাঁড়ায়। এরপর যখন প্রবল আবেগ উথলে উঠবে তখন আপনি সহজেই তা সামলাতে পারবেন। যত আপনি আপনার আবেগের সাক্ষী থাকা অভ্যাস করবেন ততই আপনি নিজের জন্য জায়গা তৈরি করতে পারবেন—আর সেই জায়গাই আপনাকে স্বাধীনতা দেবে।

মনোযোগ ফিরে পাওয়ার কৌশল: মানসিক জায়গা তৈরি

কখনো কখনো আপনাকে সত্যিই নিজের জীবনের জন্য লড়াই করতে হয় এবং তখন লোকেরা লক্ষ্য করে যে তারা যেমন করে চায় তেমন করে আপনি তাদের উপকারে লাগছেন না।

আধুনিক পৃথিবী সংবেদনশীল স্নায়ুতন্ত্রের জন্য তৈরি হয়নি। প্রত্যেকটা নোটিফিকেশন দেখার জন্য, আলাপচারিতার জন্য এবং সিদ্ধান্ত নেওয়ার জন্য

আমাদের স্নায়ুতন্ত্র ব্যস্ত থাকে। আর গভীরভাবে সংবেদনশীল মানুষদের জন্য এই মানসিক চাপ খুব দ্রুত তাদের বিকল করে দিতে পারে। মাথা ঠান্ডা রাখার জন্য সময়ের সদ্ব্যবহার একমাত্র উপায় নয়—বরং ইচ্ছাকৃত মনোযোগ প্রতিষ্ঠা অনেক বেশি কার্যকর।

মানসিকভাবে সুস্থতা ফিরে পাওয়ার জন্য 'মনোযোগ সংরক্ষণস্থল' (Attention Sanctuary) তৈরি করা অত্যন্ত প্রয়োজনীয়। এগুলি প্রাকৃতিক বা সাময়িক এমন জায়গা যেখানে আপনি মনোযোগের চাহিদা থেকে সম্পূর্ণভাবে মুক্ত অবস্থায় থাকতে পারেন। ছোট ছোট বিরতিও একাধিক উদ্দীপনা সম্বলিত হয় (যেমন সোশ্যাল মিডিয়া দেখা)। কিন্তু সত্যিকারের মনোযোগ সংরক্ষণের জায়গাগুলি মনোযোগ এবং আবেগ নিয়ন্ত্রণকারী স্নায়ুতন্ত্রকে পুরো অবস্থায় ফিরে আসার মতো সত্যিকারের সুযোগ দেয়।

নিম্নলিখিত তিনটি কৌশলের সাহায্যে আপনার নিজের মনোযোগ সংরক্ষণস্থল তৈরি করুন:

১. **সরল সংবেদনশীলতা:** এমন একটা পরিবেশ বেছে নিন যেখানে অত্যন্ত কম পরিমাণে ইন্দ্রিয়জ তথ্য উপস্থিত। একটা বাড়ির একটা শান্ত ঘর, নিশ্চুপ বাইরের কোনো জায়গা, বা আপনার কাছে বেশি সুযোগ না থাকলে বাথরুমের দরজা বন্ধ করেও আপনি এই পরিবেশ তৈরি করতে পারেন। শব্দ, দৃশ্য এবং অন্যান্য সমস্তরকমের উদ্দীপনা কমানোর চেষ্টা করুন।

২. **টেকনোলজির অভাব:** এই জায়গাটিকে সমস্তরকম ডিভাইস থেকে মুক্ত রাখুন। এখানে কোনো ফোন, কম্পিউটার, ট্যাবলেট, ঘড়ি বা এমন কোনো কিছু যা আপনাকে ডিজিটাল পৃথিবীর সঙ্গে সংযুক্ত রাখে তা রাখবেন না। এর লক্ষ্য শুধুমাত্র আপনার মনোযোগের বিচ্যুতি কমানোই নয়—বরং আপনার মস্তিষ্ককে ডিজিটাল কানেক্টিভিটির ভার থেকে সম্পূর্ণ মুক্তি দেওয়াই এর আসল লক্ষ্য।

৩. **প্রাকৃতিক উপাদান:** গবেষণায় দেখা গিয়েছে প্রাকৃতিক পরিবেশ মানুষের মনোযোগ পুনঃস্থাপন করার ক্ষেত্রে সবথেকে কার্যকর। এমনকী অল্প সময়ের জন্য প্রকৃতির ছোঁয়া—যেমন গাছপালার দৃশ্য, জলের শব্দ, বা একটা গাছ ছোঁয়াও মনোযোগ পুনরুদ্ধারে সহায়তা করতে পারে।

সাময়িক সীমা: আগে থেকে ভেবে নিন কতক্ষণ আপনি এই স্যাংচুয়ারিতে বা নিরাপদ স্থানে থাকবেন। সব নিয়ম মেনে চললে স্যাংচুয়ারিতে ৫ মিনিট সময় কাটানোও অনেক উপকারী হতে পারে। আপনার স্যাংচুয়ারির বাইরে কোথাও একটা অ্যালার্ম সেট করে রাখুন যাতে আপনাকে সময় দেখতে না হয়।

সারাদিন ধরে এই মনোযোগ পুনরুদ্ধারের ছোট ছোট সময় আলাদা করে রাখুন—সবথেকে ভালো হয় আপনি যদি বিহ্বল হয়ে যাওয়ার আগেই এই স্যাংচুয়ারিতে চলে যেতে পারেন। খুব কম সময়ের জন্যও সম্পূর্ণ মনোযোগ দেওয়া থেকে বিশ্রাম মানসিক শক্তি ক্ষয় হওয়া থেকে বাঁচাতে পারে, যা পরবর্তীকালে মানসিক ক্লান্তির হাত থেকে আপনাকে মুক্তি দিতে পারে।

এটা কোনোভাবেই নিজেকে প্রশ্রয় দেওয়া নয়—বরং আপনার সবথেকে মূল্যবান রিসোর্স বা সম্পদ—সম্পূর্ণ মনোনিবেশ করার ক্ষমতা এবং আবেগ নিয়ন্ত্রণকে রক্ষণাবেক্ষণ করার এটা সবথেকে সহজ উপায়। গবেষণায় দেখা গিয়েছে এই ছোট ছোট পুনরুদ্ধারের বিরতিগুলি কর্মদক্ষতা এবং সৃজনশীলতা বাড়িয়ে তোলে এবং একইসঙ্গে এটি স্ট্রেস হরমোন এবং প্রতিক্রিয়াশীল আচরণ হ্রাস করে।

চিন্তা ধরে রাখার অভ্যাস: স্মৃতি রোমন্থন থেকে মুক্তি

চিন্তা ধরে রাখার অভ্যাস হলো আপনার মস্তিষ্ককে স্মৃতি রোমন্থন বা রিউমিনেশনের জন্য প্রয়োজনীয় উপাদান জোগান দেওয়া, অর্থাৎ এটিতে নিয়ন্ত্রণ এবং সম্পূর্ণতার অনুভূতি জাগিয়ে তোলা। কোনো চিন্তা বন্ধ করার চেষ্টা করার বদলে (যা আবার সেই চিন্তাকে আরও বেশি শক্তিশালী করে তোলে) আপনি এগুলোর জন্য একটা আলাদা পাত্র তৈরি করেন।

আপনি এটিকে কীভাবে কাজে লাগাবেন দেখুন:

প্রথমে, দিনের মধ্যে একটা নির্দিষ্ট "দুশ্চিন্তা করার সময়" বেছে নিন—১৫ থেকে ২০ মিনিট সময়, যখন আপনি ইচ্ছা করে বিভিন্নরকমের বিষয়ে চিন্তা করবেন। এমন একটা সময় বেছে নিন যখন আপনার কাছে যথেষ্ট মানসিক শক্তি থাকে, মানে ঠিক ঘুমোতে যাওয়ার আগের সময়টাকে বেছে নেবেন না।

যখনই কোনো দুশ্চিন্তা এই নির্দিষ্ট সময়ের বাইরে আপনার মনে উঁকি দেবে, এগুলোর উপস্থিতি স্বীকার করে মনে মনে বলবেন, "আমি তোমার সমস্যা বুঝতে পারছি, আর আমি নির্দিষ্ট সময়ে তোমার প্রতি আমার পূর্ণ

মনোযোগ দেব।” এরপর ওই চিন্তাটি কোনো একটা নির্দিষ্ট নোটবুকে অথবা ডিজিটাল নোটবুকে লিখে ফেলুন। এই যে আপনি হাতে-কলমে চিন্তাটা লিখে ফেললেন, এটা আপনার মস্তিষ্ককে তৃপ্ত করবে। আপনার মস্তিষ্ককে ওই বিষয়টা আর সেই মুহূর্তে বিরক্ত করতে পারবে না।

দুশ্চিন্তা করার নির্দিষ্ট সময়ে আপনি ওই নোটবুক খুলে দেখুন যে আপনি কী লিখেছিলেন এবং আপনার প্রত্যেকটা চিন্তার বিষয়কে সম্পূর্ণ মনোযোগ দিন। প্রতিটা বিষয় নিয়ে নিজেকে জিজ্ঞাসা করুন:

- এক্ষেত্রে কি আমার কিছু করার আছে যেটা আমি করে ফেলতে পারি?
- যদি থাকে, তাহলে সব থেকে ছোট প্রাথমিক পদক্ষেপটা কী হতে পারে?
- যদি না থাকে, আমি কি অনিশ্চয়তাটা এখনকার জন্য মেনে নিতে পারি?

প্রতিদিনের দুশ্চিন্তার সময় শেষ হয়ে যাওয়ার পরে আপনার নোটবুকটি বন্ধ করে ফেলুন। এতে আপনার মস্তিষ্কের কাছে একটা সিগন্যাল যাবে যে নির্দিষ্ট সময় শেষ হয়ে গিয়েছে। যদি একইরকমের চিন্তা পরের দিনের দুশ্চিন্তার সময়ের আগে ফিরে আসে, নিজেকে মনে করান, “আমি ইতিমধ্যেই এই বিষয়টা ধরে ফেলেছি। আমি এটা নিয়ে দুশ্চিন্তা করার সময় চিন্তা করব।”

এই অভ্যাস কাজে লাগে, তার কারণ এটি আপনার মস্তিষ্কের বিভিন্নরকম জিনিসের বিশ্লেষণ করবার প্রয়োজনীয়তা সম্পূর্ণ করে। সময়ের সঙ্গে সঙ্গে আপনার মন এটা শিখে ফেলবে যে, তাৎক্ষণিক মনোযোগ না পেলেও সমস্ত বিষয়ই আপনার সম্পূর্ণ মনোযোগ পাবে, কিন্তু নির্দিষ্ট সময়ে। এটি আপনার তাৎক্ষণিক রোমন্থনের অভ্যাস ভেঙে বেরিয়ে আসতে সাহায্য করবে কিন্তু একইসঙ্গে সত্যিকারের চিন্তা করার মতো বিষয়গুলোকেও যথেষ্ট মনোযোগ দিয়ে চিন্তা করার সময় করে দেবে।

আসল চাবিকাঠি হলো ধারাবাহিকতা। প্রথম প্রথম আপনার মস্তিষ্ক এই কৌশল মেনে কাজ করতে চাইবে না। আপনাকে সমস্ত চিন্তা তৎক্ষণাৎ করতে বাধ্য করতে চাইবে। কিন্তু অভ্যাস করলে আপনি দেখতে পাবেন, যে চিন্তাগুলোকে আপনার খুব জরুরি বলে মনে হচ্ছিল সেগুলো পরে ভাবলেও হবে। আর বেশিরভাগ দুশ্চিন্তাই,

যেগুলো তৎক্ষণাৎ প্রচণ্ড গুরুতর বলে মনে হয়, যখন আপনি সেগুলো নিয়ে দুশ্চিন্তার জন্য নির্ধারিত সময়ে খুঁটিয়ে চিন্তা করেন তাদের প্রাবল্য হারায়।

চিন্তার এরকম ছক যাদের মনের মধ্যে গভীরভাবে গেঁথে রয়েছে তাদের এই অভ্যাসের সঙ্গে সঙ্গে 'কাউন্টার-ন্যারেটিভ জার্নাল' তৈরি করা উচিত। প্রত্যেকদিন আপনার নেতিবাচক চিন্তাভাবনার বিপক্ষে সাক্ষ্য দেয় এমন কথা ওই ডায়েরিতে লিখুন। এভাবে ধীরে ধীরে আপনি নতুন দৃষ্টিভঙ্গির স্বপক্ষে যুক্তি খাড়া করতে পারবেন। আপনি যখন এরকম দৃঢ়প্রতিজ্ঞভাবে আপনার মনোগত নেতিবাচক বিশ্বাসগুলোর বিপক্ষে যুক্তি খাড়া করেন, তখন আসলে আপনি এই নেতিবাচক যুক্তিগুলো বজায় রাখার যে স্নায়বিক পথ তা ভেঙে ফেলে নতুন স্নায়বিক পথ তৈরি করেন।

মানসিক শক্তির অনুবর্তন: চিন্তার চক্র ভেঙে মুক্তি

স্ট্যানফোর্ড বিশ্ববিদ্যালয়ের নিউরো সায়েন্স ডিপার্টমেন্টের গবেষণা থেকে একটা অদ্ভুত বিষয় জানা গিয়েছে: যত আপনি অযাচিত চিন্তা চেপে রাখার চেষ্টা করেন, তারা তত অটল হয়ে যায় (ওয়েগনার এট আল, ২০১২)। আপনি যদি নিজেকে নিজে বলেন, "সাদা ভাল্লুক নিয়ে চিন্তা করো না"—তাহলে হঠাৎ করে আপনি দেখতে পাবেন যে আপনার মনের সব জায়গায় সাদা ভাল্লুক অবস্থান করছে। এই "আয়রনিক প্রসেসিং" বা পরিহারসূচক বিশ্লেষণ থেকে এটা বোঝা যায় কেন "ইতিবাচক চিন্তা করো" বা "বেশি চিন্তা কোরো না", এই জাতীয় প্রাচীন মতবাদ কার্যকর হয় না।

তাহলে আপনি কীভাবে এই মানসিক চক্র ভেঙে বেরোতে পারবেন? বিজ্ঞান দুটো খুবই কার্যকর পদ্ধতির দিকে নির্দেশ করে। এই দুটো পদ্ধতি আপনার মস্তিষ্কের কাঠামোকে নিয়ে কাজ করে, তার বিপক্ষে নয়।

১. চিন্তার বিস্তারের ব্যায়াম

আপনি একটা চিন্তার চক্রের মধ্যে আটকে পড়লে এই কৌশল ব্যবহার করে তা ভেঙে বেরিয়ে আসতে পারেন। এই কৌশলগুলির কার্যকারিতা কতটা তা হার্ভার্ডের সাইকোলজি ডিপার্টমেন্ট একাধিক ক্লিনিক্যাল স্টাডিজের মাধ্যমে প্রমাণ করেছে।

- আপনি কখন পুনরাবৃত্তিমূলক চিন্তা করছেন সেটা খেয়াল করুন।
- নিজেকে নিজে বলুন: "আমি খেয়াল করছি যে আমি .... বিষয়ে চিন্তা করছি।" কোন বিষয়ে আপনি চিন্তা করছেন পরিষ্কারভাবে নির্দিষ্ট করে নিজেকে জানান।
- তারপর ভাবুন আপনার চিন্তাটা একটা স্ক্রিনের মধ্যে স্ক্রল করে যাচ্ছে অথবা আপনার চিন্তাটা একটা পাতার ওপর লেখা রয়েছে যেটা জলের স্রোতে ভেসে যাচ্ছে।
- দর্শকের মতো আপনার চিন্তাটাকে ভেসে যেতে দিন।

এতে আপনার চিন্তা আর আপনার মাঝখানে একটা মানসিক দূরত্ব তৈরি হয়। মাসুদা এবং সহযোগীদের (২০১০) গবেষণা দেখায় এই সহজ অভ্যাস আবেগের প্রভাব এবং নেতিবাচক চিন্তার বিশ্বাসযোগ্যতা কন্ট্রোল গ্রুপের তুলনায় প্রায় ৪০% কমিয়ে দিতে পারে। কন্ট্রোল গ্রুপের সদস্যরা এই অভ্যাস করার পরিবর্তে তাদের চিন্তা চেপে রাখার বা সেটা নিয়েই নিজের সঙ্গে কথা বলার চেষ্টা করেছিল।

২. ছকে বাধা প্রদান + নতুন মোড়

কোনো চক্র ভাঙার জন্য চলতি ছকে বাধা দেওয়ার সঙ্গে সঙ্গে স্নায়ুর কার্যকারিতা পরিবর্তনও প্রয়োজন। ইউসিএলএ (UCLA) স্কুল অফ মেডিসিনের ডক্টর জেফরি শোয়ার্জ (Jeffrey Schwartz) চারটে ধাপের একটা কৌশল তৈরি করেন। এই কৌশল খুব সাংঘাতিক ওসিডি (OCD) রোগের ক্ষেত্রেও কার্যকর প্রমাণিত হয়েছে।

- **পুনরায় লেবেল করা:** আপনার চিন্তার চক্রগুলোকে চিনে তাদের নামকরণ করুন। যেমন, "এটা হলো রোমন্থন" অথবা "এই চিন্তা বিপর্যয়কর"।
- **পুনঃবৈশিষ্ট্যকরণ:** নিজের মনে ভাবুন, "এখানে আমার ভাবনা আটকে গিয়েছে, এটা বাস্তব চিত্র নয়।"
- **নতুন করে মনঃসংযোগ করুন:** সঙ্গে সঙ্গে নিজেকে আগে থেকে নির্বাচিত কোনো একটা কাজের সঙ্গে যুক্ত করুন। এমন কাজ নির্বাচন করবেন যেটা আপনার সম্পূর্ণ মনোযোগ দাবি করে (যেমন অঙ্ক করা, আপনার চারপাশে নীল রঙের সমস্ত জিনিসের নাম বলা,

সাত অঙ্কের ব্যবধানে ১০০ থেকে শূন্য অবধি গোনা, ইত্যাদি)।

- **নব মূল্যায়ন:** এরপরে অল্প কিছু সময়ের জন্য ভাবুন, "চিন্তার এই ছকটা কোনোভাবেই আমার কোনো কাজে আসবে না বা প্রয়োজনীয় নয়।"

শোয়ার্জের গবেষণা প্রকাশিত হয়েছিল 'আর্কাইভ অফ জেনারেল সাইকায়াট্রি'-তে। এই গবেষণা দেখিয়েছে যে, এই কৌশল নিয়মিত অভ্যাস করলে মানুষের মস্তিষ্কের ক্রিয়াশীলতার ছক পরিবর্তন হয়। আর এই পরিবর্তন হয় 'কডেট নিউক্লিয়াস'-এ। কডেট নিউক্লিয়াস হলো আমাদের মস্তিষ্কের এমন অঞ্চল যেটা চিন্তার চক্র নিয়ন্ত্রণ করে।

এই দুটি কৌশলেরই চাবিকাঠি হলো ধারাবাহিকতা। যেকোনো দক্ষতা বাড়ানোর মতোই মনের গভীরভাবে গেঁথে থাকা চিন্তার চক্র ভাঙার জন্য প্রয়োজন নিয়মিত অভ্যাস। কিন্তু স্নায়ুবিজ্ঞান নিশ্চিত করে যে বারংবার পুনরাবৃত্তির অভ্যাস করলে এই প্রতিক্রিয়াগুলি আপনার মস্তিষ্কের স্বয়ংক্রিয় প্রতিক্রিয়ায় পরিণত হয়। আপনার মাথায় যে চিন্তা আসবে না তা নয়—সেটা আপনার মস্তিষ্কের কাজ—কিন্তু সেই চিন্তা আর কিছুতেই আপনাকে রোমন্থনের অনন্ত চক্রে আর আটকাতে পারবে না।

সংযুক্তি: দীর্ঘস্থায়ী পরিবর্তনের জন্য প্রাত্যহিক অভ্যাস

এই অভ্যাসগুলি মাঝে মাঝে অভ্যাস করার মতো আলাদা কৌশল নয়। নিয়মিত অভ্যাস করলে এই কৌশলগুলি এমন একটা তন্ত্র তৈরি করতে সাহায্য করে যা সময়ের সঙ্গে সঙ্গে গভীর পরিবর্তন নিয়ে আসতে সাহায্য করে। এখানে আবার চাবিকাঠি হলো বাস্তবায়ন—কী করতে হবে সেটা জানা এবং পরিবর্তন আনার জন্য নিয়মিতভাবে অভ্যাস করাটা এক বিষয় নয়।

নিজের প্রাত্যহিক জীবনে এই সমস্ত অভ্যাসগুলি একীভূত করার জন্য "বাস্তবায়নের অভিপ্রায়" তৈরি করুন। এর অর্থ, আপনাকে নির্দিষ্ট পরিকল্পনা করতে হবে যে কখন এবং কোথায় আপনি এই কৌশলগুলি অভ্যাস করবেন। গবেষণায় দেখা গিয়েছে, করার ইচ্ছার পরিবর্তে কৌশল অভ্যাসের সঠিক পরিকল্পনা করলে সেই অভ্যাসের বাস্তবায়নের সম্ভাবনা অনেক বেশি।

সকাল: দিন শুরু করুন ছোট্ট একটা সাক্ষ্য প্রমাণের অভ্যাস দিয়ে। আপনি যেই দিনের প্রথম আবেগজনিত প্রতিক্রিয়া খেয়াল করবেন, অমনি নামকরণের অভ্যাস করবেন, দূরত্ব তৈরির অভ্যাস করবেন, এবং সেগুলোকে অঙ্গীভূত করবেন। সেটা আপনার দিনটি কেমন যাবে তা স্থির করে দেবে। সারাদিনের আবেগ সংক্রান্ত সচেতনতা ওই অভ্যাসের সময়েই তৈরি হয়ে যাবে।

সারাদিন: দিনের মধ্যে যখনই আপনার আবেগ খুব জোরালোভাবে মথিত হয়, তখনই সাক্ষী থাকা অভ্যাস করুন। অনুপ্রবেশকারী চিন্তাভাবনা আপনার মনের মধ্যে পাক খেতে শুরু করলে চিন্তা সংবরণের অভ্যাস করুন। সেই চিন্তাগুলোকে লিখে রাখুন যাতে পরে নির্দিষ্ট সময়ে তা নিয়ে আপনি ভাবতে পারেন।

দুপুরবেলা: ৫-১০ মিনিট সময় মনোযোগ পুনরুদ্ধারের সময় হিসেবে আলাদা করে রাখুন। সমস্তরকম দাবিদাওয়াগুলো থেকে নিজেকে সম্পূর্ণ বিচ্ছিন্ন করে রাখুন। আপনার মনোযোগ তন্ত্রকে রিসেট করার সুযোগ করে দিন। এই ছোট্ট সময়ও বিকেলের প্রতিক্রিয়া তৈরি হওয়াটা অনেকাংশে কমিয়ে দিতে পারে।

সন্ধ্যা: দুশ্চিন্তার জন্য নির্ধারিত সময়ে আপনার চিন্তা লেখার ডায়েরি খুলে সমস্যাগুলো নিয়ে ক্রমানুসারে ভাবুন। ঘুমোনোর আগে একটা ছোট কৃতজ্ঞতা জানানোর সময় নির্ধারণ করুন। এর মাধ্যমে আপনি আপনার মস্তিষ্কের সারাদিন চলতে থাকে নেতিবাচক প্রবণতার বিরুদ্ধাচরণ করতে সক্ষম হবেন। আজ সারাদিনে কী কী ভালো ঘটনা ঘটেছে? হয়তো খুব ছোট কিছু একটা ঘটেছে, বেশিরভাগ সময়ে যেটাকে আমরা তেমন পাত্তাই দিই না। কিন্তু সেই ছোট ঘটনাকেই স্বীকৃতি দেওয়াটা খুবই গুরুত্বপূর্ণ। যদি প্রয়োজন হয়, খুব গভীরভাবে চিন্তা করুন... এবং আপনি সহজেই সারাদিনে ঘটা একাধিক ভালো ঘটনার সন্ধান পেয়ে যাবেন।

মনে রাখবেন, পরিবর্তন সরলরৈখিক নয়। এমন দিনও থাকবে যেদিন আপনি এইসব কৌশল অভ্যাসের কথা সম্পূর্ণ ভুলে যাবেন। আপনি না চাওয়া সত্ত্বেও আপনার আবেগ আপনাকে বিহ্বল করে তুলবে। আপনি চাইলেও আপনার চিন্তাভাবনাকে সংবরণ করতে পারবেন না। এটা কিন্তু ব্যর্থতা নয়—এটা গোটা প্রক্রিয়ার একটা অংশ মাত্র।

আপনার লক্ষ্য সব কিছু নিখুঁতভাবে সম্পাদন করা নয়, বরং আপনার লক্ষ্য হলো উন্নতি করা। ধীরে ধীরে আপনার আবেগ, মনোযোগ এবং

চিন্তাভাবনার সঙ্গে নতুন সম্পর্ক গড়ে তুলুন। ধারাবাহিকভাবে অভ্যাস করলে আপনার সচেতন প্রচেষ্টা ধীরে ধীরে আপনার নিত্যজীবনের একটা অংশে পরিণত হবে। যে সমস্ত সংবেদনশীলতাকে আগে আপনার সবথেকে বড় দুর্বলতা বলে মনে হতো সেগুলোই আপনার সবথেকে বড় শক্তিতে পরিণত হবে—যা আপনাকে ধীরে ধীরে জীবনের দ্বারা গ্রাস হওয়ার পরিবর্তে তা উপভোগ করতে সাহায্য করবে।

পরবর্তী শ্বাস, চিন্তা, আবেগ এবং তাদের সামলানোর মধ্যে দিয়ে এই পথে যাত্রা শুরু করুন।

দ্রুত বাধা দেওয়ার নকশা

এই ছবিটা আঁকুন অথবা এই নকশার একটা ছবি তুলে আপনার ফোনে সেভ করে রাখুন 'অ্যাংজাইটি লুপ' নাম দিয়ে। পরবর্তীকালে যখনই আপনি **চিন্তার অ্যাংজাইটি লুপে** আটকে যাবেন, তখনই একবার করে এই নকশাটা দেখবেন এবং এর নির্দেশ অনুসরণ করবেন। সচেতনতা এবং **কাজ**-ই হলো এই ছক

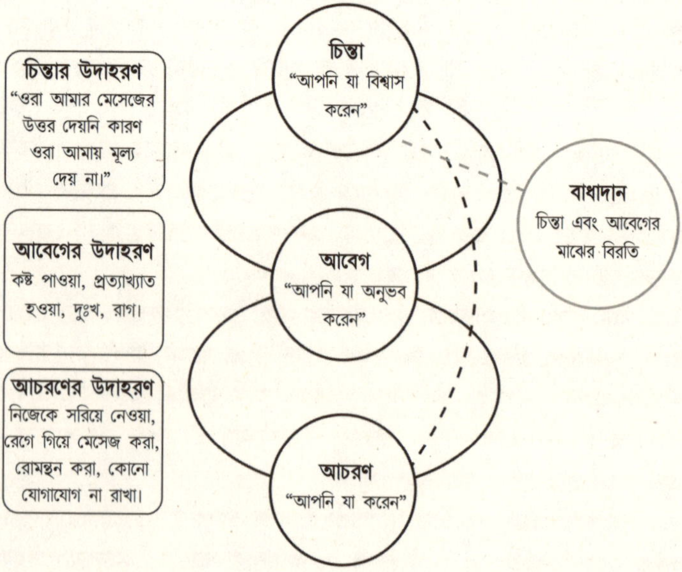

ভেঙে বেরিয়ে আসার চাবিকাঠি। একবার আপনার মনে এইরকম চিন্তা শুরু হলে তা বাধা দেওয়া আবশ্যক। আর আপনি এই বাধাদানের কাজটা শুরু করতে পারেন খুব সাধারণ একটা প্রশ্নের মাধ্যমে: এই কথাগুলো চিন্তা করলে আমার জীবনে কি কোনো উন্নতি হবে?

আপনি যেমন যেমন করে আপনার নিত্যজীবনে এই সমস্ত অভ্যাস যুক্ত করবেন, আপনি দিনের মধ্যে বেশ কয়েকবার স্বচ্ছ এবং শান্ত মুহূর্ত উপভোগ করতে পারবেন। আপনি দেখতে পাবেন আপনার আবেগ এবং তার ফলে আপনার মধ্যে সৃষ্টি হওয়া প্রতিক্রিয়ার মধ্যে বেশ কিছুটা ব্যবধান তৈরি হচ্ছে। কিন্তু যদি এর থেকে শক্তিশালী কোনো উপায় আপনার জানা থাকে, তাহলে? আর সেই পদ্ধতি যদি খুবই সহজ হয়, তবে? যদি কঠিন চিন্তা বা আবেগ সংবরণ করা বা সামলানোর পরিবর্তে তাদের সঙ্গে আপনার সম্পর্কই বদলে দেওয়া সম্ভব হয়, তবে? পরবর্তী কৌশলটি এর আগে আপনি যা কিছু শিখেছেন তার ওপর নির্ভর করেই তৈরি হয়েছে বটে, কিন্তু এটি সম্পূর্ণ অন্য আঙ্গিক থেকে কাজ করে। এমন আঙ্গিক যা হয়তো সবকিছু পরিবর্তন করে দেবে...

সবথেকে হাস্যকর রকমের কার্যকর পদ্ধতি যা অতিরিক্ত চিন্তা, অ্যাংজাইটি এবং নিজের ক্ষতি করা রোধ করে দিতে পারে

আমরা এতক্ষণ পর্যন্ত যে সমস্ত কৌশল নিয়ে আলোচনা করেছি, সেগুলি সব ছাপিয়ে আর একরকমের শক্তিশালী উপায় আছে যা অ্যাংজাইটি এবং অতিরিক্ত চিন্তা করা রোধ করতে পারে। এই পদ্ধতিটি এতটাই সাধারণ বুদ্ধির বিপরীতমুখী চলে যে প্রথমে এই পদ্ধতি নিয়ে একটু ব্যঙ্গাত্মক মনোভাব থাকাটা একেবারেই আশ্চর্যজনক নয়। এই পদ্ধতিটি অন্যান্য কৌশলের সঙ্গে সঙ্গেই কাজ করে কিন্তু সমস্যাগুলোকে সামলায় সম্পূর্ণ অন্যরকম উপায়ে।

কার্ল ইয়ুং (Carl Jung) লিখেছিলেন, "তুমি যার প্রতিরোধ করো তাই থেকে যায়।" এই কথাটা লেখার মাধ্যমে মানব মনের এক মৌলিক সত্যের কথা বলেছিলেন ইয়ুং। আমরা যখন অযাচিত চিন্তাভাবনাকে জোর করে দূরে হঠানোর চেষ্টা করি, আমরা অনিচ্ছাকৃতভাবে সেগুলিকে শক্তিশালী করে তুলি। যতবার আপনি আপনার চিন্তা চেপে দেওয়ার চেষ্টা করেন, ততবার আপনি

নিজেকে মনে করিয়ে দেন ঠিক কোন বিষয়টাকে আপনি ভুলে যেতে চাইছেন। এর ফলে একটা দ্বিধাগ্রস্ত পরিস্থিতির সৃষ্টি হয়। প্রথমে আপনি পাক খেতে খেতে আপনার আসল চিন্তার দিকে চলে যান, এবং তারপর আপনি নিজের মনেই সেই চিন্তায় না যাওয়ার চেষ্টা করতে করতে পাক খেতে থাকেন।

নিজের উৎকণ্ঠাকে ধন্যবাদ জানান: এই কৌশলটিকে প্রাথমিকভাবে আপনার অদ্ভুত বলে মনে হতে পারে। হ্যাঁ, প্রাথমিকভাবে এই পদ্ধতিটিকে অত্যন্ত হাস্যকর বলে মনে হতেই পারে—যে জিনিস আপনার বেদনার কারণ হচ্ছে, তাকেই ধন্যবাদ জানানো? কিন্তু এই ছোট্ট পরিবর্তন অত্যন্ত শক্তি ধরে। যখনই উৎকণ্ঠা আপনাকে চেপে ধরবে, মৃদু হেসে বলুন, "এই অনুভূতির জন্য ধন্যবাদ। আমি এই মানসিকতার পরিবর্তনের মর্ম উপলব্ধি করছি। আমি তোমাকে ভালোবাসি।"

যেমন ধরুন, আপনি সেদিন ঘটে যাওয়া একটা আলাপচারিতা নিয়ে মনে মনে চিন্তা করছেন। সেই আলাপচারিতায় আপনার বলা একটা ছোট্ট কথা নিয়ে আপনি ক্রমান্বয়ে চিন্তা করে চলেছেন। "আমি কি খুব রূঢ়ভাবে কথাটা বললাম? আমি কেন এই কথাটা এইভাবে বললাম? ওরা নিশ্চয়ই মনে মনে ভাবছে যে আমি কী ভীষণ অদ্ভুত।" অথবা কোনো কিছু সমাজমাধ্যমে পোস্ট করার পরে আপনি ভাবেন যে আপনি ভুল করেছেন। সেটা যা-ই হোক না কেন, এই সমস্ত চিন্তার সঙ্গে যুদ্ধ না করে বা সেগুলোর সঙ্গে যুক্তি-তর্কে না গিয়ে বরং বলার চেষ্টা করুন, "ধন্যবাদ অ্যাংজাইটি, আমার জীবনে ফের দেখা দেওয়ার জন্য...আমি তোমার অনুপস্থিতি বোধ করছি।" এটা বলার সময় যতটা সম্ভব আবেগ দিয়ে বলুন। দরকার হলে এই কথাটা জোরে জোরে বলুন বা নাটক করার মতো করে সমস্ত অনুভূতির প্রকাশ করে বলুন।

আপনি আবেগকে ধন্যবাদ দিলে সেটির সঙ্গে আপনার সম্পর্কে একটা পরিবর্তন ঘটে। যার ফলে আপনার ওপরে আপনার আবেগের প্রভাব শিথিল হয়ে পড়ে। এর জন্য আপনাকে আপনার আবেগের সঙ্গে কোনো যুদ্ধও করতে হয় না। এই পদ্ধতি হয়তো আপনার কাছে খুবই সাধারণ বলে মনে হতে পারে, কিন্তু এর পিছনে বিজ্ঞানের সমর্থন রয়েছে। বার্কলে বিশ্ববিদ্যালয়ের গবেষণায় জানা গিয়েছে যে ধন্যবাদ জ্ঞাপনের অভ্যাস ইতিবাচক স্নায়ুপথকে কার্যকরী করে তুলে উৎকণ্ঠা উদ্রেককারী চিন্তার পদ্ধতিতে বাধা দিয়ে মানুষের নেতিবাচক আবেগের বিরুদ্ধে কাজ করে। ধন্যবাদ জ্ঞাপনের অভ্যাস এমন স্নায়ুতন্ত্রকে

কার্যকর করে তোলে যেটি স্ট্রেস এবং অ্যাংজাইটির সঙ্গে কোনোভাবেই সম্পর্কিত নয়।

প্রাথমিকভাবে অনেক মানুষই এই পদ্ধতিকে ব্যঙ্গের চোখে দেখেন। “আমি সবরকম কৌশল চেষ্টা করে দেখেছি, সেখানে অ্যাংজাইটিকে ধন্যবাদ জানানোটা আমাকে কীভাবে সাহায্য করবে?” এই ব্যঙ্গ খুবই স্বাভাবিক। আমাদের যুক্তিবাদী মন বিশ্লেষণের মাধ্যমে সমস্যার সমাধান করতে চায়। কিন্তু এখানেই সেই আপাতবিরোধী সত্য অবস্থান করছে। আপনার যুক্তিবাদী মনই এই সমস্যার সৃষ্টি করেছে। কাজেই সে এটির সমাধান করতে পারবে না। এই কৌশল কার্যকর হয়, তার কারণ এটি বিশ্লেষণ করাটা সম্পূর্ণ এড়িয়ে যায়। কার্যকারিতার জন্ম হয় মৌখিক অভিব্যক্তির সঙ্গে শারীরিক এবং আবেগগত অভিব্যক্তির মিলন ঘটিয়ে। ধন্যবাদ জ্ঞাপন করার সময় হাসুন—মুচকি হাসিও হাসতে পারেন, যদি আপনার কাছে সেটাকেই স্বাভাবিক বলে মনে হয়। **এই মাল্টি-সেন্সরি পদ্ধতি আপনার সমস্ত দৈহিক তন্ত্রকে ব্যস্ত করে তোলে,** যার ফলে একটা শক্তিশালী বাধাদানের সূচনা হয়।

আপনি কি কখনো খেয়াল করেছেন যে আপনি কোনো কিছুর সমাধান করে ফেলেছেন বলে যে আপনার উৎকণ্ঠা কমে তা নয়, বরং আপনি অন্যমনস্ক হয়ে পড়লে আপনার উৎকণ্ঠা আপনাআপনিই কমে যায়? বেশিরভাগ সময়ে সমস্যাটার আদৌ বাস্তব কোনো রূপ নেই। এটা আপনার মনের সৃষ্টি, আপনি একটু অন্যমনস্ক হলেই যা মিলিয়ে যায়। তাহলে আপনি কেন এই অনুভূতিকে ধন্যবাদ জানাবেন না? এই পদ্ধতিটি আপনি অন্য যে সমস্ত কৌশল শিখেছেন তার সঙ্গে অনায়াসে তাল মিলিয়ে চলতে পারে। সাক্ষ্য রাখার অভ্যাস আপনাকে প্রাথমিক সচেতনতা গড়ে তুলতে সহায়তা করবে। চিন্তা ধরে রাখার কৌশলটা নাছোড়বান্দা চিন্তাকে সামলাতে সাহায্য করে। আর এই ধন্যবাদ জ্ঞাপনের পদ্ধতি তাৎক্ষণিক বাধাদানের জন্য ব্যবহার করুন, যখন আপনার মনে হচ্ছে যে আপনি আর নিজের ওপরে নিয়ন্ত্রণ রাখতে পারছেন না। আপনার আবেগ সামলানোর অস্ত্রভাণ্ডারে এই প্রতিটা পদ্ধতিরই নিজস্ব জায়গা রয়েছে।

যখনই কোনো কিছু নেতিবাচক ঘটছে বলে আমার মনে হয়, আমি ধন্যবাদ জ্ঞাপন করি। অনেক সময়ে এমন হয়েছে যে, যে ঘটনাকে আমার নেতিবাচক বলে মনে হয়েছে, জীবনে সেটিই আমার পক্ষে কাজ করেছে। **কঠিন সময়ে ধন্যবাদ বললে আমার ওপরে তার প্রভাব কমে যায়** এবং একই

সঙ্গে অজানার প্রতি আমার বিশ্বাস বাড়ে। আমি বিশ্বাস করতে শুরু করি যে সবকিছুই আমার জন্য হচ্ছে, আমার সঙ্গে হচ্ছে না। এর ফলে শুধু যে জায়গা তৈরি হয় তাই নয়, আমার কাছে আরও বেশি করে নিয়ন্ত্রণ ফিরে আসে। জীবনে এমন অনেক নেতিবাচক ঘটনা অবশ্যই ঘটবে যার জন্য আপনি সঙ্গে সঙ্গে কৃতজ্ঞতা বোধ করবেন না। কিন্তু দিনের ছোট ছোট হতাশাগুলো দিয়ে শুরু করাটা খুবই শক্তিশালী পদক্ষেপ। এটি জোর করে চাপিয়ে দেওয়া ইতিবাচক মনোভাব নয়—এটি আপনার বুদ্ধি লাগিয়ে আপনার অভ্যন্তরীণ শক্তির সঙ্গে সংযোগ স্থাপনের পদ্ধতি।

এই পদ্ধতি সমস্ত সাধারণ নিয়মের উলটোপথে গিয়ে **যা কিছু আমাদের অসুবিধা সৃষ্টি করে তাদের ক্ষমতা কমিয়ে দেয়**। ঠিক এই কারণেই এই পদ্ধতি এমন জায়গাতেও কাজ করে যেখানে যুক্তিবাদী অন্য সমস্ত কৌশল বিফল হয়। এখন যখন আপনার কাছে আপনার মনের গভীর থেকে উৎকণ্ঠার সঙ্গে একটা অন্যরকমের সম্পর্ক স্থাপনের কৌশল রয়েছে, এইবার বাইরের জগতের সঙ্গে আপনার সম্পর্কের বিষয়ে মনোনিবেশ করা যাক। ধন্যবাদ জ্ঞাপনের এই পদ্ধতি মানসিক জগতের প্রতিক্রিয়ার পরিবর্তন ঘটাতে সমর্থ হলেও আমাদের মধ্যে অনেকেই বাইরের জগতের কারণে সৃষ্ট সমস্যার কাছে হেরে যাই। পরবর্তী অধ্যায়ে আমরা জানতে পারব যে আমরা কীভাবে নিজেদের অজান্তেই বাইরের জগতের বিভিন্ন অবস্থা, যার ওপরে আমাদের কোনো নিয়ন্ত্রণই নেই, তার হাতে নিজেদের সমস্ত ক্ষমতা তুলে দিই। আর জানব কীভাবে আমরা পরিস্থিতি নিয়ন্ত্রণের চেষ্টা না করেও সেই ক্ষমতা পুনরুদ্ধার করতে পারি।

দ্বিতীয় পর্ব

আপনি জীবনের হাতে নিজের নিয়ন্ত্রণ তুলে দিচ্ছেন

পঞ্চম অধ্যায়

নিয়ন্ত্রণের ভ্রম

আমি এখন জীবনের এমন পর্যায়ে রয়েছি, যদি আমি খারাপ অনুভূতি নিয়ে মাথা ঘামাই... আমি বেরিয়ে যেতে বাধ্য হব।

ছোট ছোট ঘটনাও আপনার জীবনে এত স্ট্রেস তৈরি করার অন্যতম কারণ হলো এগুলি **পরিস্থিতির ওপর আপনার নিয়ন্ত্রণের বিভ্রম চূর্ণবিচূর্ণ করে দেয়।** আপনি আপনার জীবনকে যতটা সম্ভব গুছিয়ে রাখতে চান। সমস্ত কিছু ঠিকঠাক করে করতে চান, এবং নিজের দিন একটা নির্দিষ্টভাবে পরিকল্পনা করেন। আর তারপর, হাত থেকে ফোন ফেলে দেওয়ার মতো ছোট ঘটনাও আপনাকে একেবারে নিয়ন্ত্রণহীন করে তোলে। আসলে ফোন ফেলে দেওয়াটা আপনার এই নিয়ন্ত্রণহীনতার কারণ নয়। **আপনার নিয়ন্ত্রণহীনতার আসল কারণ হলো, আপনি যেরকম ভেবেছিলেন সেরকমভাবে জীবন চলেনি এবং সেই কারণে আপনি নিজের ওপর নিয়ন্ত্রণ হারিয়ে ফেলেন।**

ঠিক করে ভাবলে দেখবেন, আপনার এই আচরণের কারণ স্ট্রেস নয়। বরং এই আচরণের কারণ আপনি সমস্ত কিছুর ওপর নিজের ঠিক কতটা নিয়ন্ত্রণ রয়েছে বলে মনে করতেন—সেটা। যখন জীবন আপনার পরিকল্পনার বাইরে চলে যায়, আপনার মস্তিষ্ক সেটাকে হুমকি হিসেবে দেখে, তবে সে ঘটনাটা বিপজ্জনক বলে নয়, বরং সেটা আপনার আশা ভঙ্গ করে বলে। আর যখন আপনি বুঝতে পারেন যে সমস্ত কিছু আপনার নিয়ন্ত্রণের বাইরে চলে যাচ্ছে, তখন আপনার স্ট্রেস প্রতিক্রিয়া অত্যন্ত ক্রিয়াশীল হয়ে ওঠে।

গবেষণায় দেখা যায়, **'পারসিভড কন্ট্রোল' (Perceived Control)**—অর্থাৎ একটা মানসিক ধারণা যা কোনো পরিবেশ বা অভিজ্ঞতার ওপরে আমাদের কতটা নিয়ন্ত্রণ রয়েছে বলে আমরা বিশ্বাস করি, তা ব্যাখ্যা করে। বিভিন্ন স্টাডিতে দেখা গিয়েছে, যে সমস্ত মানুষ মনে করেন **জীবনের ওপরে তাঁদের অনেক নিয়ন্ত্রণ রয়েছে,** তাঁরা তুলনায় **কম স্ট্রেস অনুভব করেন,** অনেক **ভালো আবেগ নিয়ন্ত্রণ করতে পারেন** এবং **তাঁদের শারীরিক স্বাস্থ্যও অনেক ভালো** থাকে। এদের তুলনায় যারা মনে করেন যে জীবনের ওপরে তাঁদের কোনো নিয়ন্ত্রণই নেই, তাঁরা অনেক বেশি পরিমাণে স্ট্রেস, অ্যাংজাইটি এবং অবসাদে ভোগেন (ল্যাঙ্গার এবং রোডিন, ১৯৭৬)।

১৯৭৬ সালে একটি নার্সিংহোমে এলেন ল্যাঙ্গার এবং জুডিথ রোডিন এই বিষয়ের ওপরে একটি বিখ্যাত গবেষণা করেন। এই গবেষণায় একদল বয়স্ক আবাসিককে তাঁদের জীবনের ছোট ছোট বিষয়ের ওপরে নিয়ন্ত্রণ দেওয়া হয়, যেমন যত্ন করার জন্য নিজের পছন্দের গাছ বেছে নেওয়া, কোন চলচ্চিত্র দেখবে তা স্থির করা, এবং নিজেদের পছন্দ অনুযায়ী সামাজিক কর্মকাণ্ড বেছে নেওয়া। অন্য দলের বয়স্ক আবাসিকদের জন্য সবকিছুই আগে থেকে স্থির করে দেওয়া হয়, তাঁদের নিজেদের কোনো নিয়ন্ত্রণ ছিল না। এর ফলাফল কী হয়? যে সমস্ত বয়স্ক আবাসিকদের নিজের জীবনের ওপরে নিয়ন্ত্রণ ছিল, তাঁরা অপর দলের আবাসিকদের তুলনায় **দীর্ঘজীবী হন, অনেক বেশি আনন্দে ছিলেন**, এবং তাঁদের **স্বাস্থ্যও আগের চাইতে অনেকটাই ভালো ছিল**।

এই গবেষণা থেকে একটা গুরুত্বপূর্ণ বিষয় বুঝতে পারা যায়: **খুব ছোট ছোট বিষয়ের ওপরে নিয়ন্ত্রণের অনুভূতিও আমাদের স্ট্রেস সামলানোর ক্ষেত্রে খুবই কাজে লাগে।** একই নিয়ম আমাদের নিত্যদিনের অসুবিধা সামলানোর ক্ষেত্রেও প্রযোজ্য। যদি আপনার মনে হয় যে জীবন কেবল আপনার দিকে সমস্যার পাহাড় নিয়ে আসছে, তাহলে আপনি খুব সহজেই ক্লান্ত এবং প্রতিক্রিয়াশীল হয়ে উঠবেন। কিন্তু আপনি যদি আপনার দৃষ্টিভঙ্গিতে পরিবর্তন এনে, যে সমস্ত বিষয় আপনার পক্ষে নিয়ন্ত্রণ করা সম্ভব সেদিকে মনোনিবেশ করেন, তাহলে স্ট্রেস সংক্রান্ত আপনার সম্পূর্ণ অভিজ্ঞতাই আমূল বদলে যাবে।

কাজেই নিয়ন্ত্রণের অনুভূতি আমাদের জীবনকে উন্নততর করতে পারে। কিন্তু কী জাতীয় নিয়ন্ত্রণ আমরা চাইছি সেটার ওপরে এই গোটা বিষয়টা

নির্ভর করে। সত্যি কথাটা হলো আপনার পক্ষে সবকিছু নিয়ন্ত্রণ করা সম্ভব নয়। আপনি ট্রাফিক নিয়ন্ত্রণ করতে পারবেন না, অন্য লোকেরা কেমন আচরণ করবে তা নিয়ন্ত্রণ করতে পারবেন না, অথবা আপনার দিনটি আপনার পরিকল্পনা অনুযায়ী কাটবে কি না সেটা নিয়ন্ত্রণ করাও আপনার পক্ষে সম্ভব না। আপনি যেটা নিয়ন্ত্রণ করতে পারেন তা হলো কীভাবে আপনি বিভিন্ন পরিস্থিতি বিশ্লেষণ করবেন, কীভাবে আপনি প্রতিক্রিয়া জানাবেন এবং কোথায় নিজের শক্তি ব্যয় করবেন।

মনস্তত্ত্ববিদ **জুলিয়ান রটার (Julian Rotter) 'লোকাস অফ কন্ট্রোল' (১৯৫৪)-এর কথা বলেন।** তাঁর মতে, যে সমস্ত মানুষের **অভ্যন্তরীণ 'লোকাস অফ কন্ট্রোল'** রয়েছে তাঁরা বিশ্বাস করেন যে তাঁরা কাজের মাধ্যমে নিজেদের জীবন পরিবর্তন করতে পারবেন। অন্যদিকে **যাদের 'লোকাস অফ কন্ট্রোল' বহিঃস্থ,** তাঁরা মনে করেন জীবন ভাগ্য এবং অন্যান্য মানুষের মতো বিভিন্নরকম বাইরের শক্তির দ্বারা প্রভাবিত। গবেষণায় দেখা গিয়েছে **অন্তঃস্থ 'লোকাস অফ কন্ট্রোল' যুক্ত মানুষেরা অনেক বেশি আনন্দিত হন, পরিস্থিতির সঙ্গে দ্রুত মানিয়ে নিতে পারেন এবং ভালোভাবে স্ট্রেস সামলাতে পারেন** (ডেসি এবং রায়ান, ১৯৮৫)। আমার নিজের জীবনে এটিকে আমি সত্যি হতে দেখেছি। কিন্তু একইসঙ্গে আমি আমার নিজের অভিজ্ঞতার গভীরে ডুব দিয়ে দেখেছি যে নিয়ন্ত্রণ, প্রত্যাখ্যান এবং জেতার আকাঙ্ক্ষা—এই সবগুলিই পরস্পরের সঙ্গে সংযুক্ত।

ষষ্ঠ অধ্যায়

নিয়ন্ত্রণ, প্রত্যাখ্যান এবং জেতার আকাঙ্ক্ষার মধ্যে সম্পর্ক

আপনি প্রচণ্ড ভালোবাসেন এমন একজন মানুষ যখন আপনাকে প্রচণ্ড ধোঁকা দেয়, তখন সেই অভিজ্ঞতা আপনাকে পরিবর্তন করে দেয়।

সবসময় আমাদের মনের তৈরি করা গল্পগুলোকে নিয়ন্ত্রণ করার ইচ্ছা আসলে সামাজিক প্রত্যাখ্যানের সঙ্গে গভীরভাবে জড়িত। এই সামাজিক প্রত্যাখ্যান **দৈহিক কষ্টের সময় যে স্নায়ুপথ সক্রিয় হয় সেই একই স্নায়ুপথকে সক্রিয়** করে তোলে (আইসেনবার্গার, লিবারম্যান এবং উইলিয়ামস, ২০০৩)। কোনো মানুষ যখন প্রত্যাখ্যাত হয় তখন তার 'ডরসাল অ্যান্টেরিয়র সিঙ্গুলেট কর্টেক্স' (dACC) এবং 'অ্যান্টেরিয়র ইনসুলা' (Anterior Insula)—মস্তিষ্কের যে অংশ দৈহিক বেদনা বুঝতে সাহায্য করে—সক্রিয় হয়ে ওঠে। এইজন্য প্রত্যাখ্যান এত বেশিরকমের বাস্তব এবং যন্ত্রণাময় বলে মনে হয়। আমাদের মস্তিষ্ক প্রত্যাখ্যানকে দৈহিক বেদনার মতোই **মরণ-বাঁচন সমস্যা** বলে মনে করে।

বিবর্তনের দিক থেকে দেখলে প্রত্যাখ্যানের অর্থ গোষ্ঠী থেকে বহির্ভূত হওয়া, যা মানব সভ্যতার ইতিহাসের প্রথমদিকে মৃত্যুদণ্ডেরই নামান্তর ছিল। আমাদের পূর্বপুরুষেরা সুরক্ষা, খাদ্য এবং বেঁচে থাকার জন্য গোষ্ঠীর ওপর

নির্ভরশীল ছিল। কাজেই আমাদের মস্তিষ্ক এমনভাবে বিবর্তিত হয়েছে যাতে আমরা প্রত্যাখ্যাত হওয়ার থেকে যেভাবেই হোক বাঁচতে পারি। এর অর্থ, খুব ছোটখাটো অনিশ্চয়তাও—যেমন দেরি করে উত্তর দেওয়া বা একটু দূরত্ব বজায় রাখা—ভীষণ ভারী বলে মনে হতে পারে।

এটা বোঝা জরুরি যে প্রত্যাখ্যান সবসময়ই প্রেম বিষয়ক হয় না; প্রত্যাখ্যান মানসিক দূরত্ব বজায় রাখা বাবা-মায়ের থেকেও আসতে পারে। প্রত্যাখ্যান আসতে পারে একজন বন্ধুর কাছ থেকে যে আপনাকে ছেড়ে চলে গেছে বা এমন কাজের জায়গা থেকে যেখানে আপনাকে তেমন মর্যাদা দেওয়া হয় না। এমনকী প্রত্যাখ্যানের অনুভূতি আসতে পারে ছোটবেলার কোনো একটা অভিজ্ঞতা থেকে যেখানে আপনি নিজেকে উপেক্ষিত, অবহেলিত এবং অবাঞ্ছিত বলে বোধ করেছেন। আমরা ঠিক কীরকমভাবে প্রত্যাখ্যাত হচ্ছি সেটা আমাদের মস্তিষ্ক নির্ধারণ করতে পারে না। কিন্তু সমস্ত ক্ষেত্রেই যে মানসিক যন্ত্রণার সৃষ্টি হয় তা সে ধরে রাখতে পারে। যদি আপনি জীবনে কখনো প্রত্যাখ্যাত হয়ে থাকেন, সমালোচিত হয়ে থাকেন বা আপনার জীবনে অনভিপ্রেত কোনো ঘটনা ঘটে থাকে, আপনার মস্তিষ্ক তা মনে রাখবে। আর এখন একটু ছোট কোনো অনিশ্চয়তার চিহ্ন দেখা দিলেই সে মনে করবে যে আবার আপনি ওই একইরকমের যন্ত্রণা পেতে চলেছেন। আপনার মস্তিষ্ক একেবারেই ক্ষমতাহীন থাকতে পছন্দ করে না। কাজেই যখন কোনো কিছু আপনার হাতের বাইরে বেরিয়ে যায়, সহজাত প্রবৃত্তির বশে প্রথমেই আপনি সেই পরিস্থিতির নিয়ন্ত্রণ পাওয়ার চেষ্টা করেন। এইখানেই নিয়ন্ত্রণ বজায় রাখার চেষ্টা সক্রিয় হয়ে ওঠে।

যদি কোনো মানুষ প্রত্যাখ্যানের কারণে নিজেকে ক্ষমতাহীন বলে মনে করে, তাহলে তারা:

- অবস্থার অতিরিক্ত বিশ্লেষণ করে যে কৌশলে অন্তিম ফলাফল বদলে দেওয়া সম্ভব তা খুঁজে বার করার চেষ্টা করে।
- যে ব্যক্তি বা দল তাকে প্রত্যাখ্যান করেছে তাদের কাছে মোহাবিষ্টের মতো নিজেকে প্রমাণ করার চেষ্টা করতে থাকে।
- নিজেকে দোষারোপ করতে শুরু করে এই মনে করে যে যদি তারা আরও ভালো করার চেষ্টা করত তাহলে তারা প্রত্যাখ্যাত হতো না।

আমরা যখন গভীরভাবে ভেবে দেখি তখন বুঝতে পারি যে কখনো কখনো আমরা কারোর ওপর সত্যিই রেগে থাকি না, বরং আমাদের সঙ্গে তাদের এইরকম আচরণ করতে দিয়েছি বলে নিজেদের ওপর রেগে থাকি।

এই যে অন্য লোকে তাদের কী চোখে দেখবে তার ওপর নিয়ন্ত্রণ না থাকাটা বড় রকমের মানসিক অসুবিধার সৃষ্টি করে। এর ফলে মানুষ নিয়ন্ত্রণ পেতে চায় অথবা অন্য কোনো উপায়—যেমন অতিরিক্ত চিন্তা, নিখুঁত কাজ বা পরিকল্পনা, মদ এবং মাদকাসক্তির মাধ্যমে নিজের ক্ষতি, বা পরিস্থিতিকে কীভাবে ঠিক করা যায় তা নিয়ে সমানে চিন্তা করা ইত্যাদি বিভিন্ন পদ্ধতি অবলম্বন করার মাধ্যমে "ছেড়ে দিতে" চায়। মস্তিষ্কের নিয়ন্ত্রণ পাওয়ার এই চেষ্টা কেবলমাত্র অতিরিক্ত চিন্তা করেই শেষ হয় না। এটি বরং নিজেকে প্রমাণ করার প্রবল তাগিদে পরিবর্তিত হয়ে যায়—অনিশ্চয়তা বা প্রত্যাখ্যানের মুখোমুখি হওয়ার পর **জেতার** প্রবল ইচ্ছা তৈরি হওয়া।

আমরা যখন আমাদের লক্ষ্যপূরণ নিয়ে সফল হই, কোনো বিতর্ক জিতে যাই অথবা কারোর অনুমোদন পাই, আমাদের মস্তিষ্ক থেকে ডোপামিনের ক্ষরণ হয়। ডোপামিন হলো এমন নিউরোট্রান্সমিটার যা আমাদের আনন্দ, প্রেরণা এবং পুরস্কারের সঙ্গে জড়িত (ট্রিকমি, র‍্যাঙ্গেল, ক্যামেরার এবং ও'ডহার্টি, ২০১০)। এই তন্ত্রটাই আসক্তিপূর্ণ ব্যবহারের সঙ্গেও জড়িত—তার কারণ সাফল্য, সমর্থন এবং কখনো কখনো প্রতিশোধও প্রবল পরিমাণে ডোপামিনের ক্ষরণ ঘটায়।

এইজন্যই কোনো কোনো মানুষ প্রত্যাখ্যাত হওয়ার পরে নিজেকে প্রমাণ করার জন্য ব্যগ্র হয়ে ওঠেন। এটা কেবলমাত্র মানসিক ক্ষত সারিয়ে তোলার সঙ্গে জড়িত নয়—বরং মস্তিষ্কের 'রিওয়ার্ড সিস্টেম'কে সক্রিয় করে তোলার সঙ্গে জড়িত। কোনো কিছু জেতা বা সমর্থন পাওয়া আমাদের এক ধরনের ক্ষমতার অনুভূতি দেয়। যেটা প্রত্যাখ্যান পরবর্তী হতাশা বা অসহায়তার ঠিক বিপরীত অনুভূতি। ঠিক এই কারণেই কোনো কোনো মানুষ প্রতিশোধ নিতে চায় অথবা মনে মনে ভাবে যে, যারা তাদের প্রত্যাখ্যান করেছে তারা পরবর্তীকালে এই নিয়ে অনুশোচনা করবে।

আর গবেষণার মাধ্যমে এই ধারণা প্রমাণিত হয়েছে। চেস্টার এবং ডিওয়াল

(Chester and DeWall) ২০১৬ সালে একটা গবেষণা করেন যেখানে দেখা গিয়েছে যে, কোনো মানুষ তাকে যে প্রত্যাখ্যান করেছে তার বিরুদ্ধে প্রতিশোধের কল্পনা করলে তার 'নিউক্লিয়াস অ্যাকম্বেন্স' (Nucleus Accumbens) অতি সক্রিয় হয়ে ওঠে। নিউক্লিয়াস অ্যাকম্বেন্স হলো আমাদের মস্তিষ্কের অত্যন্ত গুরুত্বপূর্ণ রিওয়ার্ড সেন্টারগুলোর মধ্যে একটি। অন্যভাবে বলতে গেলে বলা যায়, প্রতিশোধের চিন্তাই আমাদের মস্তিষ্ককে আরও বেশি করে ডোপামিনের জোগান দেয়, কোনো প্রতিযোগিতা জেতার পরে যে আনন্দের অনুভূতি হয় ঠিক তেমন।

কিন্তু এর মধ্যেও সমস্যা থেকেই যায়:

১. এই অনুভূতি অত্যন্ত **সাময়িক**। নিজেকে প্রমাণ করার পরে বা প্রতিশোধ নেওয়ার পরে যে অনুভূতি আপনার হয় তা দীর্ঘস্থায়ী হয় না। এই কারণেই মানুষ একটা চক্রে পড়ে যায়—তারা সর্বক্ষণ পরবর্তী সমর্থন পাওয়ার জন্য দৌড়ে বেড়ায়।
২. এটি আপনাকে **প্রত্যাখ্যানের সঙ্গে মানসিকভাবে সংযুক্ত** করে দেয়। যত আপনি নিজেকে প্রমাণ করার দিকে মনোযোগ দিতে থাকেন ততই আপনি আপনাকে আঘাত করতে পারে এমন কিছুর ওপরে আরও বেশি ক্ষমতা প্রদান করেন।
৩. এটি **কোনোভাবেই আপনার মানসিক ক্ষত সারাতে সাহায্য করে না**। তার কারণ, আসল বিষয়টা জয়ের সঙ্গে জড়িত নয়, বরং কোনোরকম বাইরের সমর্থন ছাড়াও নিজেকে নিয়ে খুশি থাকার সঙ্গে জড়িত।

যখন প্রত্যাখ্যানের কারণে কেউ নিজেকে ক্ষমতাহীন বলে মনে করে তাদের মন সহজাত প্রবৃত্তিবশে নিয়ন্ত্রণ ফিরে পাওয়ার চেষ্টা করে, যার ফলে:

- যে মানুষটি তাদের প্রত্যাখ্যান করেছে তার কাছে সমানে নিজেকে প্রমাণ করার চেষ্টা করতে থাকে।
- তাদের বিরুদ্ধে জিততে চায়—সেটা সাফল্য পাওয়ার মাধ্যমে হতে পারে, ভালো দেখতে হওয়ার মাধ্যমে হতে পারে অথবা তারা যে ভুল করেছে সেটা প্রমাণ করার মাধ্যমে হতে পারে।

- প্রতিশোধের প্রেরণা জাগে, যেখানে আপনার মস্তিষ্ক আপনাকে বলে যে প্রতিশোধ নিলে এই চক্রের অবসান হবে (কিন্তু সত্যিটা হলো এটা আপনাকে ওখানেই আটকে রাখে)।

প্রত্যাখ্যান একটা মানসিক বৈষম্য সৃষ্টি করে এবং জেতার চেষ্টা—সেটা তর্কে জেতা, জীবনে সাফল্য পাওয়া বা আপনাকে প্রত্যাখ্যান করার জন্য কাউকে অনুশোচিত করা—মানসিক সাম্য ফিরিয়ে আনার উপায় বলে মনে হতে পারে। যে মুহূর্তে আপনি বাইরের সমর্থনের ওপরে নির্ভর করে নিজের যোগ্যতা বিচার করতে শুরু করেন, সেই মুহূর্ত থেকে আপনি সবকিছু নিয়ন্ত্রণ করার একটা চক্রে নিজেকে বেঁধে ফেলেন—সমর্থন পাওয়ার পরের আনন্দ উপভোগ করা, যদি সেই সমর্থন না আসলে **নিজেকে প্রত্যাখ্যাত মনে করা**, এবং এই সমস্ত কিছু নিয়ে সমানে অতিরিক্ত চিন্তা করে যাওয়া।

ম্যানিপুলেশন হলো যখন কেউ নিজেদের অনৈতিক আচরণের কথা না ভেবে আপনার প্রতিক্রিয়ার জন্য আপনাকেই দোষী চিহ্নিত করে।

প্রেমে প্রত্যাখ্যান

কেউ যখন আপনাকে প্রত্যাখ্যান করে, বিশেষত এমন কেউ যাকে আপনি গভীরভাবে আকাঙ্ক্ষা করেন, তখন আপনার অবচেতন অন্য আরেকজন অধরা মানুষের ভালোবাসা পাওয়ার চেষ্টা করে। অনেক মানুষের ক্ষেত্রেই এই প্রত্যাখ্যান তাদের জীবনের প্রথম সত্যিকারের অ্যাংজাইটি বা উৎকণ্ঠার অনুভূতি দেয়। এটা এমন একটা অনুভূতি যা আপনার মনে বছরের পর বছর ধরে গেঁথে থাকতে পারে। ঠিকমতো সমাধান না করলে কখনো কখনো এই অনুভূতি জীবনভর থেকে যায়। এটা সত্যি যে প্রত্যাখ্যান জীবনের যেকোনো দিক থেকে আসতে পারে—স্বপ্নের চাকরি, সামাজিক সম্পর্ক অথবা পারিবারিক সমর্থন—কিন্তু প্রেমের ক্ষেত্রে এই প্রত্যাখ্যান বিশেষভাবে শক্তিশালী হয়ে দেখা দেয়।

আপনি বিশ্বাস করেন যে এই নতুন অধরা মানুষটিকে কুক্ষিগত করলে আপনার আত্মবিশ্বাস ফিরে আসবে। দূরে যাওয়ার প্রবল ভয় থেকে আপনি

সমানে সেই মানুষটির পিছনে ধাওয়া করেন। আসলে আপনি এর আগের প্রত্যাখ্যানের ফলে তৈরি হওয়া শূন্যতা পূরণ করতে চান। আর একইসঙ্গে আপনার মনে যে অ্যাংজাইটি রয়ে গিয়েছে তার হাতও এড়াতে চান।

আপনার জীবনের যন্ত্রণা মুক্তি ঘটানোর জন্য নতুন মানুষটা আগের জনের পরিবর্ত হিসেবে আসেন। আপনি এই মানুষটিকে একজন স্বতন্ত্র ব্যক্তি হিসেবে না দেখে তাকে আপনার আঘাতপ্রাপ্ত মনের ওষুধ এবং মনের গভীরে লুকিয়ে থাকা অ্যাংজাইটির বিরুদ্ধে প্রতিরোধক হিসেবে দেখেন।

আপনার অবচেতনের গভীরে গাঁথা এই চক্র বছরের পর বছর ধরে চলতে থাকে। আপনার প্রাথমিক সেই অ্যাংজাইটি আপনার বর্তমান প্রেমের জীবনের পরিপ্রেক্ষিত হয়ে ওঠে। আপনি নিজেকে নিজে বিশ্বাস করানোর চেষ্টা করেন যে একইরকমের অধরা আরেকজন মানুষকে কুক্ষিগত করে ফেলেছেন বলে আপনি প্রাথমিক প্রত্যাখ্যানের যে বেদনা, তা কাটিয়ে উঠে ফের পূর্ণতা পাবেন।

সংয়ের মাথায় মুকুট পরিয়ে দিলেই সে রাজা হয় না।

সবকিছু এত গায়ে মাখবেন না

অন্য লোকের ক্ষতি করে নিজে সুন্দর জীবন কাটানোর আশা করা উচিত নয়।

যখন কেউ আপনার সঙ্গে দুর্ব্যবহার করে বা আপনাকে ছেড়ে চলে যায় সেটা তাদের মানসিকতার পরিচায়ক। আমরা তাদের সমস্যার কথা, তাদের অভিজ্ঞতার কথা অথবা তাদের বেড়ে ওঠার সময়ের কথা জানি না। একই নিয়ম প্রত্যাখ্যানের ক্ষেত্রেও প্রযোজ্য। কোনো একজন নিজের জীবন থেকে কী চায় তার সঙ্গে আপনার কোনো সম্পর্ক নেই। সত্যিই নেই। তাদের নিজেদের অভিজ্ঞতা, নিজেদের অতীত, নিজেদের দুঃখ-কষ্ট, নিজেদের আশা-আকাঙ্ক্ষা এবং নিজেদের চাহিদা আছে।

একবার ভেবে দেখুন, আপনি কতবার জীবনে একজনকে অত্যন্ত ভালো অন্য আরেকজন মানুষকে ছেড়ে গিয়ে এমন একজনের সঙ্গে সম্পর্কে জড়াতে দেখেছেন যে তার সঙ্গে দুর্ব্যবহার করে। এটা কেন হয়? এ কারণে নিশ্চয়ই নয়

যে সেই কটুভাষী মানুষটি কোনোভাবে তার আগের মানুষটির থেকে ভালো। এরকম হয় তার কারণ, মানুষ তার জীবনের পূর্ব অভিজ্ঞতা এবং অমীমাংসিত সমস্যার ওপর ভিত্তি করে সিদ্ধান্ত নেয়। মানুষের জীবনের অভিজ্ঞতা কেবলমাত্র তাদের চাহিদার পরিবর্তন আনে না। এই অভিজ্ঞতা একইসঙ্গে পরিবর্তন নিয়ে আসে নিজেদের চাহিদা সম্পর্কে অবচেতন বিশ্বাসেও। কোনো কোনো ক্ষেত্রে লোকেরা এমন সম্পর্কে জড়ায় যেরকম সম্পর্কের সঙ্গে তারা পূর্বপরিচিত, তা সে যতই ক্ষতিকর হোক না কেন। অবচেতনে তারা নিজেদের সম্পর্কে বা প্রণয়ের সম্পর্ক সম্পর্কে যা বিশ্বাস করে, নিজের অজ্ঞাতেই তারা সেই জাতীয় সম্পর্ক খুঁজে বের করে। সত্যি কথা বলতে, আমরা হয়তো মনে করি আমরা কাউকে চিনি, কিন্তু তাদের জীবনের সমস্ত অভিজ্ঞতা কিংবা তারা নিজেদের কী চোখে দেখেছে, তার সবটা আমাদের জানা সম্ভব না।

যেটা মনে রাখার প্রয়োজন সেটা হলো, কারোর পছন্দ বা অপছন্দের ওপরে আপনার মূল্য নির্ভর করে না। কেউ যখন এমন একটা পথ বেছে নেয় যা তাদের নিজেদের ক্ষতি করছে বা যেটা আপনার মনে হয় করা উচিত নয়, তারা আসলে নিজেদের অভ্যন্তরীণ দুনিয়ায় ঘটে চলা বিভিন্ন কিছুর প্রতিক্রিয়া দেখাচ্ছে। তারা নিজেদের বাস্তব অনুযায়ী আচরণ করছে, আপনার বাস্তব অনুযায়ী নয়। সেই জন্য অন্য কারোর সিদ্ধান্তকে নিজের গায়ে নিয়ে নেওয়াটা যেকোনো লোকের পক্ষেই সবথেকে বড় ভ্রান্তি হতে পারে।

সিংহহৃদয় থাকার জন্য কখনো অনুশোচনা করবেন না।
সমস্ত ভালো কাজ বহুগুণে আপনার কাছে ফিরে আসবে।

হয়তো আপনি যে ভালোবাসা এবং উদারতা তাদের দেখাতে চাইছেন তারা তা গ্রহণের জন্য তৈরি নয়... হয়তো তারা কখনোই তৈরি হবে না। হয়তো তারা মানসিকভাবে আপনি তাদের যে জায়গায় চান সেই জায়গায় নেই... হয়তো তারা কখনোই পৌঁছাবে না। সেই জন্যই আমাদের ছেড়ে দেওয়া শিখতে হবে এবং কোনো কিছুই ব্যক্তিগতভাবে না নেওয়ার চেষ্টা করতে হবে। আর এরপর আসে আসল প্রশ্ন—আপনি কি সত্যিই এমন কাউকে আপনার জীবনে চান যে সত্যিকারের ভালোবাসা, বন্ধুত্ব বা আদরের মর্ম বোঝে না? এর থেকে আপনি নিজেকে কতটা মূল্য দেন তা সহজেই বোঝা যায়।

কোনো কিছু নিয়ন্ত্রণ না করতে চেয়ে যদি আপনি যুক্তি দিয়ে চিন্তা করেন, তাহলে আপনি দেখতে পাবেন যে কেন আপনি ওই মানুষটির সঙ্গে সম্পর্কে নেই। হয়তো তার জন্য আপনি ঈশ্বরকে ধন্যবাদও জানাবেন। আপনার নিজের ওপর বিশ্বাস করতে হবে এবং এটাও বিশ্বাস করতে হবে যে আপনার জীবনে এমন মানুষরা আসবে যারা উদার এবং যত্নবান। সবথেকে বড় কথা হলো, তাদের আপনি নিজের জীবনে রাখতে যতটা আগ্রহী হবেন তারাও ঠিক ততটাই আপনাকে তাদের জীবনে রাখতে আগ্রহী হবে।

আপনাকে যারা ভালো রাখে, আপনি তাদের যোগ্য—এই কথাটা আপনাকে মেনে নিতে শিখতে হবে। আর এটা শেখার একমাত্র উপায় হলো নিয়ন্ত্রণের আকাঙ্ক্ষা ত্যাগ করা। অথবা প্রাথমিক প্রত্যাখ্যানের ফলে আপনার মধ্যে যে শূন্যতার সৃষ্টি হয়েছে সেটাকে পূরণ করার চেষ্টায় জীবন কাটানো ত্যাগ করতে হবে। আপনার নিজের ওপরে নিজের নিয়ন্ত্রণ ফিরিয়ে আনতে হবে। আপনার আসল সত্তাকে মনে রাখতে হবে এবং তারই সঙ্গে জগতকে আপনি কী উপহার দিতে পারেন সেটাও মাথায় রাখতে হবে।

আমাদের নিয়ন্ত্রণের ইচ্ছা, প্রত্যাখ্যানের ভয় এবং জেতার আকাঙ্ক্ষার পিছনের মনস্তত্ত্বকে বোঝাটা একটা দীর্ঘ যাত্রার প্রথম পদক্ষেপ মাত্র। কোনো কিছুকে বোঝাটা দীর্ঘস্থায়ী পরিবর্তন আনার জন্য যথেষ্ট নয়। এখন যখন আমরা বুঝতে পেরেছি কেন আমরা নির্দিষ্টভাবে প্রতিক্রিয়া দিই—কীভাবে আমাদের মস্তিষ্ক নিয়ন্ত্রণের ক্ষমতা পেতে চায়, প্রত্যাখ্যান এড়িয়ে যেতে চায়, এবং সমর্থন পেতে চায়—এবার আমাদের এই ধারণাগুলোকে বাস্তবসম্মত আচরণে পরিবর্তিত করতে হবে। পরবর্তী পদক্ষেপগুলো সাময়িক সমাধান নয়। এগুলো রীতিমতো গবেষণা করে বার করা কৌশল, যা আপনাকে মানসিক প্রতিক্রিয়া এবং নিজের ওপর অবিশ্বাসের ফাঁদ ভেঙে বেরোতে সাহায্য করবে। এই সমাধানগুলো মূল সমস্যাগুলোকে খুঁজে বের করে আপনাকে প্রত্যাখ্যান-পরবর্তী মানসিকতার বেড়াজাল কাটিয়ে উঠতে সাহায্য করবে। শুধু তাই নয়, এটি নিয়ন্ত্রণের ধরন পরিবর্তন করতে এবং একইসঙ্গে বাইরের সমর্থনের বাইরেও পূর্ণতা খুঁজে পেতে সহায়তা করবে।

সুন্দর মনই আরেকটা সুন্দর মনের সন্ধান পায়। অকৃত্রিম থাকুন।
আপনার মানুষেরা আপনাকে ঠিক খুঁজে বের করে নেবে।

দ্বিতীয় পর্ব

সমাধান

নিয়ন্ত্রণকে নতুনভাবে চেনা: বাইরে থেকে ভেতরে

নিয়ন্ত্রণের বেড়াজাল ভেঙে বেরোনোর চাবিকাঠি হলো আপনার মনোযোগ কোথায় দেবেন সেটা খুঁজে বের করা। নিউরোসায়েন্স বলে, নিয়ন্ত্রণ মানুষের 'প্রি-ফ্রন্টাল কর্টেক্স'-কে সক্রিয় করে তোলে এবং একইসঙ্গে 'অ্যামিগডালা'-র (আপনার মস্তিষ্কের অ্যালার্ম সিস্টেম) সক্রিয়তা কমিয়ে আনে। আপনার মনোযোগের বিষয়বস্তুর ছোটখাটো পরিবর্তনও আপনার জীবনে স্ট্রেসের ক্ষেত্রে বিপুল রূপান্তর ঘটায়।

সবার আগে একটা **'কন্ট্রোল ইনভেন্টরি'** তৈরি করুন। একটা কাগজ নিয়ে তার মাঝখান দিয়ে লাইন টানুন। লাইনের বাঁদিকে এমন সবকিছুর নাম লিখুন যা মানসিক অশান্তি সৃষ্টি করছে। ডানদিকে প্রতিটা পরিস্থিতির পরিপ্রেক্ষিতে এমন একটি বিষয়ের নাম লিখুন যা আপনি সরাসরি নিয়ন্ত্রণ করতে পারেন। যেমন:

- ট্রাফিক জ্যাম → দেরি হওয়ার জন্য আপনার প্রতিক্রিয়া।
- আপনাকে নিয়ে কারোর মতামত → এ বিষয়ে আপনি নিজের সঙ্গে কীভাবে কথা বলবেন।
- কাজের ডেডলাইন → আপনি আজকে কোন সময় কী করবেন বলে স্থির করেছেন।
- অন্যান্যদের আচরণ → আপনার সীমা এবং প্রতিক্রিয়া।

এই অভ্যাসটা ইতিবাচক চিন্তা করার বিষয় নয়—বরং এটা আপনার স্নায়বিক দক্ষতা বাড়াতে সহায়তা করবে। সরাসরি কাজের দিকে মস্তিষ্কের ক্ষমতা চালিত করার মাধ্যমে আপনি মানসিক ভার হ্রাস করেন, যার ফলে অতি ক্ষুদ্র সমস্যাও আপনাকে আগে বিহ্বল করে তুলত।

এই কৌশলটার মজাদার দিকটা হলো, এটা সেই সময়ও কাজ করে যখন আপনি মানসিক বিপর্যয়ের মধ্যে রয়েছেন। যখন আপনি বুঝতে পারছেন যে আপনার মনের মধ্যে সেই পরিচিত দুশ্চিন্তা ফণা তুলছে—একটা ছোট অসুবিধার কারণে আপনি খুব বিচ্ছিরিরকমের উৎকণ্ঠিত হয়ে পড়ছেন—তখন নিজেকে একটু সময় দিয়ে জিজ্ঞাসা করুন: "এই মুহূর্তে কোন জিনিসটা আমি নিয়ন্ত্রণ করতে পারি?" তারপর ওই কাজটি করার জন্য একটা ছোট্ট পদক্ষেপ নিন। এই একটি পদক্ষেপ আপনার স্ট্রেস হরমোনের প্রবাহে বাধা দেয়।

প্রত্যাখ্যান-নিয়ন্ত্রণ চক্র ভেঙে বেরিয়ে আসা

আমার মনে হয়, কিছু লোকেদের তাদের মধ্যে কোনো
সমস্যা রয়েছে এ কথা না ভেবে একা থাকার জন্য
নিজেদের আরও বেশি বাহবা দেওয়া উচিত। হয়তো এর
অর্থ আপনি ততটা সহজেও ঘর বাঁধতে পারবেন না...
এটা জানার মধ্যে শক্তি এবং জ্ঞান দুটোই রয়েছে।

প্রত্যাখ্যানের ভয়টা আপনার মস্তিষ্কের মধ্যে আগে থেকেই গাঁথা রয়েছে। আইজেনবার্গার (Eisenberger) এবং সহযোগীদের করা গবেষণায় দেখা গিয়েছে যে, সামাজিক প্রত্যাখ্যান যে স্নায়ুপথকে সক্রিয় করে সেই স্নায়ুপথ শারীরিক বেদনাতেও সক্রিয় হয়। এর অর্থ আপনার মস্তিষ্ক প্রত্যাখ্যানকে উদ্বর্তনে বা টিকে থাকার ক্ষেত্রে (Survival) বাধা বলে মনে করে। এর থেকে বোঝা যায় কেন ছোটখাটো প্রত্যাখ্যানের সম্ভাবনাও অতিরিক্ত বিশ্লেষণ, বাইরে থেকে সমর্থন বা জেতার মাধ্যমে নিয়ন্ত্রণের প্রবল আকাঙ্ক্ষা জাগিয়ে তোলে। এই চক্র ভেঙে বেরিয়ে আসার জন্য আপনার স্নায়বিক এবং মানসিক দুটি উপাদানের প্রতি মনোযোগ দিতে হবে।

স্নায়বিক দৃষ্টিভঙ্গি থেকে দেখতে গেলে, আপনার চিন্তার ওপরে 'থ্রেট

রেসপন্স' থাবা বসানোর আগেই তাকে সংযত করতে হবে। আপনি যখন বুঝতে পারবেন যে আপনার মধ্যে প্রত্যাখ্যানজনিত উৎকণ্ঠার জন্ম হচ্ছে, তখন 'ইমোশনাল সার্কিট ব্রেকার'-কে কাজে লাগান।

১. দীর্ঘ নিঃশ্বাস নিন এবং যেটা হচ্ছে সেটাকে স্বীকার করুন: "আমার মনে হচ্ছে আমার সামনে বিপদ রয়েছে, কিন্তু আসলে আমি সুরক্ষিত।"
২. বর্তমান মুহূর্তে নিজেকে বেঁধে ফেলার চেষ্টা করুন: আপনার কাছাকাছি অবস্থিত কোনো কিছুকে ইচ্ছা করে স্পর্শ করুন, এবং সেটিকে হাতে নিয়ে খুঁটিয়ে দেখুন। অথবা আপনার চারপাশে হতে থাকা বিভিন্নরকম শব্দ মন দিয়ে শুনুন।
৩. প্রতিক্রিয়া দেখানোর আগে নিজেকে জিজ্ঞাসা করুন: "এই মুহূর্তে আমার সত্যি কী প্রয়োজন?" এই পদ্ধতি কাজ করে, তার কারণ এটি আপনার প্রি-ফ্রন্টাল কর্টেক্স-কে—যেটা আপনার মস্তিষ্কের যুক্তিবাদী অংশ—কাজ করার সুযোগ করে দেয়। এর ফলে আপনি আপনার লিম্বিক সিস্টেমজাত প্রতিক্রিয়া দেওয়ার আগে সময় পান। 'নিউরো অ্যানাটমি অফ ইমোশনাল রিঅ্যাকশনস' নিয়ে ডক্টর জিল বোল্ট টেলার (Jill Bolte Taylor)-এর গবেষণায় দেখা গিয়েছে যুক্তি দিয়ে চিন্তা করা শুরু করার জন্য আবেগপূর্ণ প্রতিক্রিয়াকে পূর্বাবস্থায় ফেরানো প্রয়োজন (টেলার, ২০০৯)।

মানসিক দিক থেকে দেখতে গেলে, নিজের কদর করার জন্য বাইরের সমর্থন চাওয়ার ছক ভেঙে বেরোনো দরকার। এর জন্য আপনার "আনকন্ডিশনাল সেলফ-রিগার্ড" (Unconditional Self-Regard) বা নিজের প্রতি প্রশ্নাতীত শ্রদ্ধা থাকা প্রয়োজন। এর অর্থ এটা বোঝা যে আপনার অভ্যন্তরীণ মূল্য অন্য লোকের মতামতের ওপরে নির্ভর করে না। এটা **'ভ্যালুজ অ্যালাইনমেন্ট প্র্যাকটিস'**-এর মাধ্যমে সবথেকে সহজে তৈরি করা সম্ভব। তিন থেকে পাঁচটি এমন মূল্যবোধ খুঁজে বার করুন যেগুলো আপনার কাছে খুবই গুরুত্বপূর্ণ। এমন মূল্যবোধ খুঁজবেন না যেটা সমাজের চোখে ভালো, বরং এমন মূল্যবোধ খুঁজে বার করুন যেটা আপনার মনে অনুরণন তোলে (হয়তো সাহস, সম্পর্ক বিকাশ বা সততা)। যখনই আপনি প্রত্যাখ্যান বা অনিশ্চয়তার মুখোমুখি

হবেন, নিজেকে জিজ্ঞাসা করুন, "যে এই মূল্যবোধগুলোকে সত্যিই মেনে চলে, সেইরকম একজন মানুষ এই মুহূর্তে কী করবেন?" এরপরে একটুও দ্বিধা না করে সেই পদক্ষেপটি গ্রহণ করুন, তাতে অন্যেরা যাই মনে করুক না কেন।

এটা কেবল নিজের কাছে ভালো প্রমাণিত করার মতো উপদেশ নয়—এই উপদেশ স্নায়বিক দিক থেকেও অকাট্য। যখন আপনি আপনার মূল্যবোধের জায়গা থেকে পদক্ষেপ নেন তখন আপনি আপনার মস্তিষ্কের 'রিওয়ার্ড পাথওয়ে'-কে সক্রিয় করে তোলেন। এই রিওয়ার্ড পাথওয়ে কোনোভাবেই বাইরের সমর্থনের ওপরে নির্ভরশীল নয়। সময়ের সঙ্গে সঙ্গে এই অভ্যাস নতুন স্নায়ুর সংযোগ তৈরি করে যেটা আপনাকে প্রত্যাখ্যানজনিত সংবেদনশীলতা থেকে রক্ষা করে।

আপনি কাউকে সাহায্য করেছেন বলেই তারাও আপনাকে সাহায্যের জন্য এগিয়ে আসবে তা আশা করবেন না। আপনার মতো হৃদয় সকলের নেই।

জেতার আবশ্যকতা বদলে দেওয়া

প্রত্যাখ্যানের পরে জেতার আকাঙ্ক্ষা—তা সেটা প্রতিশোধের মধ্যে দিয়েই হোক, নিজেকে প্রমাণ করেই হোক অথবা অন্যের সমর্থন পাওয়ার মাধ্যমেই হোক—একটা সাময়িক 'ডোপামিন রাশ' (Dopamine Rush)-এর সৃষ্টি করে যেটা খুব দ্রুত মিলিয়ে যায়। কিন্তু আপনি তখনও যে পরিস্থিতি আপনাকে আহত করেছে তার সঙ্গে জড়িয়ে থাকেন।

এই আসক্তির চক্রকে ভেঙে ফেলার জন্য এটা বোঝার প্রয়োজন যে জেতার আকাঙ্ক্ষাটা আসলে ক্ষমতার অনুভূতি ফিরে পাওয়ার একটা চেষ্টা মাত্র। "অ্যাভয়েডেন্স গোল" (Avoidance Goal)-এ না গিয়ে আপনি "অ্যাপ্রোচ গোল" (Approach Goal)-এর মাধ্যমে এই আকাঙ্ক্ষাকে সরাসরি আক্রমণ করতে পারেন। এই পদ্ধতিতে আপনি যেটা ভয় পান সেদিকে মনোযোগ না দিয়ে যাতে ভয় পান সেদিকে মনোনিবেশ করতে পারবেন।

যখন আপনার মনে হয় যে আপনাকে আঘাত করেছে এমন কারোর বিরুদ্ধে আপনাকে জিততে হবে, আপনি **'রিডাইরেকশন প্রোটোকল'** বা পথ পরিবর্তনের নিয়ম মেনে চলে দেখতে পারেন।

১. সবার আগে কোনোরকম মতামত তৈরি না করে সমর্থন বা যথাযথ সত্য প্রতিষ্ঠার ইচ্ছাটাকে মেনে নিন।
২. নিজেকে জিজ্ঞাসা করুন: "কী জাতীয় লক্ষ্য আমাকে সত্যিকারের কর্তৃত্বের অনুভূতি দেবে?"
৩. সেই লক্ষ্যের দিকে তৎক্ষণাৎ একটি পদক্ষেপ নিন।

এলিয়ট এবং থ্রাশের (২০০২) গবেষণায় দেখা গিয়েছে যে একটি নির্দিষ্ট অভিমুখী (অ্যাপ্রোচ-ওরিয়েন্টেড) লক্ষ্য, এড়িয়ে চলার (অ্যাভয়েডেন্স-বেসড) মানসিকতার তুলনায় আরও বেশিরকমের মানসিক সুস্থতা এবং প্রেরণা বজায় রাখতে এবং রোমন্থনের পরিমাণ কমাতে সহায়তা করে।

এটা কাজ করে তার কারণ, এই কৌশল নিয়ন্ত্রণের চাহিদার ওপরে কাজ করে, এবং একইসঙ্গে প্রত্যাখ্যানের উৎসের সঙ্গে মানসিক সম্পর্ক ভেঙে বেরিয়ে আসতে সহায়তা করে।

সবথেকে অদ্ভুত পরিবর্তন হয় তখন যখন আপনি জেতার সংজ্ঞা একেবারে বদলে দিতে পারেন। সত্যিকারের জয়ের অর্থ নিজেকে অন্যদের কাছে প্রমাণ করা নয় বা বাইরের সমর্থন লাভ করা নয়। বরং এটির অর্থ অন্যের মতামতকে উপেক্ষা করেও নিজের স্থির করা মান অনুযায়ী জীবনযাপন করা।

একীভবন

এই কৌশলগুলি কেবলমাত্র কোপিং মেকানিজম বা মোকাবিলা করার প্রক্রিয়া নয়। বরং এগুলি মূল থেকে নিয়ন্ত্রণ, প্রত্যাখ্যান এবং সমর্থনের চাহিদার সঙ্গে আপনার সম্পর্ক বদলে দেওয়ার উপায়। এই অনুভূতিগুলি কখনো অনুভব না করাটা আমাদের লক্ষ্য নয়, বরং তাদের সঙ্গে অন্যরকমের সম্পর্ক স্থাপনটাই এই কৌশলের মূল লক্ষ্য।

ছোট ছোট পদক্ষেপের মাধ্যমে শুরু করুন। যখন আপনি বুঝতে পারছেন যে কোনো ঘটনার তুলনায় আপনি মাত্রাতিরিক্ত প্রতিক্রিয়া দেখাচ্ছেন, সেটিকে

আপনার কন্ট্রোল ইনভেন্টরি কাজে লাগানোর একটা নিশান বলে মনে করুন। যখন প্রত্যাখ্যান সংক্রান্ত সংবেদনশীলতা আপনার মনে জেগে ওঠে, কোনোরকম প্রতিক্রিয়া দেওয়ার আগে 'ইমোশনাল সার্কিট ব্রেকার' নামক কৌশলটি ব্যবহার করুন। যখনই আপনার মনে জেতার আকাঙ্ক্ষা জেগে উঠবে, তখন সেই শক্তিকে কাজে লাগানোর জন্য 'রিডাইরেকশন প্রোটোকল' ব্যবহার করুন।

নিয়মিত অভ্যাসের মাধ্যমে যেটা আপনি সচেতনভাবে শুরু করেছেন তা আপনার স্বভাবে পরিণত হবে। আপনি এরপরেও জীবনে এমন অবস্থার সম্মুখীন হবেন যেটা আপনার নিয়ন্ত্রণের বাইরে, এরপরেও আপনি বাইরের মানুষের কাছ থেকে সমর্থন চাইবেন—কিন্তু এই সমস্ত অভিজ্ঞতা আপনাকে নিজের লক্ষ্য থেকে সরাতে পারবে না।

সত্যিটা হলো, কেউই সবকিছু নিয়ন্ত্রণ করতে পারে না। আমরা সকলেই এমনভাবে তৈরি হয়েছি যাতে আমরা পরিস্থিতির সঙ্গে মানিয়ে নিতে পারি, প্রয়োজন অনুযায়ী সৃজনশীল প্রতিক্রিয়া দিতে পারি এবং জীবনের সঙ্গে সমানে যুদ্ধ করার পরিবর্তে তার সঙ্গে ভেসে চলতে পারি। আপনার মধ্যে যদি এই নমনীয়তা থাকে তাহলে আপনি সত্যিকারের সুরক্ষিত অনুভব করবেন, যে অনুভূতি সবকিছু নিয়ন্ত্রণ করেও আপনি লাভ করতে পারেননি।

কিছু লোক আপনার সঙ্গে কথা বলল না তো, তার
কারণ তারা আপনার ক্ষমাপ্রার্থী। লাইনটি আবার পড়ুন।

গভীর চিন্তার শক্তি: নিজের ক্ষমতাকে জানা

আপনি যদি নিজের জন্য সত্যিকারের কিছু সময় বার করে একবার পিছনের দিকে তাকিয়ে দেখেন যে আপনি কতদূর এসেছেন, তাহলে একটা ব্যাপার হবে। তবে এই তাকানোটা একবার দেখে চোখ ফিরিয়ে নেওয়ার মতো হলে হবে না। আপনাকে সময় নিয়ে নিজের কাছে সৎ থেকে এই যাত্রার কথাটা ভাবতে হবে। যদি সেটা পারেন তাহলে দেখবেন হঠাৎ করে বুঝতে পারবেন যে আপনি সংগ্রামরত কোনো মানুষ নন, বরং আপনি এই জীবনযুদ্ধে টিকে গিয়েছেন।

একবার উপলব্ধি করুন যে আপনি কতটা দূরত্ব অতিক্রম করেছেন। একবার ভাবুন যে এক বছর বা দু'বছর আগে আপনি কোথায় ছিলেন। মনে মনে সেই কঠিন সময়ের কথা ভাবুন যখন আপনি মনে করেছিলেন যে আপনি কখনোই এই সমস্যার বেড়াজাল থেকে মুক্তি পাবেন না। যখন আপনার মন এতটাই বিহ্বল অবস্থায় ছিল যে সেখান থেকে বেরোনোর কথা ভাবাটাও ছিল অসম্ভবের মতো। কিন্তু তা সত্ত্বেও আপনি আজ এ জায়গায় দাঁড়িয়ে আছেন। হ্যাঁ, হয়তো সবকিছু নিখুঁত নয়—আমাদের প্রত্যেকেরই নিজের নিজের সমস্যা রয়েছে—কিন্তু **আপনি এত অব্দি এসে পৌঁছেছেন, তাই না?**

আসলে আমরা ওই মুহূর্তগুলোর কথা ভুলে যাই। আমরা ভুলে যাই আমাদের জীবনে এইরকম কত কঠিন মুহূর্ত এসেছে। কিন্তু যখন আমরা নিজেদের জন্য কিছুটা সময় বার করে সেই মুহূর্তগুলোর কথা মনে করি তখন আমরা বুঝতে পারি আমরা আসলে কতটা ক্ষমতাশালী। আর আমরা এটাও বুঝতে পারি, যে সমস্ত ছোটখাটো জিনিস নিয়ে আমরা চিন্তা করি সেগুলো খুব একটা বড় ব্যাপার নয়। কারণ আপনি যদি সত্যিই সেই কঠিন মুহূর্তগুলোকে নিয়ে চিন্তা করেন তাহলে এটা বুঝতে পেরে অত্যন্ত আনন্দিত হবেন যে, যদিও এখন আপনার পরিস্থিতির সবকিছু নিখুঁত নয় তা সত্ত্বেও আপনি এতদূর আসতে পেরেছেন। অন্তত আপনি সেই কঠিন সময়টা কাটিয়ে উঠতে পেরেছেন, তাই নয় কি?

কখনো কখনো হৃদয়বিদারক ঘটনা
আমাদের দৃষ্টি খুলে দেয়।

আর আপনি যদি এখন জীবনের সবথেকে খারাপ সময়ের মধ্যে দিয়ে যান, যখন আপনার মনে হচ্ছে যে এর থেকে খারাপ আর কিছুই হতে পারে না, তখনও এই নিয়ম আপনার জন্য প্রযোজ্য। আপনি এরকম পরিস্থিতিতে আগেও পড়েছেন। আপনার আগেও মনে হয়েছে যে সেইরকম পরিস্থিতির মতো খারাপ কিছু আর হতেই পারে না। কিন্তু তা সত্ত্বেও আপনি সেই পরিস্থিতি কাটিয়ে উঠেছেন। যদিও আপনি বলতে পারেন, "এবারের পরিস্থিতিটা একেবারেই আলাদা" আর হয়তো সেটা সত্যিও, কিন্তু কোনটা আলাদা নয় জানেন? **যে মনের জোরে আপনি আগের বিপর্যয় কাটিয়ে উঠেছেন, সেটা।**

আর আমি হলফ করে বলছি, যদিও আপনি এখন সেটা বুঝতে পারছেন না কিন্তু সেই একই মনের জোর আপনাকে এই বিপর্যয় কাটিয়ে উঠতেও সহায়তা করবে। **আপনি নিজে যতটা মনে করেন তার থেকেও আপনি অনেক বেশি ক্ষমতাশালী। কখনো কখনো আপনি নিজেকে যতটা কদর করেন, আপনার মূল্য তার থেকে ঢের বেশি।**

আপনি যে সমস্ত বিপর্যয় কাটিয়ে উঠেছেন সেগুলো নিয়েই যে গভীর চিন্তা করতে হবে, তা নয়। গভীর চিন্তা করার সময় আপনি আনন্দের মুহূর্তগুলোকেও খুঁজে বের করতে পারেন। অথবা খুঁজে পেতে পারেন আচমকা ঘটে যাওয়া কল্যাণকর ঘটনা, বা সেই সমস্ত সময়ের কথা যে সময়ে আপনি ভেবেছিলেন কোনো কিছু হবে না কিন্তু তা ঘটে গিয়েছিল। গভীর চিন্তা করার সময়টা আসলে আপনাকে নিজের জীবনের পরিপূর্ণ একটা চিত্র আঁকার সুযোগ করে দেয়—যে চিত্রের মধ্যে কেবলমাত্র সংগ্রামের কথাই থাকে না, একইসঙ্গে থাকে শক্তি, ধৈর্য এবং অদ্ভুত উদারতার গল্প।

যত বেশি করে আপনি গভীর চিন্তা এবং জীবনের রসগ্রহণ করবেন, ততই আপনি নিজের জন্য কঠিন সময় থেকে খুঁজে পাওয়া শক্তির প্রমাণ জমা করতে পারবেন। আর ততই সহজে আপনি বিভিন্নরকমের নকশা দেখতে পাবেন। আপনি বুঝতে পারবেন যে জীবনের ওঠাপড়ার সঙ্গে সঙ্গে এগিয়ে চলার জন্য যে সমস্ত কৌশল মানুষের জানা দরকার, সেগুলো আপনার আয়ত্তে রয়েছে। আপনি নিজেকে আরও গভীরভাবে বিশ্বাস করতে শুরু করবেন। আর সেই বিশ্বাস—যেকোনো পরিস্থিতিতে আপনি যেকোনো কিছু সামলে নিতে পারবেন, এই গভীর আত্মবিশ্বাস—হলো আপনার মানসিক শান্তির ভিত্তি।

যতই আপনি নিজের শক্তি চিনবেন এবং আপনি কত দূর এসেছেন সেটা নিয়ে ভাবতে থাকবেন, আপনি আরও একটা জিনিস খেয়াল করতে শুরু করবেন: যে মানসিক ভার আপনি বয়ে নিয়ে চলেছেন, তার মধ্যে কতটা আপনার নয়। নিজেকে নিয়ে গভীর চিন্তাভাবনা শুধুমাত্র আপনার অভ্যন্তরীণ ক্ষমতা সম্পর্কেই আপনাকে অবহিত করায় না—এটি একইসঙ্গে যে সমস্ত সীমা আমরা অন্যকে পার করতে দিয়েছি, যে সমস্ত দায়িত্ব আমরা বিনা কারণে নিজেদের ঘাড়ে নিয়ে নিয়েছি, এবং যে সমস্ত মানসিক ভার আমরা অন্যদের জন্য বয়ে চলেছি সেগুলোকেও চিনতে শেখায়। আপনার নিজের সঙ্গে এবং আপনার অভিজ্ঞতার সঙ্গে আপনার সম্পর্ক ফিরে দেখার পর এবার সময়

অন্যান্যদের সঙ্গে আপনার সম্পর্ক খতিয়ে দেখার এবং এই সমস্ত সম্পর্ক যে অদৃশ্য ভার আপনার হৃদয় এবং মনের ওপর চাপিয়ে রেখেছে, তাদের নিয়ে সিদ্ধান্ত নেওয়ার।

অনেক সময় কালো ভেড়াই একমাত্র
সত্যি কথা বলে।

তৃতীয় পর্ব

যে ভার আপনি বয়ে চলেন—
সীমা এবং অনাসক্তি

সপ্তম অধ্যায়

অন্যান্য সকলের ভার বহন করার গুপ্ত মূল্য

আপনি বোধ করি কখনো বুঝতেই পারেন না যে **আপনি কতটা ভার বহন করেন**। নিজের সমস্যা থাকাটা একরকম ব্যাপার, কিন্তু আপনার মন—বিশেষ করে আপনি যদি একজন সহানুভূতিশীল এবং যত্নশীল মানুষ হন—এমন সমস্ত বিষয় আঁকড়ে ধরতে পারে যার সঙ্গে আপনার কোনো সম্পর্কই নেই। অন্যান্য লোকের সমস্যা, তাদের মন-মেজাজ, তাদের চাহিদা এবং তাদের শক্তি—এসব কিছুই খুব বাস্তব। আপনি সবকিছুই গ্রহণ করেন, এগুলোকে এত গভীরে অনুভব করেন যে কেউ না বললেও এগুলি আপনার মনের ওপর ভার বাড়াতে থাকে।

প্রথমদিকে অন্যদের জন্য কিছু করাটা একটা ইচ্ছা বলে মনে হতে পারে—আপনার স্বভাব যেরকম তার একটা প্রতিফলন। কেউ কোনো সমস্যায় পড়লে যদি সমাধানের জন্য আপনার কাছে আসে, তাহলে আপনি কিছু মনে করেন না। আপনি হলেন সেই ব্যক্তি যিনি সবকিছু শোনেন, যিনি সবসময় সহায়তা করেন। কিন্তু সময়ের সঙ্গে সঙ্গে কিছু পরিবর্তন আসে। যেটা আপনি স্ব-ইচ্ছায় শুরু করেছিলেন সেটা ধীরে ধীরে একটা বাধ্যবাধকতায় পরিণত হয়। আপনি খেয়াল করতে শুরু করেন যে সবসময় আপনিই সবথেকে শক্ত মানুষ বলে সবাই মনে করে। কিন্তু যখন আপনার শক্তির প্রয়োজন হয় তখন কেউ আপনাকে সাহায্য করতে এগিয়ে আসে না। আপনার মনে হয় আপনার সব

শক্তি যেন ক্ষয় হয়ে আসছে, আপনি বিহ্বল হয়ে পড়ছেন এবং কোথায় যেন নিজেকে হারিয়ে ফেলছেন।

যারা একে অপরের সঙ্গে আলোচনা করতে পারে না তারা সমস্ত আলোচনাকে ঝগড়া বলে মনে করে।

এটা কেবলমাত্র সত্যিকারের সমস্যার সময়ে সাহায্য করার ব্যাপার নয়। এটা অন্যান্য লোকেদের মনোভাব কীভাবে আপনার নিজের মনের মধ্যে রয়ে যায় তার সঙ্গে জড়িত। ঠিক এইভাবেই অন্য লোকের স্ট্রেস আপনার স্ট্রেসে পরিণত হয়, তাদের দুঃখ আপনার জীবনে দুঃখ বয়ে আনে। যে কারণে আপনি মনে মনে আলাপচারিতার পুনরাবৃত্তি করেন, সমানে ভাবতে থাকেন যে আপনার বোধহয় আরও একটু বেশি কিছু করা উচিত ছিল, বেশি কিছু বলা উচিত ছিল, আরও এগিয়ে যাওয়া উচিত ছিল। যেমন ধরুন, কারো সঙ্গে আপনার ফোনে কথা বলতে ইচ্ছা না করলেও তাদের ফোন কেটে দেওয়ার কথা মনে করলেই আপনি অপরাধবোধে ভুগতে থাকেন। আপনি যথেষ্ট করতে পারেননি, এই অনুভূতিটা আপনার মনে একটা চাপ সৃষ্টি করে। আপনি নিজের মনেই একটা মানদণ্ড তৈরি করে ফেলেন, যে মানদণ্ড অনুযায়ী আর কেউই চলে না। কিন্তু আপনি কখন একটু থেমে নিজেকে প্রশ্ন করবেন: **"আমাকে কে বয়ে চলেছে?"**

স্ব-মূল্যায়ন: যে ভার আপনি বহন করছেন

যে মানুষেরা নিজেকে নিয়ে সুখী নয় তারাই অন্যের সঙ্গে দুর্ব্যবহার করে। সবসময় এই কথা মনে রাখবেন।

আরও গভীরে যাওয়ার আগে এক মুহূর্ত সময় নিয়ে নিজের সম্পর্কগুলোর ব্যাপারে ভাবুন। আপনার জীবনের প্রত্যেকটি গুরুত্বপূর্ণ মানুষকে নিয়ে চিন্তা করুন এবং নিজেকে জিজ্ঞাসা করুন:

- এদের সঙ্গে সময় কাটানোর পরে আমি কি উৎফুল্ল বোধ করি নাকি ক্লান্ত বোধ করি?

- আমার কঠিন সময়ে আমি যেভাবে এদের পাশে দাঁড়িয়েছিলাম, এরাও কি আমার পাশে এসে দাঁড়াবে?
- যদি আমি নিজে থেকে যোগাযোগ না রাখি তাহলে কি এই সম্পর্কটা টিকবে?
- আমি কতটা দিচ্ছি এবং তার পরিবর্তে আমি কি পাচ্ছি—এটা মনে করে কি আমার মনে বিরক্তি জন্মায়?

এই প্রশ্নগুলির উত্তর থেকেই আপনার যা জানার আপনি জেনে যাবেন।

কখনো কখনো আপনার বন্ধুরাই আপনার শত্রুদের খবর দেয়। সতর্ক থাকুন।

অন্যের ভার

এই সবকিছু অন্য একটা প্রসঙ্গের অবতারণা করে... আপনি আপনার চারপাশের সকলের মানসিক ভার বহনের জন্য জন্মাননি। অন্যেরা যাতে ভালো থাকে তার জন্য নিজের চাহিদাকে পিছনে রেখে অন্যদের দাবিকে এগিয়ে রাখার জন্যেও আপনার জন্ম হয়নি। কিন্তু ঠিক এটাই সবসময় হয়ে চলে, যতবার আপনি অন্যের আবেগের কথা ভেবে নিজের আবেগকে চেপে রাখেন, যতবার আপনি নিজের শক্তি, সময় এবং মানসিক শান্তির কথা মাথায় না রেখে অন্যদের সমস্যার সমাধান করেন এবং **যতবার অন্যকে ভালো রাখার জন্য আপনি নিজে জ্বলে মরেন।**

একবার ভেবে দেখুন, প্রতিদিন আপনার জীবনের কতটা শক্তি এমন কিছুর পিছনে ব্যয় করেন যা আদতে আপনার নয়: আপনার মনে হয় আপনার চারপাশের মানুষকে খুশি রাখাটা আপনার কর্তব্য। কাউকে 'না' বলতে গেলে আপনার নিজেকে অপরাধী বলে মনে হয়; তা সে আপনি যতই ক্লান্ত হোন না কেন। আপনি অন্য লোকের সমস্যা নিজের কাঁধে নিয়ে নেন, এমনকী তখনও যখন তারা সাহায্যের জন্য আপনার কাছে আসেনি। আপনার সঙ্গে জড়িত নয় এমন সমস্যার কারণে উদ্ভূত পরিস্থিতিতেও আপনিই শান্তি রক্ষকের ভূমিকা নেন। এটা কোনোভাবেই উদারতা নয়—বরং নিজেকে ত্যাগ করার মানসিকতা।

আপনি যখন অন্যদের সুবিধার্থে আত্মত্যাগ করেন তখন আপনি মোটেই উদারতা দেখান না—বরং নিজের ক্ষয়ের কারণ হয়ে ওঠেন।

যদি সমস্যা আপনার না হয় তাহলে তার মধ্যে প্রবেশ করবেন না। যদি কেউ নিজে থেকে না বলে তাহলে জিজ্ঞাসা করবেন না। যদি কেউ আপনাকে আমন্ত্রণ না জানায় তাহলে যাবেন না। অন্যান্য লোকের জীবনে আপনার স্থান সম্পর্কে অবহিত হোন।

ট্রমা নিয়ে গবেষণারত চার্লস ফিগলে (Charles Figley) এত পরিষ্কারভাবে এই প্যাটার্নটি দেখতে পেয়েছেন যে তিনি এর নামকরণ করেছেন: "কম্প্যাশন ফ্যাটিগ" (Compassion Fatigue) বা সহানুভূতিজনিত ক্লান্তি। সেটা কী? কম্প্যাশন ফ্যাটিগ হলো এমন একটা মানসিক স্থিতি যা সাধারণত এমন সমস্ত রোগীদের মধ্যে দেখা যায় যারা সমানে অন্যদের মানসিক ভার বহন করে চলে (ফিগলে, ২০০২)। তাঁর গবেষণায় দেখা যায়, যে সমস্ত মানুষ নিয়মিতভাবে অন্যদের বেদনাকে আত্মস্থ করেন তাদের মধ্যে এমন সমস্ত লক্ষণ দেখা যায় যার দেখা সাধারণত 'পোস্ট-ট্রমাটিক স্ট্রেস' (PTSD)-এর রোগীদের মধ্যে মেলে। একইসঙ্গে এই জাতীয় লোকেদের মধ্যে মানসিক ক্লান্তি, নির্লিপ্তি এবং নিজের সাফল্য বা কাজের মানে খুঁজে না পাওয়ার মনোভাব দেখতে পাওয়া যায়। এই বৈজ্ঞানিক ফলাফল আপনি এতদিন ধরে যা অনুভব করছিলেন তা যে যথার্থ তা দেখিয়ে দেয়। **অন্যান্যদের মানসিক ভার বহন করাটা শুধুমাত্র ক্লান্তিকর নয়। এটি আপনার স্বাস্থ্যের পক্ষে হানিকরও বটে।**

আর যে কথাটা মেনে নেওয়া সব থেকে কঠিন তা হলো: সব লোকই আপনাকে এই কাজটা করতে দেবে। তারা সমানে আপনার কাছে আসবে, আপনার ওপরে ভরসা করবে, আপনার কাছে নিজের মনের ভার হালকা করবে—তার কারণ তারা জানে আপনি সেই ভার গ্রহণ করবেন। তারা যে লোক খারাপ, তা কিন্তু নয়। কিন্তু এই কাজটা তারা সমানে করতে থাকেন, তার কারণ আপনিই তাদের সুযোগ করে দিয়েছেন। তাদের নিজেদের মানসিক ভার নিজেদের বইতে হয় না, তার কারণ আপনি সবার আগে সেখানে পৌঁছে গিয়ে তাদের ভার নিজের কাঁধে তুলে নিয়েছেন। কিন্তু এতে তারা যত হালকা

হচ্ছেন আপনি ততই ন্যুব্জ হয়ে পড়ছেন। তাদের সমস্যা আপনার ঘাড়ে চেপে বসছে। তাদের আবেগ আপনার শক্তি ক্ষয় করছে। এবং ধীরে ধীরে আদৌ কিছু বুঝতে না পেরে আপনি নিজেকে অন্যদের জীবনে হারিয়ে ফেলেন। আপনার নিজের জীবনটাই গুরুত্বহীন হয়ে দাঁড়ায়।

এই লোকগুলো আপনার জন্য ঠিক না ভুল, তা দিয়ে কিছু আসে যায় না। যদি আপনি সবসময়ই তাদের ভালো থাকার বিষয়টা নিজের দায়িত্ব বলে মনে করেন তাহলে কোনো একটা সময়ে আপনাকে নিজেকে জিজ্ঞাসা করতে হবে: এর প্রভাবে আমার কী হচ্ছে? তার কারণ, ভালোবাসা ক্লান্তির সমার্থক হতে পারে না। কাউকে সাহায্য করার অর্থ এটা নয় যে আপনি সেই কাজটা করতে গিয়ে নিজেকে হারিয়ে ফেলবেন।

নিজেদের তৈরি সমস্যায় নিজেদের ক্ষতিগ্রস্ত বলে মনে করা মানুষদের থেকে দূরে থাকুন।

একতরফা সম্পর্ক এবং মিথ্যা আশার চক্র

এই ছকটা ফিরে ফিরে আসে, তাই নয়? আপনি নিজেকেই নিজে বিশ্বাস করান যে যদি আপনি আর একটু বেশি দিতেন—বেশি সময়, বেশি চেষ্টা, বেশি সহানুভূতি—তাহলে হয়তো সবটা অন্যরকম হতো। আপনি যদি আরেকটু ধৈর্য ধরতে পারতেন, আরো একটু সমর্থন করতে পারতেন, আরও একটু ক্ষমাশীল হতেন, তাহলে হয়তো লোকে আপনার কদর করত। কিন্তু আপনি যতই চেষ্টা করুন না কেন সেটা যথেষ্ট হবে না। **আপনি সবসময় একাই চেষ্টা করে চলবেন। আপনি সবথেকে বেশি যত্নশীল হবেন।** আর তার পরিবর্তে? আপনি কিছুই ফিরে পাবেন না। অন্তত যতটা আপনি দিচ্ছেন ততটা তো নয়ই।

প্রথমদিকে এই বৈষম্য আপনি হয়তো খেয়ালই করবেন না। আপনি নিজেকে বলতে থাকবেন যে যেকোনো সম্পর্কেই একটু চেষ্টা করা দরকার, মানুষকে সাহায্য করাটা ভালো ব্যাপার। আর সেটা ঠিকই—ততক্ষণ পর্যন্ত, যতক্ষণ না আপনি বুঝতে পারেন যে আপনার চেষ্টার কোনো প্রতিদান পাওয়া যাচ্ছে না। আপনি একাই চেষ্টা করে যাচ্ছেন, একাই যোগাযোগ রক্ষা করছেন, একাই তাদের খোঁজখবর নিচ্ছেন। আপনি যদি চেষ্টা করা বন্ধ করে দেন তাহলে

এই সম্পর্কটাই হয়তো আর থাকবে না। এই উপলব্ধিটা খুবই বেদনাদায়ক। তার কারণ, এটি আপনাকে এমন জিনিস দেখতে বাধ্য করে যেটা আপনি স্বীকার করতে চান না: কিছু কিছু লোক আপনাকে তাদের কাছে রাখে আপনার কদর করে নয়, আপনি তাদের জীবনকে আরো একটু সহজ করে তোলেন সেই জন্য।

যথেষ্ট সম্ভ্রমভরেই বলছি, কোনো লোকের জন্যই আপ্রাণ চেষ্টা করবেন না। আমি তোমার জন্য ততটাই করব যতটা তুমি আমার জন্য করবে। আমি তোমার সঙ্গে ততটাই কথা বলব যতটা তুমি আমার সঙ্গে কথা বলবে। আমি তোমাকে আমার জীবনে ততটাই জায়গা দেব যতটা তুমি আমাকে জায়গা দেবে। কোনো লোকের জন্য অতিরিক্ত কিছু আমি আর করব না।

সমস্যাটা হলো, আপনি যদি এমন একজন হন যার অন্যকে সাহায্য করাটা স্বভাব, তাহলে আপনি এই হিসেবটা যে রাখবেন না সেটাই স্বাভাবিক। কারোর জন্য কোনো কিছু করার সময় আপনি পরিবর্তে কিছু পাবেন বলে আশা করেন না—অন্তত প্রথমদিকে তো নয়ই। আপনি মনে করেন আপনার উদারতা, আপনার দয়ালু ভাব, আপনার উপস্থিতির কদর লোকেরা ধীরে ধীরে করতে শুরু করবে। লোকেরা খেয়াল করবে যে আপনি তাদের জন্য কতটা করছেন এবং নিজে থেকেই তারা তার প্রতিদান দেওয়ার চেষ্টা করবে। কিন্তু দুনিয়া এভাবে চলে না। সকলেই আপনার প্রচেষ্টার মূল্য দেবে তা হয় না। সকলে আপনার উদারতার কদর করবে তা নয়।

সেই জন্য আপনি আশার ওপর ভর করেন। আপনি বিশ্বাস করতে শুরু করেন যে যদি আপনি আর একটু অপেক্ষা করেন, আর একটু শ্রম দেন, আরেকটু কষ্ট সহ্য করেন তাহলে অবস্থার পরিবর্তন হবে। আপনি লোকেদের প্রত্যেকটা অজুহাত নিজের মনে পুনরাবৃত্তি করতে থাকেন, তাদের প্রত্যেকটা প্রতিজ্ঞার কথা ভাবতে থাকেন, প্রতিটা সম্ভাবনার মুহূর্তের কথা মনে করে আপনি নিজেকে বিশ্বাস করাতে থাকেন যে পরিবর্তন আর খুব দূরে নেই। কিন্তু সেই পরিবর্তন আর আসে না। হয়তো তারা আপনার কাছে ক্ষমা চায়, কিন্তু

আসলে কিছুই পরিবর্তন হয় না। হয়তো তারা আপনাকে বলে যে তারা চেষ্টা করবে, কিন্তু শেষ পর্যন্ত দেখা যায় আপনি ওই একই ক্লান্তিকর চক্রের মধ্যে ঘুরে চলেছেন আর এমন জিনিসের আশা করে চলেছেন যেটা কখনোই হয় না।

১৯৮৩ সালে প্রোচাস্কা এবং ডিক্লেমেন্টে (Prochaska and DiClemente) হাজার হাজার এমন মানুষের ওপর গবেষণা করেন যারা নিজের জীবনে কঠিন পরিবর্তন আনতে চাইছিলেন। এই গবেষণার মাধ্যমে তাঁরা আবিষ্কার করেন যে গুরুত্বপূর্ণ ব্যক্তিগত পরিবর্তন আসলে সহজ কতগুলো পদক্ষেপ করার মধ্যে দিয়ে আসে। কিন্তু **এই পরিবর্তন তখনই সম্ভব যখন কারোর নিজের ভেতর থেকে তাগিদ আসে। অন্য কেউ চাইছে বলে কোনো মানুষই নিজের জীবনে কঠিন পরিবর্তন আনতে চায় না।** এই গবেষণার থেকে পরিষ্কার বোঝা যায় কেন আপনি চাইছেন বলেই কোনো মানুষের স্বভাব পরিবর্তন করাটা সম্ভব নয়।

কিছু মানুষ একবারও না ভেবে শুধু নিয়েই যাবে। তার অর্থ এই নয় যে মানুষ হিসেবে তারা খারাপ। তারা নিতেই থাকে, তার কারণ আপনি তাদের নেওয়ার পথটা সহজ করে দিয়েছেন। আপনি তাদের বুঝিয়ে দিয়েছেন যে তাদের কিছুই করতে হবে না। তারা আনন্দের সঙ্গে আপনার নির্ধারিত ভূমিকাটাই পালন করে চলেছে। তারা আপনাকে একবারও জিজ্ঞাসা করে না আপনি কেমন আছেন। আপনার প্রয়োজনে তারা কোনো সাহায্যের হাত বাড়িয়ে দেয় না। কোনো কিছুতেই তারা কোনো চেষ্টা করে না—তার কারণ তাদের চেষ্টা করার কোনো দরকার নেই। তারা জানে আপনিই সবসময় সবরকম চেষ্টা করে চলবেন।

সবকিছু ছেড়ে দেওয়া এত কঠিন, তার কারণ এটা নয় যে আপনি তাদের ভালোবাসেন—বরং তাদের ঘিরে আপনি যে ধারণা তৈরি করেছেন সেই ধারণাটার সঙ্গে আপনি মানসিকভাবে জড়িত বলে। মুশকিলটা হচ্ছে, তাদের এই রূপটা কেবলমাত্র আপনার কল্পনাতেই বেঁচে রয়েছে। সামান্যতম চেষ্টা করলেও যে মানুষটা তারা হয়ে উঠতে পারত। কিন্তু যে মানুষটাকে আপনি আঁকড়ে ধরেছেন—যে মানুষটার জন্য আপনি অপেক্ষা করছেন—সে কেবলমাত্র আপনার কল্পনায় বসবাস করে। **বাস্তবের মানুষটা, যে কোনোভাবেই নিজের মধ্যে পরিবর্তন আনতে রাজি নয়, সে আপনাকে সমানে আঘাত করে চলেছে।**

আপনার স্বাস্থ্যের ক্ষতি

অন্যের মানসিক ভার বয়ে চলার ফলে শুধু যে আপনার মানসিক ক্লান্তির সৃষ্টি হয় তা নয়—শারীরিকভাবেও আপনি ক্ষয়ে যান। গবেষণায় দেখা গেছে, অতিরিক্ত সহানুভূতির বোঝা যে 'স্ট্রেস রেসপন্স'-গুলোকে সক্রিয় করে তোলে, ঠিক একইরকমের রেসপন্স সক্রিয় হয়ে ওঠে যখন আপনি নিজে ওইরকম বিপদে থাকেন। আপনার দেহ আপনার নিজের বেদনা এবং অন্যের বেদনা যা আপনি বহন করে নিয়ে চলেন, তার মধ্যে পার্থক্য করতে পারে না। উভয় ক্ষেত্রেই তারা একইরকমের স্ট্রেস হরমোন ক্ষরণ করতে থাকে।

সারা রাত ভালো করে ঘুমোলেও আপনি সবসময় ক্লান্ত বোধ করেন। আপনার সারা শরীরে ব্যথা হয়। আপনার মাথার মধ্যে সবসময় কেমন একটা ধোঁয়াশার মতো হয়ে থাকে। আপনার রোগ প্রতিরোধ ক্ষমতা (Immune System) দুর্বল হয়ে পড়ে। স্ট্রেস এমনভাবে ধীরে ধীরে জায়গা দখল করতে থাকে যে আপনি বুঝতেই পারেন না। আর এই বুঝতে না পারাটা ততদিন অব্দি চলতে থাকে যতদিন পর্যন্ত **আপনার আর কিছু সমর্পণ করার মতো থাকে না।** আর দুঃখজনক হলেও বাস্তবটা হলো, আপনি শেষ পর্যন্ত এমন একটা জায়গায় গিয়ে পৌঁছান, যে সমস্ত লোকের ভার আপনি সারা জীবন বহন করে তুলেছেন তারা বুঝতেই পারবে না কীভাবে আপনাকে সাহায্য করা সম্ভব—তার কারণ এর আগে তাদের কখনো আপনাকে সাহায্য করতে হয়নি।

গবেষণায় দেখা গেছে, দীর্ঘস্থায়ী মানসিক যন্ত্রের সঙ্গে অ্যাংজাইটি, অবসাদ, ঘুমের অসুবিধা, রাগ এবং মাথাব্যথা, পেটের সমস্যা, উচ্চ রক্তচাপ ইত্যাদি বিভিন্নরকম শারীরিক সমস্যার গভীর সম্পর্ক রয়েছে। আপনার মানসিক পরিশ্রমের হিসেব আপনার দেহ রেখে দেয়। আপনি যতই মানসিকভাবে এগিয়ে যাওয়ার চেষ্টা করুন না কেন, আপনার পরিশ্রমের ছাপ শরীরের ওপর থেকেই যায়। এটা আপনার কল্পনা নয়। দীর্ঘস্থায়ী মানসিক স্ট্রেসের কারণে শারীরবৃত্তীয় সমস্যার প্রমাণ গবেষণায় পাওয়া গিয়েছে।

আপনার রাগ থেকে খুব সহজেই বোঝা যায় আপনি
কতটা আহত হয়েছেন। এই কথাটা কেউ বোঝে না।

একদিন না একদিন আপনি এমন একটা জায়গায় পৌঁছাবেন যেখান থেকে আর ফিরে আসা যায় না। আপনি সবসময় ক্লান্ত বোধ করেন কিন্তু তা সত্ত্বেও নিজেকে বলতে থাকেন যে এটা জীবনের অঙ্গ। আপনি বিহ্বল বোধ করেন কিন্তু তা সত্ত্বেও নিজেকে বলতে থাকেন যে আপনার কাজ হলো সমস্ত কিছু সামলানো। আপনার মনে মনে বিরক্তি উৎপাদন হলেও পিছিয়ে আসার পরিবর্তে আপনি সমানে আরো দিতে থাকেন, আরো বেশি করে মানসিক ভার গ্রহণ করতে থাকেন। শেষ পর্যন্ত একদিন ঘুম থেকে উঠে আপনি উপলব্ধি করেন যে **এভাবে চলতে পারে না। জীবন এভাবে কোনোভাবেই চলতে পারে না।**

নিজের শক্তি ফিরে পাওয়ার জন্য এবং স্বাস্থ্যকর সীমা তৈরি করার জন্য এই উপলব্ধিটা অত্যন্ত প্রয়োজনীয়। নিজের ভালো থাকাটাকে গুরুত্ব দেওয়াটা একদমই স্বার্থপরতা নয়। এটা প্রয়োজন। তার কারণ, সত্যিটা হলো যে আপনি নিজে না ভালো থাকলে অন্যদের যত্ন করতে পারবেন না। সত্যিকারের সহানুভূতিশীলতা তখনই দেখানো সম্ভব যখন আপনি নিজের প্রতিও একইরকম সহানুভূতিশীল হন। কখনো কখনো নিজের জন্য এবং পরোক্ষভাবে অন্যদের জন্য সবথেকে ভালো যে পদক্ষেপটা আপনি নিতে পারেন তা হলো এমন মানসিক ভার নেওয়া বন্ধ করা যা আদৌ আপনার বওয়ার কথা নয়।

অন্যান্য সকলের আবেগ এবং সমস্যার ভার বহন করলে শেষ পর্যন্ত এই গুরুত্বপূর্ণ প্রশ্নটা উঠেই আসে: অপরাধবোধে একটুও না ভুগে কীভাবে এই বোঝা আপনি নিজের ঘাড় থেকে নামাবেন? কারণ, যে মুহূর্তে আপনি আপনার শক্তি ফিরে পেতে চাইবেন এবং স্বাস্থ্যকর সীমা তৈরি করতে চাইবেন, আপনি হয়তো সম্ভবত সবথেকে কঠিন শক্তির মুখোমুখি হবেন যা আপনাকে এই ফাঁদে আটকে রাখতে চাইবে—সেটা আপনি নিজেই। আপনি নিজেকে নিজেই বলতে থাকবেন যে নিজেকে বেছে নিয়ে আপনি আসলে অত্যন্ত স্বার্থপরের মতো কাজ করছেন। আসুন, একবার দেখে নিই কীভাবে অপরাধবোধ একটা শৃঙ্খলের মতো কাজ করে যা আপনাকে স্বাস্থ্যকর পরিসীমা তৈরি করা থেকে বাধা দেয়।

অষ্টম অধ্যায়

অপরাধবোধের ক্ষমতা এবং সীমা স্থাপনের জন্য সংগ্রাম

নিজেরা বিরক্ত হবে এমন পরিস্থিতিতে যখন কেউ আশা করে অন্য কেউ সেই পরিস্থিতি মেনে নেবেন, সেটা আমাকে সবথেকে বিরক্ত করে তোলে।

সীমা তৈরি করাটা খুব কঠিন কোনো কাজ হওয়া উচিত নয়। এটা করতে গিয়ে অপরাধবোধের ঢেউ, নিজের সিদ্ধান্তের প্রতি সন্দেহ, বা আপনি অন্য লোকেদের আশাহত করছেন এই ভয়ের উদ্রেক হওয়াটা একেবারেই অস্বাভাবিক নয়। কিন্তু কোনো একটা অদ্ভুত কারণে, এটাই হয়। যতবার আপনি কোনো কিছুতে 'না' বলেন, যতবার আপনি বলেন যে আপনি কী চান, যতবার আপনি কোনো ক্লান্তিকর পরিস্থিতি সহ্য করতে অস্বীকার করেন, আপনার অতিপরিচিত অপরাধবোধ চুপিচুপি উঠে এসে আপনার কানে কানে বলে:

"তুমি কি স্বার্থপরের মতো ব্যবহার করছ না?" "ওরা যদি রাগ করে তাহলে কী হবে?" "যদি ওরা মনে করে যে তুমি ওদের কথা ভাবছ না, তাহলে কী হবে?"

আর দেখতে দেখতে আপনি মন থেকে না চাইলেও বিভিন্ন পরিস্থিতি মেনে নিতে শুরু করেন। আবার আপনি অতিরিক্ত ব্যাখ্যা দেওয়া, অতিরিক্ত ক্ষমাপ্রার্থনা করতে শুরু করেন। সীমা তৈরি করার জন্য যে কষ্ট আপনাকে

সহ্য করতে হবে, তা এড়িয়ে যাওয়ার জন্য আপনি নিজের ক্ষমতার বাইরে গিয়ে অন্যের জন্য করার চেষ্টা করতে শুরু করেন।

অপরাধবোধ আপনার নিজের নেওয়া সমস্ত সিদ্ধান্তের ওপরে প্রশ্ন তোলার একটা বিশেষ ক্ষমতা রাখেন। এই কারণেই অন্যের আশাপূরণ না করলে অন্যেরা কেমন বোধ করবে তার দায়িত্বও আপনি নিজের কাঁধে নেন। অপরাধবোধই আপনাকে বলে, যদি আপনি কারোর একটুও কদর করতেন তাহলে আপনি থেকে যেতেন, চেষ্টা করতেন, সমানে দিতে থাকতেন—তাতে যদি আপনি নিজে তার জন্য ক্ষতিগ্রস্ত হন, তাও।

অপরাধবোধ কেন এত শক্তিশালী তা ব্যাখ্যা করা যায় 'সাঙ্ক কস্ট ফ্যালাসি' (Sunk Cost Fallacy)-র মাধ্যমে। সেটা কী? এটা একটা মানসিক প্রবণতা যা আপনাকে সমানে কোনো কিছুতে আরও সময় এবং শক্তি ব্যয় করতে বাধ্য করে, যেহেতু আপনি ইতিমধ্যেই তাতে বেশ কিছু সময়, আবেগ এবং শক্তি ব্যয় করেছেন। আপনি যত দিতে থাকেন, ততই সেই নির্দিষ্ট ক্ষেত্র থেকে বেরোনোটা আপনার জন্য আরও অনেক বেশি সমস্যাজনক হয়ে ওঠে। আপনার মস্তিষ্ক আপনাকে বলতে থাকে, "এই সম্পর্কে আমি ইতিমধ্যেই বছরের পর বছর সময় দিয়েছি। আমি ইতিমধ্যেই এই সম্পর্কটিকে বজায় রাখার জন্য যথাসাধ্য পরিশ্রম করেছি। এত কিছু করার পরে এখন যদি আমি হাল ছেড়ে দিই, তাহলে কি সবকিছুই বৃথা হয়ে যাবে না?"

এই অপরাধবোধ বিকাশের পথ পর্যন্ত বিস্তৃত হয়ে পড়ে। কেউ আপনাকে বলে না যে, নিজের বিকাশের সঙ্গে সঙ্গে ঠিক কতটা অপরাধবোধের জন্ম হয়। আপনি নিজেকে যত উন্নত করে তোলেন, ততই আপনার পক্ষে আগের জায়গায় থাকাটা সমস্যার বিষয় হয়ে দাঁড়ায়। এ এক অদ্ভুতরকমের দুঃখ। কাউকে ভালোবেসে তার সঙ্গে বছরের পর বছর একসঙ্গে হাসি-কান্না, দুঃখ-আনন্দ ভাগ করে নেওয়ার পরেও আপনার মনে হয় আপনি যেন সেই সম্পর্ক থেকে ধীরে ধীরে কোথাও একটা দূরে চলে যাচ্ছেন। অপরাধবোধটা আসে এই ধারণা থেকে যে, আপনার আশপাশের মানুষ আপনাকে যেভাবে চিনত, সেই আপনি আর নেই। যেহেতু কোনো একটা সময়ে তারা আপনার পাশে দাঁড়িয়েছিল, কাজেই মন থেকে ইচ্ছা না করলেও সমানে তাদের সাহায্য করে চলাটা আপনার কর্তব্য বলে মনে হয়।

আপনার ভূমিকার ওপর অতিরিক্ত গুরুত্ব আরোপ করা বন্ধ করুন। মানুষ আপনার সঙ্গে যেমন ব্যবহার করে, আপনিও তাদের সঙ্গে ঠিক তেমনই ব্যবহার করুন: নামমাত্র এবং যথাযথভাবে।

কীভাবে অদৃশ্য সীমা স্থাপন হতাশার জন্ম দেয়

আশা এবং হতাশার এই চক্র আপনার নিজের কোনো সীমা না থাকার কারণে আরও সক্রিয় হয়ে ওঠে। আপনার সঙ্গে ঠিক কেমন ব্যবহার করতে হবে তা সাধারণ মানুষের পক্ষে জানা সম্ভব নয়। আপনি মানুষকে তা দেখিয়ে দেন। যতবার আপনি এমন কিছু সহ্য করে নেন যা আপনাকে কষ্ট দিচ্ছে, যতবার আপনি প্রতিবাদ না করে চুপ করে থাকেন, যতবার 'না' বলার বদলে আপনি 'হ্যাঁ' বলেন, ততবার আপনি একটা বার্তা পাঠান। আর সেই বার্তাটা অনেকটা এরকম: আমার আবেগের ততটাও গুরুত্ব নেই। আমার চাহিদার কোনো গুরুত্ব নেই। আপনি যেরকম চান, আমার সঙ্গে আপনি সেরকম ব্যবহার করতে পারেন, এবং আমি তা মেনে নেব।

এটা হঠাৎ শুরু হয় না। খুব ছোট ছোট জিনিসের মাধ্যমে এর শুরু হয়—আপনার কথার মধ্যে কথা বলতে দেওয়া, কোনোরকমের কারণ ছাড়াই আপনার বন্ধুকে আপনার সঙ্গে করা পরিকল্পনা বাতিল করতে দেওয়া, আপনার জীবনসঙ্গীকে আপনার সঙ্গে এমনভাবে কথা বলতে দেওয়া যা আপনার ঠিক পছন্দ নয়। আপনি এই সবকিছুই খুব হালকাভাবে নেন; নিজেকে সমানে বলতে থাকেন যে এই সবকিছুই খুব বড় কোনো ব্যাপার নয়। কিন্তু সময়ের সঙ্গে সঙ্গে এইসব ছোট ছোট ঘটনাই জমতে থাকে। যত আপনি মেনে নেন, ততই লোকে আপনার থেকে সুবিধা নিতে থাকে। আর দেখতে দেখতে আপনি এমন সমস্ত সম্পর্কে জড়িয়ে পড়েন যেখানে আপনার নিজের কোনো ব্যক্তিগত গণ্ডি নেই, যেখানে আপনি সবসময় ক্লান্ত বোধ করেন, আপনার মনে হয় সকলে আপনাকে ব্যবহার করছে; কখনো কখনো নিজেকে অদৃশ্য বলেও বোধ হয় আপনার—তার কারণ, আপনার চাহিদার যে মূল্য রয়েছে তা আপনি প্রথম থেকেই প্রতিষ্ঠা করেননি।

কঠিন সত্যিটা হলো: আপনার গণ্ডি আপনি জোর করে প্রতিষ্ঠা করলে তবেই লোকে তা মানবে। যদি আপনি সীমা নির্ধারণ না করেন, তাহলে জাদুবলে লোকে আপনার সময়, শক্তি এবং উদারতার সুযোগ নেওয়া বন্ধ করবে না। এরা যে খুব খারাপ মানুষ তা নয়, কিন্তু এর বাইরে অন্য কিছু ভাবার মতো কোনো কারণ আপনি কখনো তাদের দেননি।

কোনো কোনো মানুষেরা এতটাই ভ্রান্ত ধারণায় ভোগেন যে তাঁরা মনে করেন আপনার প্রতি তাঁদের অপমানজনক ব্যবহার আপনি সহ্য না করে আসলে তাঁদেরই আপনি অপমান করছেন।

কোনো গণ্ডি তৈরি না করলে আপনি সেই মানুষটিতে পরিণত হবেন যিনি সর্বদা উপস্থিত, সর্বদা অমায়িক এবং সর্বদা ত্যাগ স্বীকারকারী। আর এর থেকে আপনাকে খুব "স্বচ্ছন্দ" এবং "অমায়িক" বলে মনে হলেও ভেতরে ভেতরে এটা আপনাকে শেষ করে ফেলছে। নিজেকে সবসময়ে শেষে রাখাটা খুবই ক্লান্তিকর এবং কঠিন কাজ। সবসময় আপনাকেই যদি মানিয়ে চলতে হয়, আপোশ করতে হয় এবং অন্যান্য সকলের জন্য জীবন সহজ করে তুলতে হয় তবে তা খুবই হতাশার উদ্রেক করে। বিশেষত কেউ যদি সেই কাজটা আপনার জন্য না করে।

নিজের জন্য গণ্ডি তৈরি করাটা এত কঠিন কাজ কেন? অনেকের ক্ষেত্রেই দেখা যায়, সবকিছুর কারণ হলো ভয়। অন্য লোকে রেগে যাবে সেই নিয়ে ভয়, অন্য লোকে আপনাকে খারাপ বলে মনে করবে সেই নিয়ে ভয়, লোকে আপনাকে ছেড়ে চলে যাবে—তাই নিয়ে ভয়। আপনি মনে মনে চিন্তা করেন যে যদি আপনি লোকজনকে 'না' বলতে শুরু করেন, তাহলে লোকে আপনাকে ছেড়ে চলে যাবে। আপনার মনে ভয় রয়েছে, যে আপনি যদি নিজের ভালো বুঝে নিতে শুরু করেন তাহলে লোকে আপনাকে ভুল বুঝবে।

'অ্যাটাচমেন্ট থিয়োরি' (Attachment Theory) নিয়ে জন বোলবি (John Bowlby)-র গবেষণা এই ভয় কেন এত গভীর তার ব্যাখ্যা করে। দশকের পর দশক ধরে করে চলা তাঁর এই গবেষণার মাধ্যমে জানা যায় কীভাবে আমাদের ছোটবেলার দিনগুলির অভিজ্ঞতাই ভবিষ্যতে বিভিন্ন মানুষের

সঙ্গে আমাদের সম্পর্ক ঠিক কেমন হবে তা নির্ধারণ করে। আপনার ছোটবেলার অভিজ্ঞতা যদি আপনাকে শেখায় যে কোনোভাবে নিজের ইচ্ছের কথা যদি আপনি বলেন তাহলে আপনি প্রত্যাখ্যাত হবেন বা শাস্তি পাবেন, তাহলে সম্ভবত আপনার 'ইনসিকিউর অ্যাটাচমেন্ট' (Insecure Attachment) তৈরি হবে। এর পরে দশকের পর দশক কেটে গেলেও নিজের জন্য গণ্ডি তৈরি করা আপনার পক্ষে খুবই ভীতিপ্রদ কাজে পরিণত হবে (বোলবি, ১৯৮৮)। আর হয়তো আপনি বিশ্বাস করতে শিখেছেন যে নিজের ভালো থাকার থেকে শান্তি রক্ষা করাটা আরও অনেক বেশি গুরুত্বপূর্ণ।

কিন্তু এখানে আপনার বোঝা দরকার যে, আপনাকে যারা সত্যিই শ্রদ্ধা করেন এবং ভালোবাসেন, আপনি নিজের জন্য গণ্ডি তৈরি করলে তাঁরা কিছুতেই রাগ করবেন না। তাঁরা আপনার গণ্ডি অনুযায়ী নিজেদের মানিয়ে নেবেন। তাহলে কারা রাগ করবেন? তাঁরা, যাঁরা আপনার কাছ থেকে কেবল সুবিধা নিয়েই গিয়েছেন।

যতক্ষণ পর্যন্ত অন্যকে দোষ না দিয়ে কীভাবে আলাপ-আলোচনা করতে হয়, ক্ষমা চাইতে হয় এবং মেনে নিতে হয় এটা না জানবেন, ততক্ষণ পর্যন্ত তাঁরা বড় হননি।

একবার যদি আপনি বুঝে যান যে কীভাবে অপরাধবোধ আপনাকে গণ্ডিহীন সম্পর্কে আবদ্ধ রাখছে, আপনি আরও সূক্ষ্ম চ্যালেঞ্জের মুখোমুখি হবেন। সেটা কেবলমাত্র আপনার গণ্ডি সৃষ্টির সঙ্গে জড়িত নয়, বরং একবার গণ্ডি তৈরি হয়ে গেলে কী হবে সেটার সঙ্গে জড়িত। কেন আমরা মনে করি প্রতিবার গণ্ডি তৈরি করার পরে আমাদের কারণ দর্শাতে হবে? যাদের আমাদের মনোজগতের অন্দরমহলের সঙ্গে কোনো যোগাযোগ নেই তাদের কেন আমাদের সমস্ত বিকাশের ব্যাখ্যা দিতে হবে? এর পরের পদক্ষেপ হলো এটা শেখা যে কখন আপনি আপনার সব কাজের ব্যাখ্যা দেওয়া বন্ধ করে, সবকিছু ছেড়ে দেবেন।

নবম অধ্যায়

অতিরিক্ত ব্যাখ্যা দেওয়ার ফাঁদ এবং সবকিছু ছেড়ে দেওয়া

কখনো কখনো আপনাকে সবকিছু ছেড়ে দিতে হয়। মাথা গরম করা নয়, রাগ করা নয়... কেবল ছেড়ে দেওয়া।

আপনি কী পরিমাণ ভার বয়ে বেড়াচ্ছেন তা বুঝতে পেরে যখন গণ্ডি টানতে শুরু করেন, তখন আপনি সম্পূর্ণ নতুন এক সমস্যার মুখোমুখি হন। এই সমস্যা সমস্ত বিষয়ের অতিরিক্ত ব্যাখ্যা দেওয়া এবং আপনার ব্যক্তিগত বিকাশের ব্যাখ্যা দেওয়ার সঙ্গে জড়িত। আপনার মানসিকতা এমনভাবে গড়ে উঠেছে যে সব সিদ্ধান্তের একটা গ্রহণযোগ্য কারণ থাকা উচিত বলে আপনার মনে হয়। আর সেই কারণটা এমন হওয়া উচিত যা অন্যান্য লোকেরা মেনে নিতে পারে। আপনাকে শেখানো হয়েছে যে কেউ যদি আপনার ওপরে রেগে যায়, তাহলে আপনার তার কাছে ততক্ষণ পর্যন্ত আপনার সিদ্ধান্তের পেছনের কারণ বোঝাতে থাকা উচিত, যতক্ষণ না তারা সেটা বুঝতে পারে। আপনি যদি কোনোভাবে বদলে যান, আপনি যদি কোনো কিছুকে ছাপিয়ে যান, আপনি যদি কোনো একটা কিছু আর করতে না চান, তাহলে আপনার কাছে "ভালোরকমের" অজুহাত থাকা উচিত।

একবার ভেবে দেখুন, জীবনের ঠিক কতটা সময় আপনি নিজের সিদ্ধান্তের ব্যাখ্যা অন্য মানুষকে দেওয়ার জন্য ব্যয় করেছেন। কতবার আপনাকে বোঝাতে

হয়েছে কেন আপনি কোনো কিছু আর করতে চান না। কতবার আপনি সত্যি কথাটাও রেখে-ঢেকে বলেছেন যাতে অন্য কেউ কষ্ট না পান। আচ্ছা, সত্যিই কি কেউ আপনার ব্যাখ্যা মন থেকে মেনে নিয়েছেন? নাকি তারা সমানে আপনার সিদ্ধান্ত নিয়ে প্রশ্নের পর প্রশ্ন করে গিয়েছে, যাতে আপনি অপরাধবোধে ভোগেন? কিংবা আপনার কথার একেবারে অন্য মানেই বা তারা কতবার বের করেছেন?

স্তব্ধতার শক্তি কেবলমাত্র অন্য মানুষের সঙ্গে সম্পর্কচ্ছেদের সঙ্গে জড়িত নয়—এটি আপনার মানসিক শান্তি ফিরে পাওয়ার সঙ্গে জড়িত। জীবনে অযাচিত নাটকের অবতারণা না করার সঙ্গে জড়িত। অপ্রয়োজনীয় বিষয় নিয়ে তর্কাতর্কি না করার সঙ্গে জড়িত। অন্যের সমস্যাকে নিজের কাঁধে টেনে না নেওয়ার সঙ্গে জড়িত। স্তব্ধতা খুবই অস্বস্তিকর। এটি মানুষকে আবেগের আতিশয্য বাদ দিয়ে নিজের কৃতকর্মের মুখোমুখি হতে বাধ্য করে। এটি মানুষের হাত থেকে উত্তেজিত করার মাধ্যমে, ম্যানিপুলেশনের মাধ্যমে এবং আপনার কথার অন্য মানে বার করার মাধ্যমে আপনার ওপরে কর্তৃত্ব করার শক্তি কেড়ে নেয়।

বড় হৃদয় থাকার অপর সমস্যা হলো, কখনো কখনো লোকেরা আপনাকে বোকা বলে মনে করে। ততক্ষণ পর্যন্ত, যতক্ষণ না আপনি তাদের সঙ্গে সব সম্পর্ক ত্যাগ করেন...আর তারপরেও লোকে আপনাকে দোষারোপ করার উপায় ঠিক খুঁজে বার করবে।

কিছু লোক আপনার মূল্য তখনই বুঝতে পারবে যখন তারা আর আপনাকে তাদের পাশে পাবে না। যে মুহূর্তে আপনি তাদের সঙ্গে জড়িয়ে থাকা বন্ধ করে দেবেন, তাদের কোনো প্রতিক্রিয়া দেওয়া বন্ধ করে দেবেন, আপনি তাদের আপনার অনুপস্থিতি অনুভব করতে বাধ্য করবেন। নৈঃশব্দ্য এমনভাবে কথা বলে যা ভাষায় প্রকাশ করা সম্ভব নয়। কথা বললে তর্ক করা যায়, কথার অন্য মানে বের করা যায়, অথবা তা অগ্রাহ্য করা যায়। কিন্তু নৈঃশব্দ্য? নৈঃশব্দ্য রয়ে যায়। নৈঃশব্দ্য ভাবনার অবকাশ তৈরি করে। নৈঃশব্দ্য তাদের বাধ্য করে এটা বুঝতে যে আপনি তাদের ছেড়ে দিয়েছেন।

ছেড়ে দিন... নিজেকে

আপনার এমন একটা সংস্করণ রয়েছে যার কারণে আজ আপনি এই জায়গায় এসে উপনীত হয়েছেন। এমন একটা সংস্করণ, যা পরিস্থিতির সঙ্গে খাপ খাইয়ে নিয়েছে, জীবনকে চালিয়ে নিয়ে গিয়েছে একমাত্র যে উপায় তার জানা ছিল সেই অনুযায়ী। আপনার সেই সংস্করণটি লোকের জন্য বড্ড বেশি ভেবেছে, এমন সমস্ত দায়িত্ব নিজের কাঁধে টেনে নিয়েছে যা আদৌ তার ছিল না। কিছু মানুষ আপনাকে ক্লান্ত করে তুললেও আপনার সেই সংস্করণটি এমন মানুষদের আপনার সঙ্গে ধরে রেখেছে। আপনার সেই সংস্করণটি নিজের ক্ষমতার বাইরে গিয়েছে যাতে অন্যেরা তাকে পছন্দ করে, তাকে বেছে নেয় বা তার কদর করে। আপনার সেই সংস্করণটি অন্যদের যাতে কোনো অসুবিধা না হয় সে জন্য নিজের মানসিক শান্তির বিসর্জন দিয়েছে।

কোনো মানুষকেই ছেড়ে দেওয়াটা কঠিন। কিন্তু নিজেকেই ছেড়ে দেওয়া—যে সত্তার সঙ্গে আপনার এতদিনের পরিচয় তাকেই ত্যাগ করাটা একেবারেই অন্য জিনিস। বছরের পর বছর ধরে আপনি নিজেকে জেনেছেন, নিজের ভয়কে জেনেছেন, নিজের আবেগের ফলে উৎপন্ন হওয়া প্রতিক্রিয়াকে জেনেছেন। আপনি জীবনে এত সময় ব্যয় করেছেন এমন একজন মানুষ হয়ে—যিনি বেশি ভাবেন, যিনি সবকিছু নিজের ঘাড়ে টেনে নেন, যিনি ছোট ছোট কারণে নিজের মানসিক স্থিতি হারিয়ে ফেলেন, যাঁর পক্ষে ভালো না থাকার চিন্তা করাটাও আশ্চর্যের বিষয়। দুশ্চিন্তাই যদি না থাকে তাহলে আপনি নিজেকে চিনবেন কী করে? নিয়ন্ত্রণের চাহিদা যদি না থাকে তাহলে আপনি কি একই মানুষ থাকবেন? অপরাধবোধের অনবরত টান যদি না থাকে তাহলে আপনার পরিচয় কী হবে?

আপনার পুরোনো সংস্করণকে ঝেড়ে ফেলে দেওয়াটা অত্যন্ত ভীতিপ্রদ বলে মনে হওয়ার কারণ, একটা দীর্ঘ সময় ধরে আপনার এই সত্তাটাই আপনাকে রক্ষা করে গিয়েছিল। হয়তো অতিরিক্ত চিন্তা আপনাকে হতাশার হাত থেকে রক্ষা করেছে। হয়তো সবার মন রেখে চলে আপনি অশান্তি এড়াতে পেরেছেন। হয়তো এই বিষচক্রে দিনের পর দিন কাটানোটাও আপনাকে সুরক্ষার একটা মিথ্যা আশ্বাস জুগিয়ে গিয়েছে। এমনকী যে সমস্ত বিষয় আপনার ওপরে

আঘাত হেনেছে, সেগুলোও কোনো না কোনো সময়ে আপনার অভীষ্ট পূরণ করেছে।

সমস্যাটা হলো, বেশিরভাগ সময়েই প্রথমদিকে উন্নতিকে স্বাধীনতার বদলে ক্ষতি বলে মনে হয়। আপনি ধীরে ধীরে আপনার পুরোনো সব অভ্যাস চিনতে শুরু করেন এবং আপনার সত্তার একটা অংশ সেই অভ্যাসগুলোকে ছেড়ে দিতে চায় না। আপনি ধীরে ধীরে সীমা তৈরি করতে শুরু করেন, কিন্তু সেটা খুবই অস্বাভাবিক বলে মনে হয়। আপনি অতিরিক্ত ব্যাখ্যা দেওয়া বন্ধ করে দেন এবং আপনার নিজেকে রূঢ় বলে মনে হয়। আপনি অন্যের সৃষ্টি করা নাটকে অংশ নেওয়া বন্ধ করে দেন এবং আপনার মনে হয় যে সব যোগাযোগ বুঝি ছিন্ন হয়ে গিয়েছে। আপনি লোকের পিছনে ছোটা বন্ধ করে দেন এবং তারপর আপনার নিজেকে একা বলে বোধ হয়।

কিন্তু এই অস্বস্তিও দীর্ঘস্থায়ী নয়। আপনি যত ব্যাখ্যা না দেওয়া, অপরাধবোধে না ভোগা, সকলে আপনার কথা বুঝবে এই আশা না করা অভ্যাস করেন, আপনার ততই নিজেকে হালকা বলে মনে হয়। আপনি বুঝতে শুরু করেন যে সত্যিকারের স্বাধীনতা আপনার কাজে অন্যের সমর্থনের মধ্যে দিয়ে আসে না, বরং এটা আসে নিজের সিদ্ধান্তকে নিজে স্বীকার করার মাধ্যমে। সত্যিকারের স্বাধীনতার মানে আপনার ভবিষ্যতের সঙ্গে সম্পর্কহীন মানুষদের জীবন থেকে দূর করে দেওয়া নয়, বরং আপনার যে সত্তা আপনাকে তাদের সঙ্গে বেঁধে রেখেছিল, তাকে ত্যাগ দেওয়াই প্রকৃত স্বাধীনতা।

এমন টেবিলে বসবেন না, যেখানে অন্যদের সম্পর্কে কু-কথা বলা হয়, কারণ টেবিল ছাড়ার সঙ্গে সঙ্গেই আপনি পরবর্তী আলোচনার বিষয়ে পরিণত হবেন।

তৃতীয় পর্ব

সমাধান

নিজের মানসিক স্বাধীনতা ফিরে পাওয়া

নিজের স্বাধীনতা ফিরে পাওয়ার প্রথম পদক্ষেপ হলো এটা বোঝা যে অন্য লোকের আবেগের বোঝা নেওয়াটা কোনোভাবেই সহানুভূতি নয়। এটা একটা শিক্ষা যেটা হয়তো আপনি কথা বলতে পারার অনেক আগেই শিখেছেন। ডেভেলপমেন্টাল সাইকোলজিতে করা গবেষণায় দেখা গেছে, বেশিরভাগ মানুষ যারা কিনা অন্যদের জন্য প্রয়োজনের অতিরিক্ত করেন, তারা ছোটবেলা থেকে শিখে এসেছেন যে তাদের মূল্য অন্য লোককে তারা কতটা সেবা করছেন তার সঙ্গে জড়িত (মিলার ১৯৮১)। এটা আপনার দোষ নয়। কিন্তু নিজের ব্যবহারের এই ধরনটা চিনে নেওয়াটা এখন আপনার দায়িত্ব।

কাউকে ব্লক করা, আনফ্রেন্ড করা অথবা আনফলো করার অর্থ এই নয় যে আপনি দুর্বল এবং নিজের আবেগ সামলাতে পারেন না। এর অর্থ এটাও হতে পারে যে তাদের মূর্খামিতে আপনি বিরক্ত এবং নিজের জীবনের ধারেপাশেও তাদের আপনি আর রাখতে চান না।

'এনার্জি এক্সচেঞ্জ অডিট' (Energy Exchange Audit)-এর মাধ্যমে যাত্রা শুরু করুন। এক সপ্তাহ ধরে প্রতিটা গুরুত্বপূর্ণ আলাপচারিতা অনুসরণ করুন এবং তাতে তিনটি জিনিস খেয়াল করুন:

১. আলাপচারিতার আগে আপনার মানসিক অবস্থা কীরকম ছিল (উৎফুল্ল, স্বাভাবিক, ক্লান্ত)।
২. আলাপচারিতার সময় আপনি কোন জাতীয় মানসিক ভার গ্রহণ করেছেন।
৩. আলাপচারিতার পর আপনার মানসিক অবস্থা কীরকম।

এর মধ্যে প্যাটার্ন খুঁজুন। কোন মানুষেরা সবসময় আপনাকে ক্লান্ত করে? কোন আলাপচারিতার পর আপনি এমন মানসিক ভার বহন করেন যা কিনা আপনার নয়? এটা অন্যদের সম্পর্কে মতামত তৈরি করার জন্য করা হচ্ছে না—এই অভ্যাসের মাধ্যমে আপনি বুঝতে পারবেন যে আপনার মানসিক শক্তি কোথায় ব্যয় হচ্ছে।

একবার যদি আপনি এই প্যাটার্নগুলো চিনে ফেলতে পারেন, তারপরে মনস্তত্ত্ববিদরা যাকে বলেন 'কম্প্যাশনেট ডিটাচমেন্ট' (Compassionate Detachment), তা অভ্যাস করুন। যখন কেউ অন্যদের মানসিক ভার বহন না করেও তাদের সম্পর্কে যথেষ্ট যত্নশীল হন, তখন তাদের এই ক্ষমতাকে কম্প্যাশনেট ডিটাচমেন্ট বলা হয়। যখন কেউ তাদের সমস্যা নিয়ে আপনার কাছে আসে তখন আপনার **'কম্প্যাশনেট কন্টেইনার' (Compassionate Container)** নামক কৌশল ব্যবহার করা উচিত।

মানুষের আবেগকে জলের মতো ভাবুন। এবার এই জলকে নিজের মধ্যে গ্রহণ করার পরিবর্তে (যা আপনি স্বভাবত করে থাকেন) মনে মনে কল্পিত একটি সুন্দর পাত্রে সাময়িকভাবে ধরে রাখুন। আপনি আবেগটিকে পরিষ্কার দেখতে পাচ্ছেন, এটির উপস্থিতি বুঝতে পারছেন, এর যথেষ্ট যত্নও করছেন, কিন্তু এটি আপনার মানসিক স্থিতির সঙ্গে মিলেমিশে না গিয়ে ওই পাত্রের মধ্যে আবদ্ধ রয়েছে।

আপনি এই কল্পনা করা অভ্যাস করলে প্রয়োজনে পরবর্তী মৌখিক গণ্ডিগুলো আরও কার্যকরভাবে তৈরি করতে পারেন।

- "আমি তোমার সমস্যার কথা শুনতে এসেছি কিন্তু আমার কাছে এর সমাধান না-ও থাকতে পারে।"
- "আমি এই সমস্যাকে নিজের কর্তব্য বলে মনে না করেও তোমার জন্য জায়গা রাখতে পারি।"

- "আমি নিজের মানসিক ভারসাম্য রক্ষা করার সঙ্গে সঙ্গে তোমার যত্ন করতে পারি।"

এই কৌশল এত শক্তিশালী তার কারণ, এটি আপনাকে অন্য লোকের প্রতি যত্নশীল হওয়া থেকে আটকায় না। এটি কেবল আপনার যত্ন করার পদ্ধতিতে বদল আনে। অন্যদের অভিজ্ঞতার ফলে মানসিকভাবে উদ্দীপ্ত না হয়েও তাদের কাছে উপস্থিত হতে দেয়। নিউরোসায়েন্স গবেষণায় দেখা গিয়েছে যে, এই জাতীয় 'মাইন্ডফুল কম্প্যাশন' বিভিন্নরকমের স্নায়ু সংযোগকে সক্রিয় করে তোলে এবং একইসঙ্গে আপনাকে আবেগের সংক্রমণের হাত থেকে রক্ষা করে। যেখানে প্রথমটি ইতিবাচক মানসিকতার পরিচায়ক, সেখানে দ্বিতীয়টি বার্ন-আউট এবং মানসিক ক্লান্তির সঙ্গে জড়িত (সিঙ্গার এবং ক্লিমেকি, ২০১৪)।

অতিরিক্ত শেয়ারিং বন্ধ করুন—গোপনীয়তা শক্তির আরেক রূপ।

অপরাধবোধ ছাড়া সীমা স্থাপন

নিজের জন্য গণ্ডি স্থাপন করার আগে আপনাকে "অপরাধবোধের সঙ্গে সীমা স্থাপন"-এর চক্রকে বোঝা প্রয়োজন। যখন আপনি সীমা স্থাপনের বিষয়ে অপরাধবোধে ভোগেন, আপনি আসলে আপনার অভ্যাসগত ছক থেকে 'উইথড্রয়াল' (Withdrawal) অভিজ্ঞতা করছেন। এই মুহূর্তে হয়তো আপনার এই অসুবিধা সহ্য হচ্ছে না বলে আপনি মনে করছেন যে সীমা স্থাপন করবেন না। আপনি মনে করছেন আপনি না করলে হয়তো এই অপরাধবোধ আর আপনাকে কুরে কুরে খাবে না।

এই চক্র ভাঙতে আপনাকে **'বাউন্ডারি রিইনফোর্সমেন্ট সিস্টেম'**-কে কাজে লাগাতে হবে:

প্রথমে, আপনার গণ্ডি আপনি আগে থেকে নির্ধারণ করুন। আবেগে টলমল অবস্থায়, যখন আপনার সংকল্প স্থির নয়, তখন এই গণ্ডি স্থির করার চেয়ে ঠান্ডা মাথায় তা স্থির করাটা অনেক বেশি প্রয়োজন। স্থির করুন বিভিন্নরকমের পরিস্থিতিতে আপনি কী জাতীয় সীমা স্থির করবেন।

- সময়ের গণ্ডি — কখন আপনি ফাঁকা থাকবেন আর কখন আপনি ফাঁকা থাকবেন না।
- আবেগের গণ্ডি — কী জাতীয় সমর্থন আপনি অন্যদের দেবেন।
- শারীরিক গণ্ডি — আপনার শক্তি এবং জায়গার ভিত্তিতে আপনার কাছে কোনটা সুবিধাজনক।
- মানসিক গণ্ডি — আপনি কোন জাতীয় বিষয়ে একেবারেই মাথা ঘামাবেন না।

অসম্মান এমন সমস্ত সুযোগ হাতছাড়া করে দিতে পারে যা ক্ষমাপ্রার্থনার মাধ্যমে ফের খুলে দেওয়া যায় না। এই বিষয়টা মন দিয়ে ভেবে দেখুন।

এর পরে আপনি সকলকে আপনার গণ্ডির বিষয়ে স্পষ্টভাবে জানান। অনেক লোক কেবলমাত্র গণ্ডি স্থাপনের বিষয় নিয়েই সমস্যায় পড়েন না, এই বিষয়ে সকলকে জানানোর বিষয়েও তাদের একইরকমের সমস্যা হয়। মনে রাখবেন, গণ্ডি সৃষ্টি করা মানে কিন্তু কাউকে শাসানো বা হুমকি দেওয়া নয়, এটা এমন পদক্ষেপ যা আপনাকে সুরক্ষিত থাকতে, মানসিক ভারসাম্য বজায় রাখতে এবং সকলের থেকে শ্রদ্ধা পেতে সহায়তা করে।

প্রথমে সকলকে ঠান্ডা মাথায় সরাসরি নিজের গণ্ডির বিষয়ে জানান। আপনার মনে বিরক্তি উৎপন্ন হওয়া বা আপনি বিহ্বল বোধ করা পর্যন্ত অপেক্ষা করবেন না। কেউ যখন আপনাকে একটা অনুরোধ করে বা এমনভাবে আপনার সঙ্গে ব্যবহার করে যা আপনার গণ্ডি লঙ্ঘন করে, সেই বিষয়টি নিয়ে সঙ্গে সঙ্গে কথা বলুন। রূঢ় হওয়ার প্রয়োজন নেই, উদারভাবে বলুন। পরিষ্কার করে বলুন আপনি কী চান না এবং কী চান।

যদি মানুষ আপনার একবার বলাতেই সব কথা মেনে নেয়, তাহলে খুবই ভালো। কিন্তু অনেকেই খেয়াল করে দেখেছেন, পরিষ্কার করে বুঝিয়ে বলা সত্ত্বেও অনেক লোকেই গণ্ডির বাধা মানতে চান না। এরকম হলে, আপনাকে বুঝতে হবে যে এতে আপনার বলার কোনো দোষ নেই। আসলে আপনার প্রয়োজনের কথা অন্য লোকেরা ভাবতে চান না। এক্ষেত্রে, আপনাকে আরও অনেক বেশি সরাসরি এবং স্পষ্টভাবে নিজের কথা বলতে হবে।

কার্যকর সীমা সাধারণত পরিষ্কার, শান্ত এবং দৃঢ় হয়। আপনাকে এদের সম্পর্কে দীর্ঘ ব্যাখ্যা করার বা ক্ষমাপ্রার্থনা করার কোনো প্রয়োজন নেই। নিম্নলিখিত বাক্যগুলি বলার চেষ্টা করুন:

- "পরবর্তী ২০ মিনিট আমি শুনতে পারি, তারপর আমার নিজের কাজে মন দেওয়া দরকার।"
- "আমি এই বিষয়ে কথা বলতে প্রস্তুত নই।"
- "আজকের সন্ধ্যায় আমার নিজের জন্য একটু সময়ের প্রয়োজন।"
- "এটা আমার জন্য নয়।"

গণ্ডি স্থাপনের পর নিশ্চিতভাবেই অপরাধবোধ মাথাচাড়া দিয়ে উঠবে। তখন আপনার **'গাইডেড গিল্ট রিলিজ'** কৌশল ব্যবহার করা উচিত।

১. এই অপরাধবোধকে বিনাশর্তে মেনে নিন: "আমি খেয়াল করে দেখেছি যে আমার এখন নিজেকে খুব অপরাধী বলে মনে হচ্ছে।"
২. নিজেকে মনে করান: "এই অনুভূতি খুবই সাময়িক। এখন খালি আমার মস্তিষ্ক নতুন অভ্যাসের সঙ্গে অভ্যস্ত হচ্ছে।"
৩. যতক্ষণ পর্যন্ত না আবেগের প্রাবল্য কমছে নিজের নিঃশ্বাস-প্রশ্বাসের ওপর মনোযোগ দিন।
৪. নিজের প্রতি যত্নের অধিকারকে সুনিশ্চিত করুন: "আমার জীবনে গণ্ডি আছে বলেই যে আমি খুব স্বার্থপর, তা নয়। বরং এটি আমার মানসিক ভারসাম্য রক্ষা করে, এবং আমাকে জীবনযুদ্ধে টিকে থাকতে সহায়তা করে।"

অভ্যাস তৈরির ওপরে করা গবেষণা থেকে জানা যায় নিয়মিত ব্যবহার করলে স্নায়ুপথ শক্তিশালী হয় এবং ব্যবহার না করলে তা দুর্বল হয়ে পড়ে। অপরাধবোধ থাকা সত্ত্বেও আপনি যতবার নিজের গণ্ডি বজায় রেখে চলেন, ততবার আপনি মস্তিষ্ককে নিজের গণ্ডিকে আত্মসম্মানের সঙ্গে যুক্ত করার নির্দেশ দেন।

এই কৌশলটি বিশেষভাবে কার্যকর সেই মানুষদের জন্য যারা "পিপল প্লিজিং ডিপেন্ডেন্সি" (People-pleasing Dependency) নিয়ে সমস্যায় রয়েছেন। পিপল প্লিজিং ডিপেন্ডেন্সি হলো এক ধরনের মানসিক স্থিতি যেখানে

একজন মানুষের আত্মসম্মান অন্যান্য মানুষের সমর্থনের ওপরে নির্ভরশীল। আপনার নিজের কাজকে অন্য মানুষের প্রতিক্রিয়া থেকে আপনি যত আলাদা করবেন, ততই আপনি নিজের স্বাধীনতা ফিরে পাবেন। একইসঙ্গে আপনি অন্যদের প্রতি সত্যিই যত্নশীলও হতে পারবেন।

একতরফা সম্পর্কের থেকে মুক্তি

আপনি একজনকে সমানে আঘাত করছেন আর চাইছেন যে তার মনোভাব একইরকমের থাকুক, তা হতে পারে না। খুব বড় মনের মানুষেরও সহ্যের সীমা থাকে।

এই যাত্রাপথের সবথেকে কঠিন অনুভূতি হলো এটা বুঝতে পারা যে কিছু কিছু সম্পর্ক টিকে রয়েছে কারণ আপনি সেই সম্পর্কে সমানে কিছু না কিছু দিয়ে চলেছেন। এই সম্পর্ক আপনাদের পারস্পরিক শ্রদ্ধা বা সম্মানবোধের ওপর মোটেই টিকে নেই। এর অর্থ যে সেই মানুষগুলি খুব খারাপ, তা নয়। বেশিরভাগ সময়ে তারা আপনার তৈরি করা সম্পর্কের গতি অনুযায়ীই প্রতিক্রিয়া দিচ্ছেন। কিন্তু একবার যদি আপনি এই ছকটাকে পরিষ্কারভাবে দেখতে শুরু করেন, সেক্ষেত্রে ওই একই সম্পর্ক একইভাবে বজায় রাখা আপনার পক্ষে অসম্ভব হয়ে যাবে।

'রেসিপ্রোসিটি রিসেট' (Reciprocity Reset) হলো একটা গাঠনিক কৌশল যেটা একতরফা সম্পর্কগুলিকে পরিবর্তন করে দেয় বা আপনাকে এদের খপ্পর থেকে মুক্তি দেয়।

প্রথমে, কিছু দিনের জন্য সমানে দিয়ে চলা বন্ধ করুন, যাকে মনোবিদরা বলেন, **'গিভিং ফাস্ট' (Giving Fast)**। ৭-১৪ দিনের জন্য যোগাযোগ করা বন্ধ করে দিন, সাহায্য না চাইলে কাউকে নিজে থেকে সাহায্য করবেন না এবং নির্দিষ্ট সম্পর্কের ক্ষেত্রে নিজের ক্ষমতার বাইরে গিয়ে সহায়তা করা বন্ধ করে দিন। এই কৌশলের সঙ্গে মানুষকে পরীক্ষা করা বা তাদের মনের সঙ্গে খেলার কোনো সংযোগ নেই। বরং এটি আপনার অতিরিক্ত ক্রিয়াশীলতা বন্ধ করে আপনার জন্য একটু জায়গা তৈরি করে যার সাহায্যে আপনি কোনো সম্পর্কের সত্যিকারের প্রকৃতি বুঝতে পারেন।

এই সময়টায় আপনার পর্যবেক্ষণ একটা জায়গায় নথিবদ্ধ করুন। আপনার অতিরিক্ত সংশ্লিষ্টতা না থাকলেও কি এই সম্পর্ক টিকছে? সেই মানুষেরা কি ঠিক আপনার মতো করে আপনার খোঁজখবর করেন? আপনি নিজের ক্ষমতার শেষ পর্যায়ে গিয়ে তাদের জন্য করছেন না বলে সম্পর্কে কোনো পরিবর্তন হয়েছে বলে কি আপনার মনে হচ্ছে?

আপনার আবিষ্কারের ওপর ভিত্তি করে প্রতিটা সম্পর্কের জন্য সচেতনভাবে সিদ্ধান্ত নিন।

বিকল্প ১ – পুনর্বিবেচনা করুন: যে সমস্ত সম্পর্ক সত্যিই টিকিয়ে রাখার মতো, তাদের সঙ্গে সরাসরি সম্পর্কে আরও ভারসাম্য বজায় রাখার কথা বলুন। এই কথা বলার সঙ্গে কোনো দাবি বা দোষারোপ করার ব্যাপার নেই। এতে কেবল আপনার পরিষ্কার এবং সৎ ভাবনার প্রকাশ থাকবে।

- "আমি বুঝতে পেরেছি যে দীর্ঘস্থায়ীভাবে এত প্রদান করা আমার পক্ষে সম্ভব নয়।"
- "আমি এমন একটা সম্পর্ক তৈরি করতে চাই যেখানে আমরা দু'জনেই পরস্পরের পৃষ্ঠপোষকতা করতে পারি।"
- "আমার কাছে সমর্থনের অর্থ হলো..."

বিকল্প ২ – পরিষ্কার সীমাসহ সম্মতি জানান: কিছু কিছু সম্পর্ক আশার পরিবর্তন হলেও বজায় থাকে। আপনি হয়তো সিদ্ধান্ত নিয়েছেন যে দৃঢ় সীমা বজায় রেখে কিছু আত্মীয়তার বন্ধন এবং কিছু দীর্ঘদিনের বন্ধুত্ব বজায় রাখা যেতে পারে।

বিকল্প ৩ – ছেড়ে দিন: কিছু কিছু সম্পর্ক আপনার অতিরিক্ত দেওয়ার অভ্যাসের পরিবর্তনের সঙ্গে মানিয়ে নিতে পারে না। যদিও কোনো সম্পর্কেই ছেদ দেওয়া বেদনাদায়ক, কিন্তু কখনো কখনো এই সমস্ত সম্পর্ককে ত্যাগ করাটাই একমাত্র উপায় হয়ে দাঁড়ায়।

এই কৌশল কীভাবে "ওদের সম্পূর্ণ ত্যাগ করুন" এই পদ্ধতির থেকে আলাদা? এই কৌশল আলাদা তার কারণ, এটি আপনার পর্যবেক্ষণের ওপরে নির্ভর করে তৈরি, প্রতিক্রিয়ার ওপর নির্ভর করে নয়। আপনি এক্ষেত্রে সচেতনভাবে নিজের পর্যবেক্ষণের ওপরে নির্ভর করে সিদ্ধান্ত নেন, আপনার ভয় বা আশার ওপর নির্ভর করে নয়।

যে সমস্ত মানুষেরা এমন মানুষদের সঙ্গে ঘনিষ্ঠ যারা আপনাকে অপছন্দ করে, তাদের এড়িয়ে চলুন। এই মানুষেরা খুবই ভয়ঙ্কর।

শূন্যস্থানকে মেনে নেওয়া

এই যাত্রার সম্ভবত সবথেকে কঠিন অংশ হলো, শূন্যতা পূরণ করা। আপনি যখন অন্য লোকেদের চাহিদা, আবেগ এবং তাদের জীবনের নাটকের মাধ্যমে নিজের জীবন পরিপূর্ণ করা বন্ধ করে দেন, তখন আপনি নিশ্চিতভাবেই প্রবল শূন্যতা অনুভব করেন। এই শূন্যতা সাময়িক হলেও অত্যন্ত গুরুত্বপূর্ণ। এই শূন্যতা থেকেই আপনার আসল সত্তা বেরিয়ে আসতে শুরু করে।

মনস্তত্ত্ববিদ কার্ল ইয়ুং এই শূন্যতার নাম দিয়েছিলেন, 'ক্রিয়েটিভ ভয়েড' (Creative Void) বা সৃজনশীল শূন্যতা। সত্যিকারের পরিবর্তন আসার আগে এই জাতীয় শূন্যতা অত্যন্ত প্রয়োজনীয়। এই শূন্যতাকে অন্যান্য নতুন সম্পর্ক দ্বারা পূরণ না করে, এর সঙ্গে সহাবস্থান করা শিখুন। এর ফলেই দীর্ঘস্থায়ী পরিবর্তন আসবে।

এই অনিশ্চিত সময়ে এগিয়ে যাওয়ার জন্য 'ভয়েড নেভিগেশন প্রোটোকল' (Void Navigation Protocol) প্রয়োজনীয় অবয়ব গঠন করে।

প্রথমে, এই অস্বস্তিকে মেনে নিন। এই শূন্যতা আপনার কাছে অস্বস্তিকর বলে মনে হচ্ছে তার কারণ, আপনার স্নায়ুতন্ত্র আপনাকে বলছে এই অচেনা অনুভূতি অত্যন্ত বিপজ্জনক। নিউরোসায়েন্সের গবেষণায় দেখা যায় নতুন পরিস্থিতি মস্তিষ্কের বিপদ খোঁজার তন্ত্রকে সক্রিয় করে তোলে। যার ফলে, সত্যিই কোনো বিপদ না থাকা সত্ত্বেও অ্যাংজাইটির সৃষ্টি হয়। নিজেকে স্মরণ করান, "এই শূন্যতা ক্ষতিকর নয়, এটি কেবল অচেনা। আমার মস্তিষ্ক অচেনাকে বিপজ্জনক বলে মনে করছে। কিন্তু আমি সুরক্ষিত অবস্থায় রয়েছি।"

এরপর, প্রতিদিন **'সেলফ-কানেকশন' অভ্যাস** করুন। যখন অন্য লোকেদের চাহিদার ওপরে আপনার পরিচয় তৈরি হয়, তখন নিজের চাহিদার সঙ্গে সংযোগ স্থাপন করাটাও একটা চ্যালেঞ্জ হয়ে দাঁড়ায়। এই দক্ষতা অর্জনের জন্য আপনাকে:

- একাগ্রভাবে নিজের দৈহিক অনুভূতির সঙ্গে সংযোগ তৈরি করতে হবে।
- নিয়মিত লেখার মাধ্যমে অন্য লোকেদের প্রভাবের আওতা ছাড়া আপনার নিজস্ব পছন্দ খুঁজে বার করতে হবে।
- অন্য লোকেদের আশার ওপর নির্ভর না করে আপনার আকাঙ্ক্ষার ওপরে ভর করে নিজের পছন্দ নিয়ে গবেষণা করতে হবে।

সবশেষে, এই ধাপটিকে দ্রুত শেষ করার চেষ্টা করবেন না। ট্রানজিশন সাইকোলজির ওপরে হওয়া গবেষণা থেকে জানা যায়, সময়ের আগেই শূন্যতা পূরণ, অর্থাৎ প্রয়োজনীয় পরিবর্তন হওয়ার আগেই 'ক্লোজার' (Closure) বেশিরভাগ সময়েই নতুন পরিস্থিতিতে পুরোনো অভ্যাস ফিরিয়ে আনে। নিজেকে এই মধ্যবর্তী অবস্থানে থাকার অনুমতি দিন এই মনে করে যে, আগামী দিনে যা আসছে তার তুলনায় এই সাময়িক অস্বস্তি কিছুই নয়।

ত্যাগের মুক্তি

এই কৌশলের অন্তিম পদক্ষেপ হলো আপনার যাত্রা অন্যকে বোঝানোর চেষ্টা না করা। আপনার গণ্ডি, আপনার বিকাশ, আপনার চাহিদার কথা অন্যদের বোঝানোর যে অত্যুগ্র বাসনা, তার জন্মও কিন্তু আপনার ওই পুরোনো অভ্যাস থেকেই হয়।

এক্ষেত্রে **'মিনিমাল এক্সপ্ল্যানেশন পলিসি'** গ্রহণ করুন।

- কম ঘনিষ্ঠ সম্পর্কের ক্ষেত্রে — "এটা আমার জন্য নয়।" এটা সম্পূর্ণ একটা বাক্য।
- একটু ঘনিষ্ঠ সম্পর্কের ক্ষেত্রে — "আমি আমার ভালো থাকার জন্য কিছু পরিবর্তন করছি।" কোনো বিতর্কের অবতারণা না করেই তাদের কিছু তথ্য দেওয়া।
- খুব ঘনিষ্ঠ সম্পর্কের ক্ষেত্রে — "আমি আমাদের সম্পর্ককে খুবই মূল্য দিই কিন্তু তা সত্ত্বেও আমার এই পরিবর্তনগুলো করা দরকার। আমি নির্দিষ্ট প্রশ্নের উত্তর নিশ্চয়ই দেব, কিন্তু আমার কেন এই গণ্ডি প্রয়োজন সেটা নিয়ে কোনো তর্কে যাব না।"

এই কৌশল এত শক্তিশালী, তার কারণ এটি আপনাকে মনের ভাব প্রকাশের স্বাধীনতা দেয়, আবার আপনার সেরে ওঠার জন্য গোপনীয়তার অধিকারকেও ঠিক ততটাই মর্যাদা দেয়। সকলেই যে আপনার অভ্যন্তরীণ জগতের নাগাল পাওয়ার যোগ্য তা একেবারেই নয়। আর সকলে আপনার যাত্রার কথা বুঝবেনও না। তাদের বোঝার দরকারও নেই।

একীভবন

এই কৌশলগুলি প্রতিটি আলাদা আলাদা নয়। এদের প্রত্যেকটির মধ্যে অভ্যন্তরীণ সংযোগ রয়েছে যা আপনার নতুন 'আমি'-কে গড়ে তুলতে সহায়তা করে। যাত্রা শুরু করুন 'এনার্জি এক্সচেঞ্জ অডিট'-এর মাধ্যমে যাতে আপনি বুঝতে পারেন আপনার শক্তি কোথায় খরচ হচ্ছে। 'কম্প্যাশনেট কন্টেইনার' পদ্ধতি ব্যবহার করুন তখন যখন অন্য লোক তাদের সমস্যা নিয়ে আপনার কাছে আসে। 'বাউন্ডারি রিইনফোর্সমেন্ট সিস্টেম' কাজে লাগিয়ে অপরাধবোধকে দমন করুন। 'রেসিপ্রোসিটি রিসেট'-এর মাধ্যমে একতরফা সম্পর্ক থেকে মুক্তি পান। ধৈর্য এবং আত্মসংযোগ স্থাপনের মাধ্যমে 'ক্রিয়েটিভ ভয়েড' পার করুন। এবং শেষে গিয়ে 'মিনিমাল এক্সপ্ল্যানেশন'-এর সঙ্গে একাত্ম হয়ে গিয়ে প্রকৃত মুক্তির স্বাদ পান।

নিয়মিত অভ্যাসের মাধ্যমে আপনার ভালো থাকা, যা একসময়ে বিশ্বাসঘাতকতা বলে মনে হতো, তা আপনার স্বাভাবিক সত্তায় পরিণত হয়। আপনি আবিষ্কার করেন যে, সত্যিকারের দয়াশীলতা প্রাচুর্য থেকে আসে, ক্ষয় থেকে নয়। আপনি বুঝতে পারেন যে, সত্যিকারের সম্পর্ক স্বাস্থ্যকর গণ্ডি থাকলেই প্রাণবন্ত থাকে, সমানে মানিয়ে নেওয়ার মাধ্যমে নয়। আপনার মূল্য কখনোই আপনি অন্যের ভার কতটা বইতে পারেন, তার ওপর নির্ভরশীল নয়, বরং এটা নির্ভর করে আপনার আত্মিক মূল্যের ওপরে।

এই যাত্রা আদতে স্বার্থপর হয়ে ওঠা বা অন্যের প্রতি ঠান্ডা সম্পর্ক স্থাপনের জন্য নয়। এই যাত্রা এমন এক জীবন গড়ে তুলতে সহায়তা করে যেখানে আপনি নিজের ইচ্ছে থেকে দান করেন, বাধ্য হয়ে নয়। এখানে ভালোবাসা আপনার স্বাস্থ্যের হানি ঘটায় না। যেখানে আপনি সহজেই বুঝতে পারেন যে নিজের হৃদয়ের যত্ন নেওয়াটা আপনার জন্য সবথেকে গুরুত্বপূর্ণ

কাজ। এটা করতে পারলেই আপনি সঠিক উপায়ে অন্যদের প্রতি যত্নশীল হয়ে উঠতে পারবেন।

এবার যখন আপনি ত্যাগ দেওয়ার সমস্যা এবং অতিরিক্ত ব্যাখ্যা করার চ্যালেঞ্জ সম্পর্কে অবহিত হয়েছেন, এখন আপনার আরও গভীর একটা সত্য বুঝে নেওয়ার সময়। কোনো কোনো সময়ে আপনি যে সম্পর্কগুলো নিয়ে এগিয়ে চলতে চাইছেন তারা যে কেবল দুরূহ তাই নয়, বরং তারা ইচ্ছাকৃতভাবে ম্যানিপুলেটিভ। পরবর্তী অধ্যায়ে আপনি দেখতে পাবেন কীভাবে আপনি এমন একজনকে চিহ্নিত করবেন যিনি ইচ্ছাকৃতভাবে আপনার বাস্তবকে মেনে নিতে অস্বীকার করছেন। একইসঙ্গে আপনি বুঝতে পারবেন কেন এই চিনতে পারাটা সত্যিকারের স্বাধীনতার দিকে প্রথম গুরুত্বপূর্ণ পদক্ষেপ।

চতুর্থ পর্ব

সহ্যের শেষ সীমা—
চিনতে এবং বুঝতে পারা

দশম অধ্যায়

লুকোনো ম্যানিপুলেশন: কখন অন্যে আপনাকে সমস্যা হিসেবে খাড়া করছে তা চিনতে পারা

কখনো একজন নার্সিসিস্টের কাছে নিজের সমর্থনে কিছু বলবেন না। ওরা ইতিমধ্যেই জানে যে আপনিই ঠিক, ওরা কেবল চায় সেটা প্রমাণ করার জন্য আপনি নিজের মাথা খারাপ করে ফেলুন।

শুরুটা খুব সূক্ষ্মভাবে হয়। এখানে একটা মন্তব্য, ওখানে একটা অবজ্ঞাসূচক প্রতিক্রিয়া। আপনি আহত হয়েছেন এমন কিছুর কথা তুললেই ক্ষমাপ্রার্থনার জায়গায় অপর পক্ষ আপনার দিকে বিভ্রান্তের মতো তাকিয়ে বলে, "এরকম তো কখনোই হয়নি।" কিংবা হয়তো সেটা হয়েছিল, কিন্তু আপনাকে বলা হলো যে আপনি একটু বেশিই প্রতিক্রিয়াশীল হয়ে পড়ছেন। আপনি একটু বেশি সংবেদনশীল, বা আপনি তিলকে তাল করছেন। প্রথম প্রথম আপনি নিজেকে প্রশ্ন করতে থাকেন, "আমি কি তাহলে ওটা ভুল বুঝলাম? আমি কি সত্যিই তিলকে তাল করছি?" কিন্তু সময়ের সঙ্গে এই সন্দেহটা বাড়তে থাকে এবং দেখতে দেখতে আপনি নিজের বাস্তবটা কী, সেটা নিয়েই প্রশ্ন করতে শুরু করেন।

এটাকে 'গ্যাসলাইটিং' (Gaslighting) বলে। এটি এক ধরনের মানসিক ম্যানিপুলেশন যেটা আপনাকে নিজের চিন্তাভাবনা, আবেগ এবং কোনো ঘটনার স্মৃতির যথার্থতা নিয়েও প্রশ্ন করতে বাধ্য করে। আপনার সঙ্গে অন্য লোকের মতের মিল হচ্ছে না, বা আপনাদের দৃষ্টিভঙ্গি মিলছে না, তা কিন্তু এটা নয়। এক্ষেত্রে একজন সক্রিয়ভাবে আপনাকে অনুভব করায় যে আপনার অভিজ্ঞতার কোনো মূল্য নেই, আপনার আবেগ হলো আসলে একটা ঝামেলা, এবং এই নিয়ে কথা বলার জন্য আসলে আপনিই মূল সমস্যা। যেকোনো রকমের সম্পর্কের ক্ষেত্রেই গ্যাসলাইটিং করা যেতে পারে; তা সে সম্পর্ক প্রেমের হোক, বন্ধুত্বের হোক, পারিবারিক হোক বা কর্মক্ষেত্রের হোক। এটা ম্যানিপুলেশনের অন্যতম খারাপ দিক, তার কারণ এই কৌশল ব্যবহার করে আপনাকে নিজের ওপরে এতটাই অবিশ্বাস করতে বাধ্য করা হয় যে আপনি নিজের সিদ্ধান্তের ওপর আর ভরসা রাখতে পারেন না। আর আপনি যখন নিজের ওপর ভরসা করা বন্ধ করে দেন তখন অন্য লোকের পক্ষে নিজের মতো করে গল্প বানানোটা সোজা হয়ে যায়।

নার্সিসিস্টদের বক্তব্য হলো: আমি কী করেছি আর বলেছি
সেটা অন্য লোকেদের বলে আমার সম্মান নষ্ট করার
সাহস তোমার হলো কী করে!

এর সবথেকে ভয়ঙ্কর দিক কোনটি? গ্যাসলাইটিং আপনার মধ্যে শুধুমাত্র পরিস্থিতি সম্পর্কে প্রশ্ন জাগিয়ে তোলে না—আপনি নিজেকেও প্রশ্ন করতে থাকেন। আপনি মনে মনে ভাবতে থাকেন, হয়তো সত্যিই আপনি একটু অতিরিক্ত প্রতিক্রিয়া দেখিয়ে ফেলেছেন। হয়তো সত্যিই আপনি বড্ড বেশি আশা করেন। হয়তো সত্যিই আপনি সমস্ত সমস্যার মূল। আর একবার যদি এই সন্দেহ আপনার মনের মধ্যে ঢুকে যায় তবে নিজের জন্য রুখে দাঁড়ানোটা আপনার জন্য আরো কঠিন হয়ে পড়ে, তার কারণ আপনি বুঝতেই পারেন না যে আপনার অনুভূতিগুলো আদৌ সঠিক না বেঠিক।

গ্যাসলাইটিং-এর সবথেকে বড় বিপদ সংকেত হলো যখন কেউ আপনার অনুভূতি স্বীকার করতে চায় না। কথা শোনার পরিবর্তে তারা সেটাকে ছোট করে, অগ্রাহ্য করে অথবা গোটা আলোচনাটাকে আপনার দিকে ঘুরিয়ে দেয়। তারা এমন কথাও বলতে পারে:

"তুমি এসব কল্পনা করছ।"
"তুমি বড্ড নাটক করছ।"
"তুমি সবসময় ছোট ছোট জিনিস নিয়ে ঝগড়া করো।"
"আমি এ কথা কখনো বলিনি।"
"তুমি সবসময় কেন সবকিছুর অন্য মানে করো?"
"তুমি এটা ঠিকমতো মনে করতে পারছ না।"

খেয়াল করে দেখেছেন কি, এই প্রতিক্রিয়াগুলির কোনোটাই আপনার অনুভূতির কথা বলে না? দায়িত্ব নেওয়ার বদলে তারা এই কথাটার অবতারণা করে যে আপনি ভুল করেছেন—এরমভাবে আপনার দিকে দৃষ্টি ঘুরিয়ে দেয়। এটাই গ্যাসলাইটিং-এর লক্ষ্য: আপনি এতটাই নিজের ওপর থেকে বিশ্বাস হারিয়ে ফেলবেন যে তাদের আর কোনো প্রশ্নই করবেন না।

যখন লোকেরা জানে যে তারা আপনার সঙ্গে অন্যায় করেছে, তারা আপনাকে এড়িয়ে চলবে।

যখন অপরাধী নির্যাতিত হওয়ার অভিনয় করে

যারা আপনাকে ম্যানিপুলেট করতে পারবে না তারা সবাই আপনাকে পাগল বলবে।

কিন্তু লোকে ম্যানিপুলেশনের জন্য কেবলমাত্র গ্যাসলাইটিং ব্যবহার করে না। কিছু লোক আছে যারা আপনাকে আঘাত করবে এবং তারপর এমন অভিনয় করবে যেন আপনি তাদের আঘাত করেছেন। তারা আপনার বিশ্বাস ভঙ্গ করবে, মিথ্যা কথা বলবে, ম্যানিপুলেট করবে অথবা আপনার সঙ্গে দুর্ব্যবহার করবে, আর এই সবকিছুর পর যখন আপনি তাদের থেকে দূরে চলে যাবেন অথবা তাদের সমস্ত অন্যায় জনসমক্ষে নিয়ে আসবেন, হঠাৎ করে দেখতে পাবেন তাদের প্রচুর কষ্ট হচ্ছে। হঠাৎ করে আপনি দেখবেন তারাই হচ্ছে নির্যাতিত এবং তাদের এই ব্যবহার সহ্য না করার জন্য আপনিই নির্দয়।

যখন যে লোকটা ক্ষতি করেছে সে পুরো গল্পটাকে বদলে ফেলে নিজেকে

নির্দোষ বলে প্রতিপন্ন করে এবং আপনাকে সমস্যার মূল বলে দর্শায়—যেকোনো লোকের ক্ষেত্রেই এটা অন্যতম হতাশাজনক এবং মানসিকভাবে ক্লান্তিকর একটা অভিজ্ঞতা। এটা শুধুমাত্র ম্যানিপুলেশন নয়, এটা বাস্তব ঘটনার একটা সম্পূর্ণ নতুন সংস্করণ।

তাহলে লোকে এটা করে কেন? কেন কিছু লোক কোনোরকম দায়িত্ব না নিয়ে বিভিন্ন পরিস্থিতিতে নিজেকে ভিকটিম প্রতিপন্ন করে, যেখানে তারাই আসলে দোষী?

১. দায় এড়ানোর জন্য

নিজেদের কাজের দায় নেওয়ার জন্য তাদের আগে সত্যিটা স্বীকার করতে হবে এটা বলতে হবে যে তারা আসলে দোষী, তারা কাউকে আঘাত করেছে আর তাদের নিজেদের বদলানো উচিত। কিন্তু বদলাতে গেলে কষ্ট সহ্য করতে হয় এবং দায় নিতে গেলে প্রচেষ্টার প্রয়োজন। এর থেকে অনেক সোজা হলো গল্পটা বদলে দেওয়া। নিজেরা কী করেছে সেটা স্বীকার করার বদলে তারা আপনাকে তাদের ব্যবহারের বিরুদ্ধে প্রতিক্রিয়া দেওয়ার জন্য যুক্তিবিমুখ বলে প্রতিপন্ন করে।

হয়তো তারা মিথ্যা কথা বলেছে বলে আপনি রাগ করেছেন। আপনার কাছে ক্ষমা চাওয়ার পরিবর্তে তারা বলবে, "আমি বিশ্বাসই করতে পারছি না এইটুকু ছোট ঘটনার জন্য তুমি এত কথা বলছ। তুমি সবসময় আমার ওপর রাগ করার জন্য কোনো না কোনো কারণ খুঁজতে থাকো।" হয়তো তারা আপনার তৈরি গণ্ডি মানেনি এবং শেষ পর্যন্ত যখন আপনি অনমনীয় মনোভাব দেখান তারা বলে, "তুমি আমার সঙ্গে খুব ঠান্ডা এবং পরের মতো (অচেনার মতো) ব্যবহার করছ। আমি জানি না কেন তুমি আমার সঙ্গে এরকম করছ।" হয়তো তারা সমানে আপনার উদারতার সুযোগ নিয়ে গিয়েছে এবং যখন আপনি শেষ পর্যন্ত তাদের সাহায্য করা বন্ধ করেন তারা বলে, "মনে হচ্ছে তুমি কখনোই আমার জন্য তেমন ভাবোনি।"

আপনি কি খেয়াল করছেন কী হচ্ছে? এরা কখনোই নিজেরা কী করেছে তা বলছে না। এরা কখনো ক্ষমাও চাইছে না। বরং নিজেদের আচরণের পরিবর্তে এরা আপনার প্রতিক্রিয়াকে সমস্যা হিসেবে তুলে ধরছে। এটা দায় এড়ানোর জন্য ম্যানিপুলেশনের সবথেকে সাধারণ কৌশল।

২. গল্প নিয়ন্ত্রণের জন্য

যে মুহূর্তে তাদের মনে হয় যে আপনার ওপর থেকে তাদের ক্ষমতা কমে যাচ্ছে তারা গল্পে পরিবর্তন আনে। আর এই নতুন সংস্করণে তারা হলো নির্যাতিত এবং আপনি হলেন দোষী।

ছোট ছোট ঘটনা তারা বড় করে দেখায়। তবে খুব চতুরতার সঙ্গে সব থেকে গুরুত্বপূর্ণ মুহূর্তগুলো তারা গল্পে রাখে না। অথবা তারা সত্যিটাকেই এমনভাবে ঘুরিয়ে-পেঁচিয়ে পেশ করে যাতে মনে হয় তারাই নির্দোষ। হঠাৎ করে আপনি দেখবেন তারা আপনাকে কেবল সাহায্য করতে চাইছিল এবং আপনি ঠিকমতো বুঝতে না পেরে মাত্রাতিরিক্ত প্রতিক্রিয়া দেখিয়ে ফেলেছেন। হঠাৎ করে দেখা যাবে যে তারা আপনাকে আঘাত করতে চায়নি। এখানে আপনি অন্যায়ভাবে তাদের আক্রমণ করছেন।

আর যদি তারা অন্য লোকেদের এই গল্প বিশ্বাস করাতে পারে তাহলে? তাহলে তো আরো ভালো। কেউ যদি একটুও শুনতে চায় তাহলে তারা তাদের গল্পটা বলবে। তারা জানাবে, আপনি তাদের কতটা কষ্ট দিয়েছেন, কীরকমভাবে তারা বুঝতেই পারে না আপনি কেন এত বদলে গিয়েছেন, কেমন করে তারা সবকিছুই আপনার জন্য করেছে আর আপনি এইভাবে তাদের কর্মের প্রতিদান দিচ্ছেন। এখানে তারা সহানুভূতি চায়। তারা অ্যাটেনশন চায়। সবথেকে বেশি করে চায় এটা নিশ্চিত করতে যাতে অন্য কেউ সত্যি কথাটা জানতে না পারে।

আপনি কারো সম্পর্কে কোনো কিছু শুনলে সেটা সম্পর্কে সতর্ক থাকবেন। হয়তো আপনি এ কথাটা সমস্যার মূলে যে আছে তার কাছ থেকেই শুনছেন।

৩. কারণ তারা সত্যি নিজেদের বলা মিথ্যে কথায় বিশ্বাস করে

কিছু লোক নির্যাতিত হওয়ার অভিনয় করে না তারা সত্যিই নিজেদের নির্যাতিত বলে মনে করে। তারা নিজেদের ক্রিয়াকলাপের থেকে এতটাই বিচ্ছিন্ন যে তারা বুঝতেও পারে না, তারা আসলে মানুষের কতটা ক্ষতি করেছে। তারা মনে করে যে তারা কখনো কারোর কোনো ক্ষতি করতেই পারে না। যেকোনো সময়ে তাদের জীবনে কোনো রকমের অসুবিধা কারো না কারো দোষের কারণে

হয়। তারা নিজেদের কাজ নিয়ে ভাবে না, নিজেদের ক্রিয়াকলাপ বিশ্লেষণ করতে চায় না এবং কিছুতেই মানসিকভাবে আরও বিকশিত হতে চায় না।

এই জাতীয় মানুষেরা সারা জীবন ধরে নির্যাতিত হয়েই থাকে। সারা পৃথিবী এদের শত্রু। যাই হোক না কেন, এরা মনে করে যে তাদের সঙ্গে সর্বদা অন্যায় করা হয়ে থাকে। এমনকী তখনো যখন তারাই ক্ষতিটা করছে। যদি আপনি তাদের সঙ্গে এই নিয়ে সরাসরি কথা বলেন, দেখবেন তারা সেটাকে আত্মবিশ্লেষণের সুযোগ হিসেবে মনে করবে না। বরং তারা মনে করবে যে আপনি তাদের আক্রমণ করছেন। কাজেই আপনার কথা শোনার পরিবর্তে তারা আত্মরক্ষা করতে ব্যস্ত হয়ে পড়বে এবং আপনি তাদের সঙ্গে কথা বলার সাহস দেখিয়েছেন বলে আপনাকেই দোষী ঠাওরাবে।

৪. আপনার আবেগকে ম্যানিপুলেট করার জন্য

যে সমস্ত লোক নিজেদের নির্যাতিত বলে মনে করে তাদের সবথেকে বিপজ্জনক দিকটি হলো, তারা জানে কী করলে আপনি নিজেকেই সন্দেহ করতে শুরু করবেন। তারা আপনার সহানুভূতি আপনার বিরুদ্ধেই ব্যবহার করে। এর ফলে আপনি নিজের সমর্থনে কথা বলার জন্য অপরাধবোধে ভুগতে থাকেন।

তারা কান্নাকাটি করে। তারা সমানে বলে যে তাদের জীবন ঠিক কতটা কঠিন। তারা জীবনে যে যে সমস্যার সম্মুখীন হয়েছে তার কথা সমানে টেনে আনে। যার ফলে আপনার মনে হয় যে আপনি তাদের সঙ্গে খুবই রূঢ় ব্যবহার করছেন বা আপনি তাদের ক্ষমা না করে খুব ভুল করছেন। আর যেহেতু আপনি কিছুতেই নিজেকে খারাপ মানুষ হিসেবে দেখতে চান না, কাজেই আপনি নরম হয়ে পড়ে তাদের হাতে পূর্বের মতো ক্ষমতা তুলে দেন। আপনি ফের তাদের দুর্ব্যবহার সহ্য করতে থাকেন, কারণ আপনি তাদের আঘাত দিতে চান না। কিন্তু সত্যিটা হলো, আপনি যে কষ্ট পাচ্ছেন, এ নিয়ে তাদের বিশেষ মাথাব্যথা নেই। তারা কেবল তাদের প্রতি আপনার প্রতিক্রিয়া নিজেদের ইচ্ছামতো নিয়ন্ত্রণ করতে চান।

আমার মানসিক আঘাতের একটিও আমার শত্রুদের দেওয়া নয়। সেগুলি সবক'টাই এমন লোকে দিয়েছে যারা আমাকে সবথেকে ভালোবাসে বলে দাবি করে।

৫. তার কারণ এটি আগেও কার্যকর হয়েছে

যে সমস্ত মানুষেরা নিজেদের নির্যাতিত বলে প্রমাণ করতে চায়, তারা এটা করে কারণ এটা করে তারা আগেও সুবিধা পেয়েছে। এই ছক তারা একাধিকবার ব্যবহার করেছে। এই ছক ব্যবহার করে যদি তারা দায়িত্ব নেওয়া থেকে অব্যাহতি পেতে পারে, তাহলে তারা এখন কেন এর ব্যবহার বন্ধ করবে?

তারা শিখে নিয়েছে যে, যদি তারা কান্নাকাটি করে, তারা খুব দুঃখ পেয়েছে এমন ভাব দেখায়, যদি তারা খুব অশান্তি করে, তাহলে লোকে তাদের হয়ে কথা বলবে। তারা বুঝে গিয়েছে যে, যতক্ষণ তারা নিজেদের নির্যাতিত হিসেবে প্রতিপন্ন করতে পারবে, কেউ তাদের জিজ্ঞাসাও করবে না যে তারা এই জায়গায় পৌঁছোল কী করে? আর তারা যদি একবার আপনার মনে অপরাধবোধ জাগিয়ে তুলতে পারে, যদি কোনোভাবে আপনার নিজের সিদ্ধান্তের ওপরে প্রশ্ন তুলে দিতে পারে, তাহলেই তারা জিতে যাবে। তারা সমস্ত পরিস্থিতি থেকে একটুও প্রভাবিত না হয়েও চলে যেতে পারে, যেখানে আপনি বসে বসে ভাবতে থাকবেন যে সত্যিই আপনি দোষী কি না।

এই আচরণকে বলা হয় 'সাইকোলজিক্যাল প্রজেকশন' (Psychological Projection)। এটি একটি ডিফেন্স মেকানিজম, সিগমুন্ড ফ্রয়েড যেটিকে শনাক্ত করেন এবং পরে জর্জ ই. ভ্যালিয়েন্ট-এর (১৯৯২) মতো গবেষকেরা সেটি নিয়ে আরও কাজ করেন। যখন কেউ নিজের নেতিবাচক আচরণ আপনার ওপরে প্রক্ষেপ করে, তারা নিজেদের ভাবমূর্তি বজায় রাখার জন্য নিজেদের অজান্তেই অপ্রীতিকর কাজকর্ম বা অনুভূতি অন্য লোকেদের ওপরে ন্যস্ত করে। কগনিটিভ সাইকোলজির বিভিন্ন গবেষণায় দেখা গিয়েছে যে, এই আত্ম-ছলনা লোকেদের ক্ষতিকর আচরণ করা সত্ত্বেও একটা ইতিবাচক ভাবমূর্তি বজায় রাখতে সহায়তা করে (বান্দুরা, ১৯৯৯)। নিজেদের নির্যাতিত প্রতিপন্ন করে তারা নিজেদের কাজ এবং ভালো মানুষের আকাঙ্ক্ষিত ভাবমূর্তির মাঝের অসঙ্গতি দূর করে।

আপনি যদি সমানে লোকের হাতে 'স্ট্র' (Straw-
চোষক নল বা অস্ত্র) ধরিয়ে দেন তাহলে তারা আপনার
জীবনীশক্তি শুষে নিচ্ছে বলে রাগ করতে পারেন না।
নিজের মানসিক শান্তি বজায় রাখুন...সরে যান।

ম্যানিপুলেশন চিনতে শিখুন এবং নিজের বাস্তব পুনরুদ্ধার করুন

তাহলে এবার আপনি কীভাবে বুঝতে পারবেন যে আপনাকে ম্যানিপুলেট করা হচ্ছে? কারোর সঙ্গে কথা বলার পর ভালো না লাগাটা একটা লক্ষণ। আপনি হয়তো কোনো কিছু নিয়ে ক্ষুব্ধ ছিলেন এবং সেই নিয়ে কথা বলতে চাইছিলেন, কিন্তু শেষ পর্যন্ত কথা বলার পরে আপনার নিজেকে অপরাধী বলে মনে হয়, আপনি বিভ্রান্ত হয়ে পড়েন, এমনকী আপনার ক্ষমা চাওয়া দরকার বলেও মনে হতে পারে। যদিও কথা বলার আগে আপনার নিজেরই কিছু একটা নিয়ে সমস্যা ছিল।

আরেকটা লক্ষণ হলো, আপনার নিজের আবেগকে সন্দেহ করতে শুরু করা। কোনো কথা বলার আগে আপনি ইতস্তত করতে থাকেন কারণ আপনার মনে হয় যে আপনাকে বলা হবে যে আপনি অতিরিক্ত প্রতিক্রিয়াশীল হচ্ছেন। সমস্ত কথোপকথন আপনি মনে মনে পুনরাবৃত্তি করতে থাকেন আর ভাবতে থাকেন হয়তো আপনারই দোষ। আপনি নিজের অভিজ্ঞতা নিয়েই সন্দিহান হয়ে পড়েন, তার কারণ আপনার ভুল সম্বন্ধে অন্য মানুষটি এতটাই নিশ্চিত।

যে কথাটা আপনার সবসময় মনে রাখা দরকার তা হলো, **আপনার অনুভূতিগুলি সবই বাস্তব।** কোনো কারণে আপনার মনে ক্ষোভ উৎপন্ন হওয়াটা অত্যন্ত গুরুত্বপূর্ণ। যে মানুষ সত্যিই আপনার কদর করে, সে কিছুতেই অন্য কিছু ভাবতে দেবে না। আপনার সঙ্গে একমত যদি না-ও হয় তবুও সে মন দিয়ে আপনার কথা শুনবে।

কিছু লোক এমন ভান করে যেন আপনি খুব খারাপ
লোক, তাতে তারা আপনার সঙ্গে যা করেছে তা নিয়ে
অপরাধবোধে ভুগতে হয় না।

তাহলে, এই পরবর্তী কৌশলে আপনি বুঝতে পারবেন কখন আপনার নিজেকে ম্যানিপুলেটিভ সম্পর্কের থেকে দূরে সরিয়ে নিয়ে যেতে হবে।

প্রথমত, সংশয়ের পদ্ধতি লক্ষ্য করুন। যদি কথা বলার পরে আপনি নিয়মিতভাবে নিজের দৃষ্টিভঙ্গি নিয়ে সন্দিহান হয়ে পড়েন, তাহলে জানবেন তা কাকতালীয় নয়। এটি আপনার বাস্তববোধ ক্ষইয়ে দেওয়ার ইচ্ছাকৃত প্রয়াস।

দ্বিতীয়ত, এই বাস্তব বদলের ঘটনাগুলির নথিভুক্ত করুন। যখন কেউ সমানে ইতিহাসে বদল আনে, তখন নথি রাখাটা দরকার। আলাদা করে নিজস্ব একটি ডায়েরিতে আসল ঘটনাটা কী হয়েছিল তা লিখে রাখুন। এই নথি দিয়ে আপনি তাদের কাছে কিছু প্রমাণ করতে পারবেন না (এতে খুব একটা কিছু হয়ও না), কিন্তু এটা আপনাকে প্রবল দ্বন্দ্বের মধ্যেও বাস্তবের সঙ্গে সংযুক্ত থাকতে সহায়তা করবে।

তৃতীয়ত, সেই সময়ের জন্য অপেক্ষা করুন, যখন আত্মরক্ষা করাটা আপনার পূর্ণসময়ের কাজে পরিণত হবে। যখন আপনি নিজের অভিজ্ঞতার সত্যতা প্রমাণ করতে করতে ক্লান্ত হয়ে পড়েন, তখন বুঝতে হবে এটা কমিউনিকেশন সংক্রান্ত সমস্যা নয়। এটা ম্যানিপুলেশনজনিত সমস্যা।

এবং সবশেষ, বুঝে নিন যে দূরত্ব অনেক সময়েই স্বচ্ছতা আনতে সহায়তা করে। কিছু কিছু সময়ে আপনি ম্যানিপুলেশনের মাত্রাটা ততক্ষণ পর্যন্ত বুঝতে পারেন না, যতক্ষণ না আপনি সেখান থেকে বেরোতে পারছেন। এটা কেবলমাত্র সীমা স্থাপনের সঙ্গে জড়িত নয়। এটা বাস্তবকে নিয়ে আপনার নিজস্ব দৃষ্টিভঙ্গি বজায় রাখা এবং সেটাকে বিশ্বাস করার মৌলিক অধিকার।

নির্যাতিত হিসেবে অভিনয় করতে ভালোবাসে এমন একজন লোককে সামলানোর জন্য নিজের বাস্তবের ওপরে বিশ্বাস রাখা প্রয়োজন। যদি কেউ আপনাকে পাগল বলে প্রতিপন্ন করতে চায়, একটু থেমে নিজেকে জিজ্ঞাসা করুন, ঠিক কী হয়েছিল? প্রকৃত ঘটনার সঙ্গে নিজের সম্পর্ক গড়ে তুলুন। ওই ঘটনা নিয়ে তাদের নতুন গল্প লিখতে দেবেন না।

তাদের তৈরি অপরাধবোধের চক্রে জড়াবেন না। যদি পরিস্থিতির দায় এড়ানোর জন্য তারা নিজেদের নির্যাতিত বলে প্রতিপন্ন করতে চায়, সেই ফাঁদে পা দেবেন না। যদি তারা সত্যিই দুঃখিত হয়, তাহলে ঘটনার অন্যরকম মানে না করে তারা অন্তত নিজেদের আবেগের দায়িত্ব নেওয়ার চেষ্টা করবে। কিছু লোকের যে কখনোই পরিবর্তন হওয়া সম্ভব নয়, তা বুঝে নিন। কেউ যদি নিজের আচরণের দায়িত্ব নিতে না চায়, তাহলে আপনি কিছুতেই তাদের বোঝাতে সক্ষম হবেন না। কাজেই তাদের বোঝানোর জন্য নিজের শক্তিক্ষয় বন্ধ করুন। কারণ একবার যদি আপনি নিজেকে সন্দেহ করা বন্ধ করে দেন, এবং একবার যদি অন্য কাউকে আপনার বাস্তব পরিবর্তন করতে না দেন,

তাহলে আপনি আপনার ক্ষমতা পুনরায় ফিরে পাবেন। আর এটা কোনো ম্যানিপুলেটরই হতে দিতে চায় না।

একজন নার্সিসিস্টকে যখন সে করেছে এমন কাজের জন্য দায়ী করা হয়, তখন তার থেকে বেশি রাগ আর কেউ করে না।

একবার যদি আপনি ম্যানিপুলেশন কেমন হয় তা বুঝতে পেরে যান, আপনি ধীরে ধীরে সহ্যের শেষ সীমায় পৌঁছে যাবেন, যেখানে আপনার এই জানাটা কাজে রূপান্তরিত হবে। তখন চিহ্নিতকরণেই ইতি না টেনে মানসিক স্বচ্ছতা এবং সাহস জোগাড় করে বলে উঠতে হবে, "যথেষ্ট হয়েছে!"

একাদশ অধ্যায়

শেষবারের মতো তারা আপনাকে এরকম অনুভব করাবে: কখন ছেড়ে চলে যেতে হবে তা জানা

খুবই দুঃখিত, কিন্তু যে মানুষটি সমানে আপনার মানসিক স্বাস্থ্য ধ্বংস করে চলেছেন তিনি কিছুতেই আপনার জীবনের শ্রেষ্ঠ প্রেম হতে পারেন না।

একটা সময় আসবে যখন আপনি নিজে থেকেই বাস্তবটা জেনে যাবেন। হয়তো সেটা খুব নাটকীয় হবে না। হয়তো বিস্ফোরক কোনো ঘটনাও ঘটবে না। হয়তো আপনাদের মধ্যে শেষবারের মতো কোনো কথাবার্তাও হবে না। খালি আপনার মনে একটা অনুভূতির জন্ম হবে। একটা নিঃশব্দ চেতনা, যা আপনাকে বলবে এটা আর চলতে পারে না। আপনি বুঝতে পারবেন যে, আপনি অনন্তকাল ধরে অপেক্ষা করছিলেন, আশা করছিলেন, অজুহাত দিচ্ছিলেন, ব্যাখ্যা দিচ্ছিলেন— কিন্তু কীসের জন্য? আরও একবার হতাশ হওয়ার জন্য? আরও একটা অজুহাত দেওয়ার জন্য? আরও একটা ঘটনাপ্রবাহের জন্য, যেটা আপনাকে আরও একবার কষ্ট দেবে, ক্লান্ত করবে এবং আরও একবার আপনার নিজেকে অদৃশ্য বলে মনে হবে, তার জন্য?

আপনি নিজেকে সমানে বলতে থাকেন যে হয়তো এবার সবকিছু বদলে যাবে। হয়তো ওরা এবার বুঝতে পারবে। হয়তো এবার তারা ঘুম ভেঙে উঠে

বুঝতে পারবে কী মূল্যবান সম্পদ তাদের কাছে রয়েছে। যদি আপনি আর একবার বুঝিয়ে বলেন, তাহলে হয়তো ওরা বুঝবে। কিন্তু সেটা কখনোই হবে না। ওরা কখনোই আপনার কথা শুনবে না। ওরা ঠিক ততটুকুই করবে যতটা করলে আপনি তাদের জীবনে থাকবেন এবং কেবল আশা করে যাবেন। আর প্রতিবার আপনি নিজেকে আরও একটু থেকে যেতে বলেন, ওদের আরও একটা সুযোগ দিতে বলেন, নিজেকে আরও একটু গুটিয়ে নেন যাতে আপনার চাহিদায় ওদের কোনোরকমের অসুবিধা না পড়ে।

কিন্তু একদিন কিছু একটা পরিবর্তন হয়। হয়তো খুবই ছোট একটা ঘটনা, যেটা হয়তো আগে খুব একটা বড় কিছু বলে মনে হয়নি। একটা মন্তব্য যেটা এবারে আলাদা বলে মনে হলো। একটা নৈঃশব্দ্য যার অভিঘাত কথার থেকেও বেশি বলে বোধ হয়। একটা অনুভূতি যে, এবার আর আপনি সচকিত হচ্ছেন না, আপনি কেবল ক্লান্ত। ক্লান্ত এটা বুঝতে পেরে যে, আপনিই একমাত্র ব্যক্তি যিনি এই পরিস্থিতিতে বদল আনতে চান। আপনি এইরকমের একটা সম্পর্ক, একটা বন্ধুত্ব, একটা পরিস্থিতিতে থাকতে থাকতে ক্লান্ত হয়ে পড়েছেন যা আপনার থেকে শুধু নিয়েই যায়, বদলে দেয় না কিছুই। তারা আসলে কেমন মানুষ সেটা মেনে নেওয়ার পরিবর্তে তারা কেমন হতে পারত, সেই কল্পনাটাকে আপনি আঁকড়ে ধরে রয়েছেন।

আর এই সময়েই আপনি বুঝতে পারেন যে—**এই শেষ।**

এই শেষবার তারা আপনাকে নিজেকে মূল্যহীন বলে ভাবতে বাধ্য করাবে। এই শেষবার যখন তাদের অসংলগ্নতা আপনার মানসিক শান্তির পথে বাধা হয়ে দাঁড়াবে। এই শেষবার আপনি তাদের নিজস্ব নিরাপত্তাহীনতার কারণে নিজের ওপর সন্দেহ করবেন। এই শেষবারের মতো আপনি তাদের নিজের হৃদয় দান করছেন, যখন তারা কখনো প্রমাণ করতে পারেনি যে তারা এর যোগ্য। এই শেষবার আপনি কারো কাজকর্মের দিকে না তাকিয়ে তার ভিতরের সম্ভাবনা দিয়ে তাদের বিচার করবেন।

কারণ এইবার, আপনি কেবল মুখে বলছেন না যে আপনি আর পারছেন না, এবার আপনি সত্যিই আর পারছেন না।

ছেড়ে চলে যাওয়ার কারণ সবসময়ে যে খুব বড় বিশ্বাসঘাতকতা হয়, তা নয়। কখনো কখনো মানুষ সবথেকে বড় ব্যথা পায় যখন তারা এটা বুঝতে

পারে যে, তাদের সবথেকে প্রিয় মানুষটা তাদের সম্পর্ক টিকিয়ে রাখার জন্য ততটাও এগোনোর জন্য প্রস্তুত নয়।

তারা আপনাকে ঠিক সেভাবে ভালোবাসে না, যেভাবে আপনি চান। তারা কোনোভাবেই বদলাতে রাজি নয়, সে তারা মুখে যতবারই বলুক না কেন যে তারা বদলাবে। আর এটা মেনে নেওয়া খুবই কঠিন—তার কারণ আপনার মনে তাদের যে সত্তার ছবি রয়েছে সেটাও আপনাকে ছেড়ে দিতে হবে।

বেশিরভাগ সময়ে যে সমস্ত বিষয় অনুমান করার জন্য
আমাদের পাগল বলা হয়, দেখা যায়, সেগুলো সত্যি।

আপনি যে আশা আঁকড়ে বেঁচে রয়েছিলেন, তার জন্য আপনাকে কষ্ট পেতে হবে। আপনি যদি আর একটু চেষ্টা করতেন, আরও একটু বেশি ভালোবাসতেন, যদি আপনি একেবারে ঠিক কথাটা বলতেন, তাহলে হয়তো ওরা শেষ পর্যন্ত আপনার মূল্য বুঝতে পারত—এই ভাবনা আপনাকে ত্যাগ করতে হবে। আসল কথাটা হলো, **সঠিক লোকেদের আপনার কদর করতে রাজি করাতে হয় না।**

কাজেই, এই শেষবার আপনি তাদের কাছে ছোট হচ্ছেন। এই শেষবার আপনি চেষ্টার অভাবের অজুহাত দিচ্ছেন। এই শেষবার আপনার যা পাওয়ার কথা তার থেকে কম জিনিস আপনি গ্রহণ করছেন। আপনাকে বিশ্বাস করতে হবে আপনার মানসিক শান্তি তাদের উপস্থিতির থেকে বেশি গুরুত্বপূর্ণ। আপনার আত্মসম্মান নিয়ে তর্ক করা চলবে না। কাউকে ভালোবাসার অর্থ এই নয় যে আপনি দুর্ব্যবহার, মানসিক অসংলগ্নতা বা একতরফা প্রচেষ্টা স্বীকার করে নেবেন। সত্যিটা হলো, যে মুহূর্তে আপনি সত্যি সত্যিই ছেড়ে চলে যাওয়ার কথাটা স্থির করবেন আপনি মনে মনে বুঝতে পারবেন যে আপনি একদম সঠিক সিদ্ধান্ত নিয়েছেন। আর তখনই আপনি অনুভব করবেন যে **এই শেষবারের মতো তারা আপনাকে এইরকম বোধ করাতে পারছে।** কারণ এরপরে আপনি আর কখনোই এরকম ব্যবহার সহ্য করবেন না।

কোনো কিছুর ব্যাখ্যা পাওয়া বা ক্ষমাপ্রার্থনাই 'ক্লোজার' (Closure) নয়। ক্লোজারের আসল অর্থ হলো মনে মনে এটা স্বীকার করে নেওয়া যে ব্যাখ্যা বা ক্ষমাপ্রার্থনা কোনোটাই হয়তো আপনি পাবেন না। এর অর্থ এইটা বুঝে নেওয়া যে এটা ইচ্ছার ব্যাপার। এটা কেউ আপনাকে দিতে পারে না। সমস্ত

অপমানেরই জবাব দেওয়ার প্রয়োজন নেই। সমস্ত ভুল-বোঝাবুঝির ব্যাখ্যার প্রয়োজন হয় না। আর সবথেকে গুরুত্বপূর্ণ হলো, সমস্ত টক্সিক পরিস্থিতিতে আপনার উপস্থিতি প্রয়োজন নেই।

আপনার জীবনে তাদের অনুপস্থিতিতে যে শান্তি
আপনি পান, সেটার জন্য তাদের গল্পে খলনায়ক
হওয়াটা কোনো ব্যাপারই নয়।

ছেড়ে চলে যাওয়াটা খুব গুরুত্বপূর্ণ একটা সিদ্ধান্ত। কিন্তু এটার সঙ্গে বেশ কিছু আবেগও জড়িয়ে থাকে। আপনি নিজের জন্য শক্ত গণ্ডি তৈরি করে নিজের কদর ফিরিয়ে আনতে চাইলেও অদ্ভুত দুঃখের সম্মুখীন হতে পারেন। পরবর্তী অধ্যায়টি আপনার বৃদ্ধির সময় যে জটিল আবেগের জাল আপনার জীবনকে ঘিরে ধরে, তা নিয়ে কথা বলবে।

দ্বাদশ অধ্যায়

বিকাশের কষ্ট: ছেড়ে আসা সম্পর্কের শোক

যেকোনো সম্পর্ক ছেড়ে বেরিয়ে এলে যে কী পরিমাণ দুঃখের সঙ্গে লড়াই করতে হয় সে কথা কেউই বলে না। একটা বিশেষ প্রকারের দুঃখ আছে যেটা আপনার থেকে কেড়ে নেওয়া কোনো জিনিসের জন্য হয় না। এই দুঃখ কেবল হয় যখন আপনি সচেতনভাবে এমন সম্পর্ক ছেড়ে বেরিয়ে আসেন যা একসময় আপনার সবথেকে নিরাপদ আশ্রয় ছিল। এই দুঃখ কাউকে হঠাৎ হারানোর দুঃখের সমতুল্য নয়। এই দুঃখ আসে ধীরে ধীরে, নিঃশব্দে। আপনি যখন বুঝতে পারেন যে, আপনার জীবনের পথ আপনার এতদিনের সঙ্গীদের থেকে ধীরে ধীরে আলাদা হয়ে যাচ্ছে, তখন এই দুঃখের অনুভূতি আপনার মধ্যে জাগে।

খুব সূক্ষ্ম মুহূর্তে এই দুঃখের উপস্থিতি আপনি খেয়াল করেন। আপনি যখন বুঝতে পারেন যে, যে ভাষায় আপনি কথা বলছেন সেটা তারা আর বুঝতে পারছে না। মনে পড়ে একটা অভিজ্ঞতার স্মৃতি যা আগের মতো অনুভূতি আপনাদের মধ্যে জাগাচ্ছে না। সামাজিক পরিস্থিতিতে এমন একটা অস্বস্তি যা আগে আপনি কখনো বোধ করেননি। এটি একটি অদ্ভুত হৃদয়বিদারক ঘটনা। কাউকে ভালোবাসা, বছরের পর বছর তার সঙ্গে হাসি-ঠাট্টা, সমর্থন এবং সম্পর্ক ভাগ করে নেওয়া, কিন্তু তারপরেও এটা বুঝতে পারা যে আপনি ধীরে ধীরে সম্পূর্ণ অন্য রকমের দিগন্তের দিকে ভেসে যাচ্ছেন।

আমি কাউকে শিক্ষা দেওয়ার জন্য ছেড়ে যাইনি। আমি ছেড়ে গিয়েছি, তার কারণ আমি শিক্ষা পেয়েছি।

প্রথমদিকে আপনি এই দূরত্বটা ঘোচানোর চেষ্টা করেন। ক্রমশ বাড়তে থাকা এই দূরত্বের জন্য আপনি অজুহাত সৃষ্টি করেন। আপনি নিজেকে বোঝান যে আপনাদের সম্পর্কে খুব বড় কোনো কিছু পরিবর্তন হয়নি। কিন্তু মনে মনে আপনি আসল সত্যিটা জানেন। আপনি বদলে গেলেও কিছু কিছু সম্পর্ক আপনার সঙ্গে বদলায় না। এবং এই উপলব্ধি একটা নতুন ধরনের বেদনা সঙ্গে করে নিয়ে আসে। এই বেদনা এমন মানুষজনের সঙ্গে সময় কাটানোর সঙ্গে জড়িত, যারা আপনার এমন একটা সত্তার খোঁজ করে চলেছেন যার আর অস্তিত্ব নেই।

কিন্তু আপনার যেটা বোঝা দরকার তা হলো, **পরিবর্তন বিশ্বাসঘাতকতা নয়।** অভিযোজন আর পরিত্যাগ এক নয়। যেটা দেখে মনে হয় যে আপনি অন্যদের পরিত্যাগ করছেন, বেশিরভাগ ক্ষেত্রেই দেখা যায় সেটা হলো আপনার সাহসের পরিচয়, যে সাহসে ভর করে আপনি নিজেকে পরিত্যাগ করা বন্ধ করেছেন। বাস্তবটা আসলে "লোকেদের ছাপিয়ে যাওয়া"-র থেকে ঢের বেশি সূক্ষ্ম। কখনো কখনো সম্পূর্ণ অন্যদিক থেকে আপনার আত্মার ডাক আসে। কিছু কিছু সম্পর্ক সারা জীবনের মতো, আবার কিছু কিছু সম্পর্ক আপনার জীবনের কাহিনির কতগুলো সুন্দর অধ্যায় মাত্র, যে অধ্যায়গুলির প্রত্যেকটির একটা শুরু আছে, একটা মধ্যবর্তী অংশ আছে এবং একটা অন্ত আছে।

তার মানে আপনাদের একসঙ্গে কাটানো সময় যে কোনোভাবে ছোট হয়ে যাচ্ছে তা নয়। এটা কোনোভাবেই তাদের প্রতি আপনার ভালোবাসাকে বাতিল করে দেয় না। এর জন্য আপনাকে খুব রূঢ়ভাবে বা নিস্পৃহভাবে আপনার সম্পর্ক ভেঙে বেরিয়ে আসার প্রয়োজন নেই। এর অর্থ হলো, আপনাকে প্রাকৃতিকভাবে সম্পর্কের অভিযোজনকে স্বীকার করে নিতে হবে। কোনো সম্পর্ক স্বাভাবিকভাবে তলানিতে এসে ঠেকলেও তাকে জোর করে টেনে নিয়ে যাওয়ার কোনো অর্থ হয় না।

শুধুমাত্র অপরাধবোধ এই পরিবর্তনকে কঠিন করে তোলে না। বরং আপনাদের একসঙ্গে কাটানো অতীতের ভার এই পরিবর্তনকে দুঃসহ করে তোলে। কেউ যখন আপনাকে বছরের পর বছর ধরে চেনে, তার অর্থ তারা

কেবল আপনাকে চেনেই না, তারা আপনি মানুষটাকে তৈরি করতে সাহায্য করেছে। এই পরিস্থিতিতে ছেড়ে বেরিয়ে যাওয়ার অর্থ নিজের গল্পের কয়েকটা টুকরোকে হারিয়ে ফেলা; এমনকী যখন আপনার বিকাশের জন্য বেরিয়ে যাওয়া অত্যন্ত প্রয়োজনীয় তখনও। কিছু মানুষ আছে যারা আপনার এই পরিবর্তনকে সহর্ষে মেনে নেবে, এমনকী আপনাদের সম্পর্কের চেহারা যদি বদলায় তবুও। তারা ভবিষ্যতের আপনাকে অতীতের আপনার তুলনায় আরো বেশি করে ভালোবাসবে। আপনার বিকাশে তারা আনন্দ খুঁজে পাবে তখনও যখন আপনি তাদের মতো করে বিকশিত হননি।

আপনাকে সবসময় যে নিজের গল্প বলতে হবে তা নয়... সময় বলবে।

কিন্তু অন্যেরা বাধা দেবে। সবসময় সেই বাধা যে খারাপ উদ্দেশ্য নিয়ে দেওয়া হবে তা নয়। বেশিরভাগ সময় এই কথা আসে তাদের নিজেদের ক্ষতি এবং পরিবর্তনের ভয় থেকে। তারা আপনার বিকাশকে প্রত্যাখ্যান বলে ধরে নেবে। আপনার নতুন কোনো দিককে তারা শাস্তি বলে মনে করবে। তারা আপনাকে বোঝানোর চেষ্টা করবে যে আনুগত্য মানে সারা জীবন একইরকম থেকে যাওয়া। কিন্তু নিজেকে একবার জিজ্ঞাসা করে দেখুন তো—গভীর বিশ্বাসঘাতকতা কাকে বলে? যখন একটা সম্পর্ক প্রাকৃতিকভাবে তার অন্তিম পর্যায়ে এসে পৌঁছায় সেটাকে মেনে নেওয়া, নাকি অন্যদের সুবিধার্থে আপোশ করে অর্ধেক জীবন কাটানো? যেটা ছিল সেটাকে সসম্মানে আপনার অতীতে গুছিয়ে রাখা, নাকি তাকে ভবিষ্যতে ঠেলে দেওয়া, যেখানে তার কোনো জায়গাই নেই?

যে সমস্ত সম্পর্ক তাদের লক্ষ্য পূরণ করেছে তাদের ওপর থেকে আপনার অধিকার কমিয়েও আপনি লোকেদের সম্মান জানাতে পারেন। তারা আপনাকে যা দিয়েছে, তার জন্য যে গল্পে তাদের জন্য কোনো জায়গা নেই, সেখানে জোর করে তাদের না ঢুকিয়েও আপনি সম্মান জানাতে পারেন। আপনি আপনার নিজের বিকাশ বজায় রেখেও আপনার অতীতকে ভালোবাসতে পারেন, সম্মান জানাতে পারেন।

অন্য কারোর কাছ থেকে ক্লোজার পাওয়ার আপনার দরকার নেই। আরো বিকশিত হওয়ার জন্য, আরো উন্নততর হওয়ার জন্য কারও অনুমতিরও

দরকার নেই। আপনি কেন এমন একটা জীবন বেছে নিচ্ছেন যেটা আপনার খুব চেনা বলে মনে হচ্ছে, সেটা অন্যকে ব্যাখ্যা দেওয়ারও কোনো প্রয়োজন নেই। তার কারণ, নিজের মনের গভীরে আপনি জানেন: সম্পর্ক ঠিক মানুষের মতোই একমাত্রিক নয়। কিছু কিছু সম্পর্কের মেয়াদ মাত্র কয়েক ঋতুর আর কিছু কিছু সম্পর্ক আজীবনের। কিন্তু এই সমস্ত সম্পর্কই আমাদের জীবনযাত্রার অত্যন্ত গুরুত্বপূর্ণ অঙ্গ।

আপনি কারোর সঙ্গে বছরের পর বছর বন্ধুত্ব বজায় রাখতে পারেন, আর বছরের পর বছর লেগে যেতে পারে এটা বোঝার জন্য যে তারা কখনোই আপনার বন্ধু ছিল না।

আপনি পুরোনো সম্পর্কগুলো থেকে বেরিয়া আসার দুঃখ কাটিয়ে যখন শেষ পর্যন্ত তাদের বিদায় জানান, তখন আপনার জীবনে একটা নতুন পর্যায়ের সূচনা হয়। বাইরের ছেড়ে চলে আসা আপনার অন্তরে একটা গভীর পরিবর্তনের দ্যোতক হয়ে আসে। এই পরিবর্তন আপনাকে বাধ্য করে পরিচিতজনের ফেলে যাওয়া শূন্যতার মুখোমুখি দাঁড়াতে।

ত্রয়োদশ অধ্যায়

আপনার আসল সত্তার প্রকাশ

আপনার মধ্যে মুক্তি পাওয়ার অপেক্ষায় **একটা আগুন** রয়েছে। যে শক্তি আপনার অতিরিক্ত চিন্তা, নিজের প্রতি সন্দেহ, অপরাধবোধ এবং ভয়ের নীচে চাপা পড়ে গিয়েছে। আপনি আপনার জীবনের অনেকটা সময় এমন আশা, পুরোনো ক্ষত, অন্য লোকের মতামতের ভার, পুরোনো অতীতের দুঃসহ স্মৃতিসহ এমন সমস্ত জিনিস বয়ে বেড়িয়েছেন, যেগুলো আপনার জন্য ছিলই না। এখন সময় এসেছে আপনার নিজের আসল সত্তার উত্থান দেখার। সম্পূর্ণভাবে। নিঃশর্তভাবে।

পরিবর্তন মানে আপনাকে যা কিছু আঘাত করছে তা পিছনে ফেলে এগিয়ে যাওয়া নয়। এটি আপনার প্রকৃত সত্তার পূর্ণ বিকাশ—জীবনের বিভিন্ন পরিস্থিতির কারণে যে সত্তাকে আপনি লুকিয়ে ফেলতে বাধ্য হয়েছিলেন। এটি আপনার নিজের মধ্যে থাকা শক্তি এবং গুণগুলি আবিষ্কার করার সঙ্গে জড়িত, যেগুলি কেবলমাত্র সঠিক সময়ের অপেক্ষায় ছিল।

আমার যত বয়স বাড়ছে, ততই আমার নিজেকে বোঝানোর, গ্রহণ করানোর, বা কোনো দলে অঙ্গীভূত করার প্রয়োজনীয়তা কমতে থাকছে।

এই পদ্ধতির সবথেকে ভালো উদাহরণ হলো প্রজাপতির পরিবর্তন। শুঁয়োপোকার কেবলমাত্র পাখা গজায় না। এটি গুটির মধ্যে সম্পূর্ণ গলে গিয়ে এমন একটি

জীবে পরিণত হয় যেটির অস্তিত্ব আগে কখনো ছিল না। এমনকী গুটির মধ্যে থাকার সময়ে শুঁয়োপোকাটি কীসে পরিণত হবে তা-ও জানা থাকে না। বিজ্ঞানীরা একে বলেন, "ইম্যাজিনাল স্টেজ" (Imaginal Stage), যে পর্যায়ে সম্পূর্ণ পরিবর্তন হয়। এই একইভাবে আপনি যখন পুরোনো প্যাটার্ন বা সম্পর্ক থেকে বেরিয়ে আসেন, তখন আপনি মাত্র আপনার আগের সত্তার একটু পরিবর্তিত রূপে থাকেন না। আপনার অন্তরে আপনি মানুষটা কে ছিলেন তার সম্পূর্ণ পরিবর্তন ঘটে যায়।

এটাই আপনার সময়। যে সত্যিকারের কণ্ঠস্বরকে আপনি এতদিন চুপ করিয়ে রেখেছিলেন, তাকে প্রকাশ করার সময়। অন্যরা আপনার কাছে যা আশা করেছিল তার বদলে, আপনার স্বাভাবিক প্রতিভা ও সক্ষমতাকে সম্মান করার সময়। আরোপিত মূল্যবোধ নয়, নিজের সত্যিকারের মূল্যবোধ অনুযায়ী জীবনযাপনের সময়। এই সত্যতা প্রকাশ করার জন্য আপনাকে কারও কাছে কোনো ব্যাখ্যা দিতে হবে না।

নিজের কাছে আপনার একমাত্র দায়িত্ব হলো—নিজেকে সেই অনুমতি দেওয়া, যাতে আপনি সবরকম মানিয়ে নেওয়া আর আপোশের তলায় লুকিয়ে থাকা আপনার আসল সত্তাকে প্রকাশ করতে পারেন।

যে মানুষটি এখন সামনে আসছেন, তিনি নতুন কেউ নন—তিনি সবসময়ই আপনার ভেতরে ছিলেন। নতুন বিষয়টি হলো, তাকে সকলের সামনে আসতে দেওয়ার ইচ্ছা। অতিরিক্ত ভাবার প্রবণতা ধীরে ধীরে বদলে যাচ্ছে আপনার নিজের অনুভূতির প্রতি এক শান্ত আত্মবিশ্বাসে। অন্যের অনুমোদনের প্রয়োজন ধীরে ধীরে রূপ নিচ্ছে দৃঢ় আত্মবিশ্বাস ও আত্মভরসায়। নিজের চাহিদা ও সীমার স্বাভাবিক মূল্যকে আপনি যখন চিনতে শিখবেন, তখন অপরাধবোধের ভারটাও ধীরে ধীরে হালকা হয়ে যাবে।

এই প্রকাশই আসলে সত্যিকারের নিজের মতো হওয়া। এটা আরও আকর্ষণীয় কোনো ব্যক্তিত্ব গড়ে তোলার ব্যাপার নয়, কিংবা অন্য কেউ হয়ে ওঠার চেষ্টাও নয়। এটা সেই সব সুরক্ষা আর অভিনয়ের স্তরগুলো সরিয়ে দেওয়ার ব্যাপার, যেগুলো এতদিন আপনার আসল সত্তাকে ঢেকে রেখেছিল। এটা সেই প্রজ্ঞা ও উপলব্ধির কাছে ফিরে যাওয়ার ব্যাপার, যা আপনি জন্মগতভাবে নিয়ে এসেছিলেন—এবং যা আপনার জীবনের অভিজ্ঞতা ও শিক্ষায় আরও সমৃদ্ধ হয়েছে।

সত্যিকারের নিজের মতো করে সামনের দিকে এগিয়ে চলার অর্থ হলো—বাইরের স্বীকৃতি ছাড়াই নিজের মূল্য জানা। বারবার নিজেকে সন্দেহ না করে, নিজের উপলব্ধির ওপর ভরসা রাখা। যে মানুষ আর কারও অস্বীকৃতিকে ভয় পায় না, তার মতো সরল ও স্পষ্টভাবে নিজের সত্যকে প্রকাশ করা। অন্যদের খুশি করার চেয়ে, যা সত্যিই আপনার আত্মাকে পুষ্ট করে—সেই পথই বেছে নেওয়া।

আপনি হারিয়ে যাননি। আপনি ভেঙে পড়েননি। **আপনি এমন কেউ নন, যাকে ঠিক করার প্রয়োজন আছে।** আপনি এমন একজন, যিনি অন্যদের প্রত্যাশা থেকে অবশেষে মুক্ত হয়ে নীজেকে নিজের সত্যিকারের স্বভাবকে প্রকাশ করার অনুমতি দিচ্ছেন। আর এই প্রকাশের মধ্যেই লুকিয়ে আছে আপনার সবচেয়ে বড় শক্তি ও ক্ষমতা।

তাই এই মুহূর্তকে আপনার ভেতরে ঘটে চলা এই পরিবর্তনকে চিনে নেওয়ার জন্য ব্যবহার করুন। নিজের সত্যের সঙ্গে সামঞ্জস্য রেখে বাঁচার শক্তিটা অনুভব করুন। নিজের স্বভাবের বিরুদ্ধে আর লড়াই না করার ফলে যে শান্তি আসে, সেটাকে উপলব্ধি করুন। আর এগিয়ে যান—নতুন কোনো মানুষ হয়ে নয়, বরং সেই আসল সত্তা ধরে, যে এতদিন ধরে প্রকাশের অপেক্ষায় ছিল।

শুধু বিশ্বাস রাখুন। কেউই আপনার জীবনে
কাকতালীয়ভাবে আসেনি। ঈশ্বর আগে থেকেই সবকিছুর
পরিকল্পনা করে রেখেছেন।

আপনার আসল সত্তার প্রকাশ একটি গভীর যাত্রার অংশ। কিন্তু এই অবস্থান থেকে জীবনযাপন করতে হলে নিয়মিত অভ্যাস ও বাস্তব সিদ্ধান্ত নেওয়ার প্রয়োজন। পুরোনো অভ্যাস আবার মাথাচাড়া দিলে, তখন কীভাবে আপনি আপনার সত্যিকারের স্বভাবের সঙ্গে সংযোগ বজায় রাখবেন? একটি এমন জগতে কীভাবে পথ চলবেন, যা হয়তো আপনার আসল সত্তার জন্য প্রস্তুত নয়? পরবর্তী উপায়গুলো এই প্রকাশমান সত্তাকে আপনার দৈনন্দিন জীবনে দৃঢ়ভাবে প্রতিষ্ঠা করতে সাহায্য করবে।

চতুর্দশ অধ্যায়

শূন্যস্থান: পরিচয়ের মৃত্যু ও পুনর্জন্ম

কিছু পথ আপনাকে একাই পেরোতে হবে। বন্ধু, পরিবার, সঙ্গী কেউ রইবে না। থাকবেন শুধু আপনি আর ঈশ্বর।

সম্পর্ক ছেড়ে দেওয়ার দুঃখ এবং নিজের সত্যিকারের সত্তা প্রকাশের বাইরে আরও একটি গভীর চ্যালেঞ্জ আপনার জন্য অপেক্ষা করছে—**শূন্যস্থান; যে শূন্যস্থানে আপনার পুরোনো পরিচয় সম্পূর্ণভাবে বিলীন হয়ে যায়।** এটা শুধু আপনার বাইরের জীবন পরিবর্তনের বা নিজের নতুন দিকগুলো আবিষ্কারের বিষয় নয়। এটা সেই শূন্যতার মুখোমুখি হওয়ার কথা, যা তখন প্রকাশ পায় যখন আপনি আপনার পরিচিত ব্যক্তিসত্তা থেকে বেরিয়ে আসেন।

এই শূন্যস্থান আপনার পথের বিকল্প নয়—এটা সেই জায়গা যেখানে আপনাকে যেতে হবে। বিষাক্ত সম্পর্কগুলি থেকে দূরে সরে আসার পর, এবং ক্ষতিকর অভ্যাস ত্যাগ করার পর, এবং আসল কণ্ঠে কথা বলা শুরু করার পর, আপনি একটি খোলা জায়গায় পৌঁছান। এখানে আপনি শুধু অন্যদের অনুপস্থিতির মুখোমুখি হন না, বরং আপনার পরিচিত স্বভাবও ধীরে ধীরে ম্লান হয়ে যায়।

প্রথমে, এই শূন্যতা যেন স্বস্তির মতো লাগে। নকল আচরণের ভার হালকা হয়ে যায়। দেখানোর জন্য চেষ্টা করার ক্লান্তি কেটে যায়। আপনি এমন একজন হওয়ার চাপ ছাড়া শ্বাস নিতে পারেন, যিনি আর আপনি নন। কিন্তু এরপর আসে এক ভিন্নরকম অস্বস্তি—একটি গভীর বিভ্রান্তি, যা নিয়ে খুব কম

মানুষই আলোচনা করে। আপনি দেখতে পান, আপনার পরিচয়ের কতটা অংশ তৈরি হয়েছিল মানিয়ে নেওয়া, আত্মরক্ষা এবং অভ্যাসের ওপর।

যে সাপ্তাহিক মদ্যপানের আসরগুলোকে আপনি এতদিন "রিল্যাক্স করা" বলে ভেবেছিলেন, সেগুলো আসলে ছিল নিজেকে অবশ করে রাখার এক কৌশল। সোশ্যাল মিডিয়ায় অবিরাম স্ক্রল করাকে আপনি "সংযুক্ত থাকা" বলে ভেবেছিলেন, অথচ তা ছিল নিজের সত্তার সঙ্গে গভীর সংযোগ এড়িয়ে যাওয়ার একটি উপায়। যে অতিরিক্ত কাজকে আপনি "উচ্চাকাঙ্ক্ষা" বলে চিহ্নিত করেছিলেন, সেটাই আপনাকে সবচেয়ে গুরুত্বপূর্ণ সত্যগুলোর মুখোমুখি হওয়া থেকে দূরে রাখছিল।

এই পরিচিত অভ্যাসগুলোর নোঙর একে একে খুলে গেলে, আপনার সামনে এসে দাঁড়ায় এক ভীতিকর অথচ মুক্তিদায়ক প্রশ্ন—**এইসব প্যাটার্ন ছাড়া আমি আসলে কে?**

আপনার বিছানার শূন্য জায়গাটা, পাশে একজন ভুল মানুষের উপস্থিতির চেয়ে অনেক বেশি শান্তিদায়ক ও শ্রেয়।

এই শূন্যতাতেই অধিকাংশ মানুষ ফিরে যেতে চায়—ইচ্ছে করে নয়, বরং নিজের পরিচয়বোধ হারিয়ে ফেললে যে উদ্‌ভ্রান্তের মতো অনুভূতি তৈরি হয়, তা অন্য সবকিছুর থেকে আলাদা ও অসহ্য। পুরোনো সত্তার পরিচিত দিকনির্দেশগুলো হারিয়ে গেলে, কিছু সময়ের জন্য আপনি পথ হারিয়ে ফেলেন। তখন মনে প্রশ্ন জাগতে পারে: আমি কি সত্যিই আগে এতটা অসুখী ছিলাম? হয়তো আমার পুরোনো অভ্যাসগুলোর কাছেই ফিরে যাওয়া উচিত। হয়তো শূন্যতার মুখোমুখি হওয়ার চেয়ে, নিজের চেনা একজন মানুষ হয়ে থাকাই ভালো।

আপনার পুরোনো সত্তা সহজে হার মানে না। যেন কাউকে তার নিজের ঘর থেকে জোর করে বের করে দেওয়া হচ্ছে—সে তখন একের পর এক যুক্তি দাঁড় করায়, কেন এই শূন্যতার পথে যাত্রা করা বোকামি, কিংবা কতটা বিপজ্জনক। এর ফলে পূর্বের ভুলভ্রান্তির স্মৃতি মনে জেগে প্রমাণ করার চেষ্টা করে যে আপনি আসলে পরিবর্তিত হতে পারবেন না। এটি আপনার মনের সন্দেহগুলিকে জোরালো সতর্কতায় পরিণত করবে। কিন্তু এই প্রতিরোধ

কোনোভাবেই ইঙ্গিত দেয় না যে আপনি ভুল পথে এগোচ্ছেন—**বরং এটাই প্রমাণ করে যে আপনি এক গভীর পরিবর্তনের দ্বারপ্রান্তে পৌঁছে গেছেন।**

এই শূন্য জায়গাটাকে এমন এক খালি জমির মতো কল্পনা করুন, যেখানে একসময় একটি পুরোনো দালান দাঁড়িয়ে ছিল। সেই পুরোনো কাঠামো এখন নেই, তার জায়গায় তৈরি হয়েছে এক অস্থায়ী শূন্যতা—যা পথচলতি কারও চোখে কিছুই না বলে মনে হতে পারে। কিন্তু নির্মাতার চোখে দৃশ্যটা একেবারেই আলাদা—নতুন কিছু গড়ে তোলার জন্য এটাই একেবারে নিখুঁত জায়গা। এই জায়গাটা পরিষ্কার না থাকলে, নতুন কিছু নির্মাণের কোনো সুযোগই থাকত না।

আপনার যাত্রার আগের ধাপগুলোর তুলনায়, যেখানে বাহ্যিক পরিবর্তন বা আবেগের ওঠানামার মধ্য দিয়ে অগ্রগতি চোখে পড়ত, **এই পর্যায়টি অনেক সময় অন্যদের কাছে প্রায় অদৃশ্যই থেকে যায়, এমনকী নিজের কাছেও তা ব্যাখ্যা করা কঠিন মনে হয়।** স্পষ্টভাবে "ভালো লাগছে" এমন অনুভূতি না-ও আসতে পারে। বরং আপনি কিছু সূক্ষ্ম পরিবর্তন টের পাবেন—

- আপনি চিন্তা ও অনুভূতিগুলোকে নিজের পরিচয় হিসেবে নয়, বরং ক্ষণস্থায়ী ঘটনার মতো করে দেখতে শুরু করবেন।
- যেসব বিষয় একসময় আপনাকে অস্থিরতার ঘূর্ণিতে টেনে নিত, সেগুলোর প্রভাব ধীরে ধীরে কমে আসতে দেখবেন।
- কী ঘটছে আর আপনি কীভাবে তাতে প্রতিক্রিয়া জানাচ্ছেন—এই দুয়ের মাঝখানে একটুখানি বিরতি অনুভব করবেন।
- যেসব অবস্থান বা পরিচয় একসময় আঁকড়ে ধরে রাখতে চাইতেন, সেগুলো রক্ষা করার তাগিদ অনেকটাই কমে আসবে।

এটাই সেই রূপান্তর—যেখানে আপনি নিজেই আর আপনার চিন্তাগুলো হয়ে থাকেন না, বরং সেগুলোকে ঘটতে দেখেন। যেখানে আবেগের মধ্যেই ডুবে থাকার বদলে আপনি আবেগ তৈরি হতে এবং তা ফিকে হয়ে যেতে দেখেন। এটি সেই পরিবর্তন, যেখানে আপনি নিজের গল্পের জালে আটকে থাকা থেকে বের হয়ে, গল্পটি কীভাবে এগোচ্ছে তা পর্যবেক্ষণ করতে শুরু করেন।

আপনি যে সত্তাটিকে ছাপিয়ে যাচ্ছেন বা পেছনে ফেলে আসছেন, সেটি একসময় গুরুত্বপূর্ণ উদ্দেশ্য সাধন করেছে। এটি আপনাকে শৈশবের ক্ষতগুলো সামলাতে, কঠিন সময়ে টিকে থাকতে এবং পৃথিবীতে চলার মতো যথেষ্ট

স্থিতিশীলতা তৈরি করতে সাহায্য করেছে। **এই পুরোনো সত্তাটির কোনো ভুল ছিল না—এটি একটি প্রয়োজনীয় খোলস যা আপনাকে এখন পর্যন্ত রক্ষা করেছে।** একে বিচার না করে এর সেবার জন্য ধন্যবাদ জানান।

এই পর্যায়টিকে যা আলাদা করে তা হলো, আপনি কেবল একটি পরিচয়ের বদলে আরেকটি নিচ্ছেন না—বরং আপনি সেই সচেতনতাকে আবিষ্কার করছেন যা সমস্ত পরিচয়ের ঊর্ধ্বে। নিজের "আরও ভালো একটি সংস্করণ" হওয়ার বদলে এটি স্বীকার করা যে আপনার গভীরতম প্রকৃতি সমস্ত সংস্করণ, সমস্ত আত্ম-প্রতিচ্ছবি এবং সমস্ত নির্মিত পরিচয়ের বাইরে বিদ্যমান।

বহু বছর আগে আপনি এমন কিছু বলেছিলেন যার
সঙ্গে আজ আর আপনি একমত নন। বহু বছর আগে
আপনি এমন কিছু করেছিলেন যা এখন আর করেন না।
না, আপনি দুমুখো নন, আপনি কেবল বিকশিত হচ্ছেন
এবং পরিবর্তিত হচ্ছেন, যেমনটা আপনার হওয়া উচিত।
যেমনটা আমাদের সবারই হওয়া উচিত।

এই শূন্যস্থান সম্পর্কে আশ্চর্য বিষয় হলো, যা নিজেকে হারানোর মতো বলে মনে হয়, তা আসলে এমন কিছু প্রকাশ করে যা কখনো হারানো যায় না। আসল আপনি অন্য কোনো পরিচয় নন—এটি সেই সচেতনতা যা সমস্ত পরিচয় খসে পড়ার পরেও থেকে যায়। আপনি যা হারানোর ভয় পাচ্ছিলেন তা আসলে কখনোই আপনি ছিলেন না। আপনার মূল সত্তা সর্বদা এই শো বা খেলাটি দেখছিল। সে সেই চরিত্র নয় যা আপনি অভিনয় করছিলেন। আপনি যখন এই প্রশস্ততার সঙ্গে স্বাচ্ছন্দ্য বোধ করতে শুরু করেন, তখন বিস্ময়কর কিছু ঘটে। যে শূন্যতাকে আপনি ভয় পেয়েছিলেন তা আসলে মোটেও শূন্য ছিল না—এটি এমন সব সম্ভাবনায় পরিপূর্ণ ছিল যা আপনার পুরোনো সত্তাকে আঁকড়ে ধরে থাকার সময় বিকশিত হতে পারেনি। এই আপাত শূন্যতা খাঁটি কিছু সৃষ্টি করার জন্য প্রয়োজনীয় সবকিছু ধারণ করে।

আপনি নিজেকে যেমন মনে করতেন—তার বাইরের এই স্থানেই আপনি আবিষ্কার করেন আপনি আসলে কে। কোনো স্থির পরিচয় হিসেবে নয়, বরং সেই উন্মুক্ত সচেতনতা হিসেবে যেখান থেকে সমস্ত অভিজ্ঞতার জন্ম হয়—

সেই ক্যানভাস যার ওপর সাময়িকভাবে সমস্ত আত্ম-চিত্র আঁকা হয় কিন্তু যা নিজে স্পর্শহীন থাকে। যখন আপনাকে নিজের সম্পর্কে কোনো নির্দিষ্ট ধারণা রক্ষা করতে হয় না, তখন আপনি স্বাধীনভাবে জীবনের প্রতি ডাকে সাড়া দিতে পারেন। যখন আপনি "আপনার কী হওয়া উচিত" এই বিশ্বাসের জালে আটকা পড়েন না, তখন আপনি প্রতিটি মুহূর্তে প্রকাশ করতে পারেন যে আপনি আসলে কে—অভিনয় করে নয়, স্বাভাবিকভাবে।।

এটিই সর্বশ্রেষ্ঠ স্বাধীনতা—আপনি যা চান তাই হওয়ার স্বাধীনতা নয়, বরং অস্তিত্বের যোগ্য হওয়ার জন্য আপনাকে "কিছু একটা" হতেই হবে—এই বিশ্বাস থেকে মুক্তি।

এই শূন্যস্থানটি আপনার যাত্রার শেষ নয়। এটি সেই জায়গা যেখান থেকে অতীত বিশ্বাসের সীমাবদ্ধতা ছাড়িয়ে আপনার প্রকৃত জীবন বিকশিত হতে শুরু করে।

চতুর্থ পর্ব

সমাধান

বয়স বাড়ার সঙ্গে সঙ্গে একটা মজার ব্যাপার ঘটে...
আপনার দৃষ্টিশক্তি দুর্বল হতে পারে কিন্তু আপনি
মানুষকে আগের চেয়ে অনেক ভালো করে চিনতে পারেন।

আপনি এমন এক জায়গায় পৌঁছেছেন যেখানে সচেতনতা কর্মে বা কাজে রূপান্তরিত হয়। সন্দেহের কুয়াশা কেটে গেছে, যা প্রকাশ করছে তা হয়তো আপনি সবসময়ই জানতেন: কিছু সম্পর্ক ঠিক করা যায় না, কিছু মানুষ বদলাবে না এবং কখনো কখনো এগিয়ে যাওয়ার একমাত্র উপায় হলো ছেড়ে চলে যাওয়া। কিন্তু যখন ম্যানিপুলেশন আপনাকে নিজের বাস্তবতা নিয়ে প্রশ্ন তুলতে বাধ্য করেছে, তখন আপনি এই জ্ঞানকে কীভাবে বিশ্বাস করবেন? অপরাধবোধ যদি এখনও আপনার বিবেকে টান দেয়, তখন আপনি চলে যাওয়ার সাহস কীভাবে পাবেন? আপনি কীভাবে সেই সম্পর্ক এবং পরিচয়গুলোকে ফেলে আসার শোক সামলাবেন যা একসময় আপনাকে সংজ্ঞায়িত করেছিল?

ম্যানিপুলেশন থেকে মুক্তির প্রথম পদক্ষেপ হলো নতুন করে নিজের উপলব্ধির ওপর বিশ্বাস গড়ে তোলা। যখন কেউ নিয়মিত আপনাকে নিজের সম্পর্কে সন্দিহান করে তোলে, তখন বাস্তবতার সঙ্গে সংযোগ পুনঃস্থাপনের জন্য আপনার নির্দিষ্ট কৌশলের প্রয়োজন। কোনটা সত্যি বা সত্যি নয় তা নিয়ে ক্লান্তিকর তর্কে না জড়িয়েই নীচের পদ্ধতিটি আপনাকে আপনার অভ্যন্তরীণ কম্পাস পুনরুদ্ধার করতে সাহায্য করবে।

যখন কেউ আপনার নিজের উপলব্ধির ওপর আপনার আত্মবিশ্বাসকে দুর্বল করে দিয়েছে, তখন সেই বিশ্বাস পুনর্গঠন করাই আপনার প্রথম কাজ হয়ে দাঁড়ায়। ম্যানিপুলেটরকে আপনার বাস্তবতা না বুঝিয়ে বাস্তবের সঙ্গে নিজের সংযোগ শক্তিশালী করাই সবচেয়ে কার্যকর পদ্ধতি।

বাস্তবতার নোঙর: আপনার উপলব্ধির পুনরুদ্ধার

যারা আপনার পক্ষে নেই, ঈশ্বর তাদের প্রত্যেকের মুখোশ খুলে দেবেন। আপনাকে খুঁজতে হবে না... প্রমাণ আপনার কোলেই এসে পড়বে।

গ্যাসলাইটিং এবং ম্যানিপুলেশন প্রতিহত করতে 'বাস্তবতা সংরক্ষণ প্রোটোকল' (Reality Preservation Protocol) প্রয়োগ করুন:

প্রথমত, একটি বস্তুনিষ্ঠ রেকর্ড তৈরি করুন। একটি ব্যক্তিগত জার্নালে (পাসওয়ার্ড-সুরক্ষিত ডিজিটাল জার্নাল হলে ভালো), কোনো নির্দিষ্ট ঘটনা ঘটার পরপরই তা নথিভুক্ত করুন। সরাসরি উদ্ধৃতি, প্রাসঙ্গিক বিবরণ এবং আপনার ফিল্টারবিহীন আবেগীয় প্রতিক্রিয়া অন্তর্ভুক্ত করুন। এটি অতিরিক্ত সন্দেহ নয়—এটি ম্যানিপুলেশনজনিত স্মৃতি বিকৃতির বিরুদ্ধে সুরক্ষা। স্মৃতি গঠনের ওপর গবেষণা দেখায় যে, প্রতিবার আমরা যখন কোনো ঘটনা মনে করি, আমরা আসলে এটিকে পুনর্গঠন করি। নথিপত্র ছাড়া, আপনার উপলব্ধির প্রতি বারবার চ্যালেঞ্জ আক্ষরিক অর্থেই আপনার স্মৃতি নতুন করে লিখে ফেলতে পারে।

দ্বিতীয়ত, আপনার অভিজ্ঞতা একজন বিশ্বস্ত বাইরের মানুষের সঙ্গে শেয়ার করুন—এমন কেউ যার ম্যানিপুলেটরের সঙ্গে কোনো সংযোগ নেই এবং আপনার সম্পর্কের ওপর তার কোনো স্বার্থ নেই। যা ঘটেছে তা নিজের মতামত ছাড়া বর্ণনা করুন, তারপর জিজ্ঞাসা করুন: "এটা কি তোমার কাছে যুক্তিসঙ্গত মনে হয়?" এই বাহ্যিক বৈধতা দল ভারী করার জন্য নয়, বরং আপনার 'বাস্তবতা মিটার' ঠিক করার জন্য।

পরিশেষে, নীচের শনাক্তকরণ প্রশ্নগুলো দিয়ে রিয়েল-টাইমে ম্যানিপুলেশন কৌশলগুলো চিনুন:

- "আমি কি এমন কিছু নিয়ে বিভ্রান্ত বোধ করছি যা সহজবোধ্য হওয়া উচিত ছিল?"
- "আমি কি সবসময় নিজেকে মৌলিক ধারণা ব্যাখ্যা বা রক্ষা করতে দেখছি?"
- "এই ব্যক্তির সঙ্গে কথা বলার পর কি আমি নিজের সম্পর্কে খারাপ বোধ করি?"
- "আমার উদ্বেগগুলো আমার দিকেই ঘুরিয়ে দেওয়ার কি কোনো প্যাটার্ন আছে?"

এই লক্ষণগুলো লক্ষ করলেই তাৎক্ষণিক **'কগনিটিভ প্রোটেকশন রেসপন্স'** (Cognitive Protection Response) প্রয়োগ করুন:

১. কথোপকথন থামান: "আমার এটি নিয়ে আরও পরিষ্কারভাবে চিন্তা করা দরকার।"
২. শারীরিকভাবে পিছিয়ে আসুন বা আক্ষরিক দূরত্ব তৈরি করুন।
৩. মানসিকভাবে নিশ্চিত করুন: "চ্যালেঞ্জ করা হলেও আমার উপলব্ধিগুলো বৈধ।"
৪. আপনি যা অনুভব করেছেন তা নিয়ে তর্কে জড়াবেন না।

এই পদ্ধতিটি বিশেষত কার্যকর কারণ এটি ম্যানিপুলেটরদের ফাঁদ এড়াতে সহায়তা করে। এর পরিবর্তে, এটি সত্যের সঙ্গে আপনার সংযোগ বজায় রাখার ওপর ফোকাস করে—যা সমস্ত খাঁটি সিদ্ধান্ত গ্রহণের ভিত্তি।

আমি আমার নিজের কথা না বলে কিছু মানুষের সুনাম
রক্ষা করেছি। ঝড়ের সময় চুপ করে থাকাই শ্রেয়।
বিষাক্ত মানুষরা আপনাকে ধ্বংস করার চেষ্টা করতে গিয়ে
সাধারণত নিজেরাই ধ্বংস হয়ে যায়।

বাস্তবের সঙ্গে আপনার সংযোগ শক্তিশালী করে নেওয়ার পর, আপনি ছেড়ে দেওয়ার চ্যালেঞ্জের মুখোমুখি হন—কেবল শারীরিকভাবে নয়, আবেগগত এবং মানসিকভাবেও।

একটি পরিষ্কার বিচ্ছেদের আগে অনেকেই একাধিক "ফলস এক্সিট" (False Exit) বা ব্যর্থ প্রস্থানের সঙ্গে সংগ্রাম করে। এই কৌশলগুলো আপনাকে "আর একটা সুযোগ"-এর চক্র ছাড়িয়ে এমনভাবে প্রস্থান করতে সাহায্য করে যা সত্যিই স্থায়ী।

চূড়ান্ত প্রস্থান: "আর একটা সুযোগ"-এর বাইরে

আমি পরোয়া করি না কে কী বলল... ভালো মানুষরা
অকৃতজ্ঞ মানুষের কাছে ভালো হতে হতে ক্লান্ত হয়ে যায়।

ছেড়ে চলে যাওয়ার সিদ্ধান্ত নেওয়া সবচেয়ে কঠিন সীমানা নয়, বরং আসলে ছেড়ে চলে যাওয়াটাই সবচেয়ে কঠিন। একাধিক মিথ্যে শুরু, প্রস্থান স্থগিত করা এবং "শেষ" সুযোগ দেওয়ার পর, আপনি কীভাবে এইবার সত্যিই আলাদা পদক্ষেপ করবেন?

এর উত্তর "এক্সটিংকশন বার্স্ট" (Extinction Burst) নামক ধারণাটি বোঝার মধ্যে নিহিত—যখন রিইনফোর্সমেন্ট প্রত্যাহার করা হয় তখন অবাঞ্ছিত আচরণ সাময়িকভাবে তীব্র হয়ে ওঠে। এটি ব্যাখ্যা করে কেন, যখন আপনি আগে চলে যাওয়ার চেষ্টা করেছেন, তখন ম্যানিপুলেটিভ লোকেরা আপনাকে আটকে রাখার জন্য ঠিক যতটুকু দরকার ততটুকু ভালো হয়ে যায়, আর নিরাপত্তা ফিরে এলেই আবার আগের অবস্থায় ফিরে যায়।

'ক্লিন ব্রেক প্রোটোকল' (Clean Break Protocol) দিয়ে এই চক্রটি ভাঙুন:

প্রথমত, 'পয়েন্ট অফ নো রিটার্ন এক্সারসাইজ'-এর (Point of No Return Exercise) মাধ্যমে আপনার সিদ্ধান্তটি পরিষ্কার করুন। প্রতিটি ভাঙা প্রতিশ্রুতি, প্রতিটি পুনরাবৃত্ত প্যাটার্ন, প্রতিটি প্রত্যাশা যা হতাশায় পরিণত হয়েছে—তার তালিকা করুন। নির্মমভাবে সুনির্দিষ্ট হোন। তারপর একটি প্রশ্নের উত্তর দিন: "যদি এই হুবহু প্যাটার্নটি আরও পাঁচ বছর ধরে চলতে থাকে, আমি কি এই নিয়ে বেঁচে থাকতে রাজি?" এই প্রশ্নটি পরিবর্তনের আশাকে ছেদ করে এবং ধারাবাহিকতার বাস্তবতার ওপর ফোকাস করে।

আপনার সিদ্ধান্ত পরিষ্কার হলে, এই উপাদানগুলোর সঙ্গে একটি **'প্রস্থান পরিকল্পনা'** (Departure Plan) তৈরি করুন:

- ব্যবহারিক লজিস্টিকস (আর্থিক ব্যবস্থা, থাকার ব্যবস্থা, শেয়ার করা জিনিসপত্র)।
- সহায়তা সংস্থান (যারা কঠিন মুহূর্তে আপনাকে সঙ্গ দেবে)।
- প্রত্যাশিত ম্যানিপুলেশন কৌশল (তারা সম্ভবত কীভাবে প্রতিক্রিয়া জানাবে এবং আপনার প্রস্তুত রাখা পালটা জবাব)।
- যেকোনো শেষ যোগাযোগের জন্য আপোষহীন সীমানা।

আপনার প্রস্থান বাস্তবায়নের সময়, **'কমিউনিকেশন মিনিমালিজম প্রিন্সিপাল'** (Communication Minimalism Principle) গ্রহণ করুন:

- সোজা, স্পষ্ট ভাষা ব্যবহার করুন।
- আপনার যুক্তি ব্যাখ্যা করা এড়িয়ে চলুন (যা কেবল তর্কের সুযোগ তৈরি করে)।
- আলোচনা, প্রস্তাবিত আপোষ বা পরিবর্তনের প্রতিশ্রুতি প্রত্যাখ্যান করুন।
- একবার সম্পূর্ণভাবে যোগাযোগ করুন, তারপর বিচ্ছিন্ন হয়ে যান।

ব্যাখ্যা করার তাগিদটি যে দীর্ঘস্থায়ী অপরাধবোধ থেকে আসে তার স্বীকৃতি এই পদ্ধতিটিকে শক্তিশালী করে তোলে। মনস্তাত্ত্বিক নিগ্রহের ওপর গবেষণায় থেরাপিস্ট শ্যানন থমাস যেমন উল্লেখ করেছেন, "ক্লোজার হলো এমন জিনিস যা আপনি নিজেকে দেন, অন্য কারও কাছ থেকে পান না।"

আপনি জানেন আমি সত্যিই কী ভাইরাল হতে দেখতে চাই? সাধারণ মানবিক ভদ্রতা।

যে সম্পর্ক এবং প্যাটার্নগুলো আপনাকে সংজ্ঞায়িত করেছিল সেগুলোকে পেছনে ফেলে আসার পর, মানুষ হিসেবে আপনি কে ছিলেন এবং কোন মানুষে পরিণত হতে যাচ্ছেন—তার মধ্যবর্তী বিভ্রান্তিকর স্থানে আপনি প্রবেশ করেন।

এই এলাকাটি ভীতিকর হতে পারে, কিন্তু সঠিক কাঠামোর সঙ্গে, আপনি আরও সহজে এটি অতিক্রম করতে পারেন।

পরিচয় পরিবর্তনের মধ্য দিয়ে পথচলা

মানুষ হিসেবে আপনি কে ছিলেন এবং কোন মানুষে পরিণত হতে যাচ্ছেন—এর মধ্যবর্তী স্থানটি হয়তো অতিক্রম করার জন্য সবচেয়ে চ্যালেঞ্জিং এলাকা। আপনি সম্পর্ক, প্যাটার্ন এবং পরিচয়গুলো পেছনে ফেলে এসেছেন যা, সীমাবদ্ধ হলেও, পরিচিতির একটি অনুভূতি প্রদান করত। এখন আপনি "আইডেন্টিটি ডিসকন্টিনিউটি"-র (Identity Discontinuity) মুখোমুখি—এই বিভ্রান্তিকর অনুভূতি যে আপনি আর সেই একই ব্যক্তি নন, অথচ পুরোপুরি নতুন কেউও হয়ে ওঠেননি।

আপনার খুশি হওয়া উচিত। আপনাকে নীচে নামানোর জন্য একটি দলগত প্রচেষ্টা করা হলেও আপনি এখনও দাঁড়িয়ে আছেন।

এই অংশে **'আইডেন্টিটি ব্রিজ ফ্রেমওয়ার্ক'**-এর (Identify Bridge Framework) মাধ্যমে চলুন:

প্রথমত, আপনি যে সত্তাটিকে পেছনে ফেলে আসছেন তাকে সম্মান জানান। এই নির্মিত পরিচয়, তার সমস্ত সীমাবদ্ধতা সত্ত্বেও, একটি গুরুত্বপূর্ণ উদ্দেশ্য সাধন করেছে—এটি আপনাকে রক্ষা করেছিল যখন আপনার সুরক্ষার প্রয়োজন ছিল। এর কার্যকারিতা এবং এর সমাপ্তি স্বীকার করে একটি ব্যক্তিগত আচার তৈরি করুন। এই প্রাক্তন সত্তার কাছে একটি চিঠি লিখুন, তার বেঁচে থাকার কৌশলগুলোর জন্য কৃতজ্ঞতা প্রকাশ করুন এবং সঙ্গে সঙ্গে আলতো করে ব্যাখ্যা করুন কেন সেই কৌশলগুলোর আর প্রয়োজন নেই।

দ্বিতীয়ত, **'ট্রানজিশনাল অ্যাঙ্করস'** (Transitional Anchors) তৈরি করে পরিচয়ের মধ্যবর্তী শূন্যতা অতিক্রম করুন—ছোট, মূর্ত অনুশীলন যা আপনার পরিবর্তনের সময় স্থিতিশীলতা প্রদান করে:

- দৈনিক আচার যা আপনাকে চিন্তার পরিবর্তে অনুভূতির সঙ্গে সংযুক্ত করে।

- বিচার বা উদ্দেশ্য ছাড়াই সৃজনশীল প্রকাশ।
- প্রকৃতির সঙ্গে সংযোগ, যা মানবিক পরিচয়ের কাঠামোর উর্ধ্বে।
- নড়াচড়ার অনুশীলন যা সচেতনতাকে মন থেকে শরীরে স্থানান্তরিত করে।

এই নোঙরগুলো পরিবর্তনের অস্বস্তি থেকে মনোযোগ সরানোর জন্য নয়—এগুলো হলো স্থিতিশীল রেফারেন্স পয়েন্ট। জীবনের বড় পরিবর্তনগুলোর ওপর গবেষণা দেখায় যে পরিবর্তনের সময় নির্দিষ্ট কিছু ধ্রুবক বজায় রাখা সংশ্লিষ্ট মনস্তাত্ত্বিক কষ্টকে উল্লেখযোগ্যভাবে হ্রাস করে।

পরিশেষে, **'ইমার্জেন্ট আইডেন্টিটি কাল্টিভেশন'** (Emergent Identity Cultivation) অনুশীলন করুন—সক্রিয়ভাবে সেই সত্তাটিকে লালন করা যার জন্ম হচ্ছে:

- পুরোনো ট্রিগারগুলোর প্রতি নতুন প্রতিক্রিয়ার পরীক্ষা করুন।
- লক্ষ করুন কখন আপনি স্বাভাবিকভাবে এমনভাবে কাজ করেন যা পুরোনো সত্তাটিকে অবাক করে দেয়।
- ইচ্ছাকৃতভাবে এমন আচরণ অনুশীলন করুন যা আপনার গভীর মূল্যবোধের সঙ্গে সামঞ্জস্যপূর্ণ।
- সত্যতার মুহূর্তগুলো উদ্‌যাপন করুন, এমনকী যখন সেগুলো অদ্ভুত বা অস্বস্তিকর মনে হয় তখনও।

পরিচয়ের রূপান্তর প্রত্যাখ্যান নয়, বরং বিবর্তন—এই স্বীকৃতি এই পদ্ধতিটিকে অনন্য করে তোলে। আপনি অন্য কেউ হয়ে উঠছেন না—আপনি আরও প্রামাণিকভাবে সেই ব্যক্তি হয়ে উঠছেন যিনি আপনি সবসময় ছিলেন, সেই অভিযোজিত প্যাটার্নগুলোর নীচে যা একসময় আপনাকে সেবা দিলেও এখন আপনাকে আটকে রাখে।

চূড়ান্ত চ্যালেঞ্জটি কৌশল সম্পর্কে নয়, বরং এমন একটি পথে হাঁটার সাহস খুঁজে পাওয়া নিয়ে যার কোনো বাহ্যিক বৈধতা নাও থাকতে পারে। যখন আপনাকে অনুমোদন বা নিশ্চিতকরণ খোঁজার শর্ত দেওয়া হয়েছে, তখন অজানার সঙ্গে নতুন সম্পর্ক তৈরি করা এবং নিজের অভ্যন্তরীণ নির্দেশিকা ব্যবস্থাকে বিশ্বাস করাও আপনাকে শিখতে হবে।

অচেনা ভূখণ্ডের সাহস

মুক্তির চূড়ান্ত পর্যায়টি কৌশল সম্পর্কে নয়—এটি নিজের পথে হাঁটার মৌলিক সাহসকে আলিঙ্গন করা নিয়ে, যখন সেই পথটি পুরোপুরি দৃশ্যমান নয়, এমনকী তখনও যখন কোনো বাহ্যিক বৈধতাও সঠিক দিক নির্দেশ করছে না।

'আনসার্টেনিটি এমব্রেস প্র্যাকটিস' (Uncertainty Embrace Practice)-এর মাধ্যমে এই সাহস গড়ে তুলুন: প্রতিদিন, ইচ্ছাকৃতভাবে এমন একটি কাজ করুন যার জন্য আপনার কোনো স্ক্রিপ্ট নেই, আপনার কোনো অভিজ্ঞতা নেই, সাফল্যের কোনো গ্যারান্টি নেই। ছোট কাজ দিয়ে শুরু করুন—এমন একটি ইচ্ছে প্রকাশ করুন যা নিয়ে আপনি সাধারণত চুপ করে থাকতেন, এমন একটি সীমানা তৈরি করুন আগে যা আপনি সাধারণত ছেড়ে দিতেন, এমন একটি বিষয়ে আগ্রহ দেখান যা আপনার আগের সত্তা বাতিল করে দিত। অজানার দিকে প্রতিটি পদক্ষেপের সঙ্গে, আপনি অনিশ্চয়তা সহ্য করার ক্ষমতাকে শক্তিশালী করেন—যা খাঁটি জীবনযাপনের জন্য অপরিহার্য।

যখন সন্দেহ অনিবার্যভাবে দেখা দেবে, তখন **'সোল কম্পাস চেক' (Soul Compass Check)** প্রয়োগ করুন:

১. আপনার হাত আপনার হৃদয় বা পেটের ওপর রাখুন।
২. নিজেকে জিজ্ঞাসা করুন: "এই ইচ্ছেটা আমার সত্তার মধ্যে প্রসারণ না সংকোচন, কী তৈরি করে?"
৩. যে শারীরিক অনুভূতি জাগে তা লক্ষ করুন—সূক্ষ্ম খোলা ভাব না আঁটোসাঁটো ভাব।
৪. বুদ্ধিবৃত্তির যুক্তির চেয়ে এই শারীরিক-জ্ঞানকে বিশ্বাস করুন।

এই অনুশীলনটি, যাকে স্নায়ুবিজ্ঞানীরা 'ইন্টারোসেপশন' (Interoception) বলেন তাতে প্রবেশ করে—আপনার শরীরের অভ্যন্তরীণ অবস্থা সম্পর্কে আপনার মস্তিষ্কের ধারণা—যা সজ্ঞান সিদ্ধান্ত গ্রহণে গুরুত্বপূর্ণ ভূমিকা পালন করে বলে গবেষণায় ক্রমবর্ধমানভাবে দেখা যাচ্ছে। সচেতন চিন্তার আগে আসা সূক্ষ্ম শারীরিক সংকেতগুলো শনাক্ত করতে শিখে, আপনি এমন জ্ঞান বা প্রজ্ঞার অ্যাক্সেস পান যাকে ম্যানিপুলেশন স্পর্শ করতে পারে না।

'ফ্রিডম অ্যাফার্মেশন' (Freedom Affirmation)-এর মাধ্যমে প্রতিদিন

আপনার সাহসকে শক্তিশালী করুন—ফাঁকা ইতিবাচক চিন্তা হিসেবে নয় বরং সার্বভৌমত্বের সক্রিয় ঘোষণা হিসেবে: "আমি আমার জীবনের রচয়িতা। আমি আমার উপলব্ধিকে বিশ্বাস করি। আমি আমার প্রয়োজনগুলোকে সম্মান করি। আমি এমন জিনিস থেকে দূরে সরে যাই যা আমাকে ছোট করে। আমি তার দিকে এগিয়ে যাই যা আমাকে প্রসারিত করে। আমার বিবর্তনের জন্য আমি কোনো ব্যাখ্যার কাছে ঋণী নই।"

একত্রীকরণ

ভালোবাসা এবং খাঁটি উদ্দেশ্য নিয়ে চললে আপনি
সর্বদা জিতবেন। সর্বদা।

ম্যানিপুলেশন থেকে মুক্তি, আত্ম-সন্দেহ থেকে আত্মবিশ্বাস, বন্দিদশা থেকে সাহসের যাত্রা কোনো একক সিদ্ধান্ত নয়, বরং প্রতিদিন নিজেকে বেছে নেওয়ার একটি অনুশীলন।

এটি শুরু হয় গ্যাসলাইটিং এবং ম্যানিপুলেশনের বিরুদ্ধে আপনার বাস্তবতাকে নোঙর করার মাধ্যমে। আপনাকে ছোট করে এমন চক্রগুলো থেকে একটি চূড়ান্ত প্রস্থানের মাধ্যমে এটি চলতে থাকে। এটি গভীর হয় যখন আপনি পরিচয়ের বিভ্রান্তিকর কিন্তু প্রয়োজনীয় রূপান্তরের মধ্য দিয়ে যান। এবং আপনার নিজের অভ্যন্তরীণ কম্পাস দ্বারা নির্দেশিত একটি অজানা পথে হাঁটার সাহসে এটি চূড়ান্ত পরিণতি পায়।

নির্দিষ্ট সম্পর্ক বা পরিস্থিতি পেছনে ফেলে আসা সম্পর্কে নয়, বরং স্বচ্ছতা, প্রত্যয় এবং আপনার নিজের অভিজ্ঞতার প্রতি অটল অঙ্গীকারের সঙ্গে আপনি কীভাবে পৃথিবীতে চলেন তার স্থায়ী পরিবর্তন। এটি স্বীকার করা যে আপনার দৃষ্টিভঙ্গি গুরুত্বপূর্ণ, আপনার প্রয়োজনগুলো গুরুত্বপূর্ণ, আপনার প্রকাশ গুরুত্বপূর্ণ—অন্য কেউ এগুলোকে বৈধতা দিচ্ছে বলে নয়, বরং আপনি বলছেন বলে।

যে আগুনটি উন্মুক্ত হওয়ার অপেক্ষায় ছিল তাকে কেবল দমন করা বন্ধ করতে হবে। এটি সবসময়ই আপনার মধ্যে ছিল, কেবল সন্দেহের নীচে, অপরাধবোধের নীচে, ভয়ের নীচে চাপা পড়ে ছিল। এখন, যখন আপনি

সম্পূর্ণরূপে আপনার নিজের কর্তৃত্বে পা রাখছেন, এটি কেবল আপনার পথকেই আলোকিত করবে না, বরং আপনার জন্ম নেওয়ার কারণটিকেও আলোকিত করে—এমন একটি সত্য প্রকাশ করতে যা কেবল আপনিই মূর্ত করতে পারেন, এমন একটি উপহার দিতে যা কেবল আপনিই দিতে পারেন।

বিশ্বাসঘাতকতা হলো কাপুরুষতার চূড়ান্ত কাজ। সৎ হতে সাহস লাগে, কিন্তু প্রতারণা করতে কোনো সাহস লাগে না। এটি একটি পছন্দ, ভুল নয়। এটি আনুগত্য এবং সত্যের ঊর্ধ্বে স্বার্থকে স্থান দেওয়ার একটি সচেতন সিদ্ধান্ত।

মুক্তির জন্য এই ব্যবহারিক কৌশলগুলো হাতে নিয়ে, আমরা এখন রূপান্তরের আরও গভীর মাত্রাগুলো অন্বেষণ করতে পারি। আমরা এ পর্যন্ত যে টুলগুলো কভার করেছি সেগুলো আবেগীয় প্রতিক্রিয়ার লক্ষণ এবং তাৎক্ষণিক কারণগুলোকে সমাধান করে, কিন্তু দীর্ঘস্থায়ী স্বাধীনতার জন্য পৃষ্ঠের নীচে কাজ করা আরও সূক্ষ্ম প্যাটার্নগুলো বোঝা প্রয়োজন—সেই গোপন প্রক্রিয়াগুলো যা আমাদের আটকে রাখে, এমনকী যখন আমরা সক্রিয়ভাবে পরিবর্তনের চেষ্টা করছি তখনও।

পঞ্চম পর্ব

পৃষ্ঠের ওপারে—ভিন্ন ধারণাগুলো, যেগুলো ঠিক ততটাই গুরুত্বপূর্ণ

পঞ্চদশ অধ্যায়

আপনি পারেন

মানুষ এই বছর আমাকে তাদের আসল রূপ দেখিয়েছে।
আমার সেটারই দরকার ছিল।

কতবার আপনি আসলে বুঝতে না পেরেই উন্নতি করেছেন? কতবার আপনি এমন কিছু জয় করেছেন, যা একসময় অসম্ভব মনে হতো? আমার মনে আছে প্রথম যেবার আমি স্নোবোর্ডিং করতে গিয়েছিলাম। আসলে, সেবারই প্রথমবার আমি বরফ দেখেছিলাম। আমার বয়স তখন ১৬ বছর। আমি আমার দাদা, দিদি এবং তাদের পার্টনারদের সঙ্গে বেড়াতে গিয়েছিলাম। আমার দাদার পূর্বে স্নোবোর্ডিং করার অভিজ্ঞতা থাকায় সে আমাকে একটা গ্রুপ লেসনে যেতে বলেছিল, যেখানে স্নোবোর্ডিং শেখানো হয়। সেখান থেকে বেরিয়ে ভেবেছিলাম, "আমি এটা কখনোই পারব না!" আমি এতবার পড়েছিলাম যে আমার গায়ে কালশিটে পড়ে গিয়েছিল। আমার মনে হয়েছিল এটি আমার করা সবচেয়ে কঠিন কাজ। আমি বোর্ডের উপর যেরকম অস্বাভাবিক অবস্থায় আটকে ছিলাম তা আর কহতব্য নয়। আমি আমার দাদাকে বললাম যে আমি বাকি ট্রিপটা শুধু বিশ্রাম করেই কাটাব, কিন্তু সে আমাকে বোঝাল যে আমি যদি চেষ্টা চালিয়ে যাই, তবে আমি পারব।

পরদিন, আমি আবার গ্রুপ লেসনে গেলাম... এবং জানেন কী হলো? এবার আমি একটু ভালো করলাম। আমার আত্মবিশ্বাস বাড়তে শুরু করল। চতুর্থ দিনের মধ্যে আমি একাই ঢালু পথ দিয়ে নীচে নামতে পারছিলাম। তখনও

মাঝে মাঝে পড়ে যাচ্ছিলাম, কিন্তু আগের চেয়ে অনেক ভালো করছিলাম। ব্যাপারটা হলো আপনার মন, যা এখনও পরিবর্তিত হয়নি। কিন্তু আপনি যদি বাইরে থেকে নিজেকে দেখতেন, তবে দেখতেন আপনি ইতিমধ্যে কত দূর এসেছেন। **সমস্যাটা এটা নয় যে আপনি আটকে আছেন—সমস্যা হলো, আপনার মন আপনাকে বিশ্বাস করায় যে আপনি আটকে আছেন।**

সত্যিটা হলো, আপনি কখনোই আসলে আটকে নেই। আপনার কাছে বিকল্প সবসময় আছে। সেগুলো সহজ না-ও হতে পারে, এবং সেগুলোতে ঝুঁকি থাকতে পারে, কিন্তু সেগুলোর অস্তিত্ব আছে। আপনি আটকে আছেন বলে মনে করার আসল কারণটি এই নয় যে আপনি সামনে এগোতে পারছেন না—আসল কারণ হলো আপনি এগোতে ভয় পাচ্ছেন। হয়তো আপনি ব্যর্থ হওয়ার ভয় পাচ্ছেন। হয়তো আপনি ভয় পাচ্ছেন যে, আপনি ঝুঁকি নিলে এবং মুখ থুবড়ে পড়লে লোকে কী ভাববে। হয়তো আপনি ভয় পাচ্ছেন যে, চেষ্টা করলেও কিছুই বদলাবে না। এবং তাই, সেই ভয়ের মুখোমুখি হওয়ার বদলে, আপনি নিষ্ক্রিয়তা বেছে নিচ্ছেন। আপনি নিজেকে বিশ্বাস করাচ্ছেন যে আপনি ক্ষমতাহীন, যখন আপনি তা নন।

আমাদের আটকে থাকার অনুভূতির একটা কারণ হলো পুনরাবৃত্তি থেকে আসা স্থবির শক্তি। দিনের পর দিন, একই জায়গায় একই কাজ করতে করতে, আপনার শক্তি পরিচিত ছকে আটকা পড়ে যায়। একবার ভাবুন—কতবার আপনি কেবল হাঁটা, নতুন কোথাও ভ্রমণ করা, এমনকী কেবল আপনার আসবাবপত্র নতুন করে সাজানোর মতো কাজে আপনার পরিবেশ পরিবর্তন করেই নতুন উদ্যম অনুভব করেছেন? এর একটা কারণ আছে। **নড়াচড়া নতুন শক্তি তৈরি করে। নতুন স্থান নতুন সম্ভাবনা তৈরি করে।**

আমার উদ্বেগ এবং 'রুমিনেশন'-এর এক ক্লান্তিকর চক্রে আটকে থাকার কথা মনে আছে। কয়েক সপ্তাহ ধরে, আমি মানসিকভাবে এর থেকে বেরোনোর চেষ্টা করেছি। আমি নিজেকে বলছিলাম যে আমাকে আরও শক্তিশালী হতে হবে, আমার কেবল ইচ্ছাশক্তির মাধ্যমে আমার চিন্তার ধরন ঠিক করা উচিত। আমি মেডিটেশন করেছি, জার্নাল লিখেছি এবং আমার জানা সমস্ত মানসিক কৌশল অনুশীলন করেছি, তবুও উদ্বেগের চিন্তাগুলো অবিরাম চক্রাকারে ঘুরছিল। যদিও সেগুলোর সবই সাময়িকভাবে সাহায্য করেছিল, আমি বুঝতে

পারিনি যে আরেকটি অন্তর্নিহিত পুনরাবৃত্তিমূলক শক্তি এরই মধ্যে তৈরি হচ্ছিল... এবং আমাকে সেটার সমাধান করতে হতো।

এগুলো কিছুই বদলাল না যতক্ষণ না আমি রোড ট্রিপে যাওয়ার সিদ্ধান্ত নিলাম। ড্রাইভের প্রায় দুই ঘণ্টা পর অসাধারণ কিছু ঘটল—আমি অনুভব করতে শুরু করলাম আমার উদ্বেগ এবং লুপে চলা চিন্তাগুলো মিলিয়ে যাচ্ছে। আমি সেই দুই ঘণ্টায় এই অবস্থার মোকাবিলা করার দক্ষতা তৈরি করিনি; আমি কেবল আমার শারীরিক অবস্থান পরিবর্তন করেছি। আমার পরিচিত পরিবেশ থেকে আমি যত দূরে ড্রাইভ করছিলাম, আমার মন তত শান্ত হয়ে আসছিল। কখনো কখনো আমরা যাকে মানসিক বাধা হিসেবে ব্যাখ্যা করি তা আসলে পরিবেশগত বাধা।

এজন্যই কখনো কখনো আপনি সবচেয়ে শক্তিশালী যে পদক্ষেপটি নিতে পারেন তা মানসিক প্রচেষ্টা দ্বিগুণ করা নয়, বরং কেবল আপনার পরিবেশ পরিবর্তন করা। এক সপ্তাহান্তের ছুটি, প্রকৃতিতে কাটানো একটি দিন, এমনকী ভিন্ন জায়গা থেকে কাজ করা, নতুন দৃষ্টিভঙ্গি উঠে আসার জন্য প্রয়োজনীয় মানসিক স্থান তৈরি করতে পারে। শারীরিক দূরত্ব প্রায়শই মানসিক দূরত্বে রূপান্তরিত হয়, যা আপনাকে আপনার পরিস্থিতি নতুন চোখে দেখতে দেয়।

যখন শক্তি স্থবির হয়ে যায়, আপনার চিন্তাগুলো লুপ করতে শুরু করে। একই উদ্বেগ, একই ভয়, একই আত্ম-সন্দেহ আপনার মনে বারবার বাজতে থাকে। এবং যেহেতু আপনার পরিবেশের কিছুই পরিবর্তিত হচ্ছে না, তাই আপনার অভ্যন্তরীণ ল্যান্ডস্কেপেরও কিছুই পরিবর্তিত হয় না। আপনি একই সমস্যাগুলো একই দৃষ্টিভঙ্গি থেকে দেখছেন, তাই স্বাভাবিকভাবেই, আপনি একই সমাধান—বা সমাধানের অভাব—খুঁজে পাচ্ছেন।

বৃদ্ধি বা গ্রোথ সঠিক মুহূর্তের জন্য অপেক্ষা করা থেকে আসে না। এটি আসে এই সিদ্ধান্তটা নেওয়া থেকে যে আপনি যেখানে আছেন সেখানে থাকাটা আর কোনো বিকল্প নয়। এটি আসে যখন আপনি ভীত, যখন আপনি "অপ্রস্তুত", যখন ফলাফল অনিশ্চিত—তখন পদক্ষেপ নেওয়া থেকে। কখনো কখনো সেই পদক্ষেপটা নিজেকে একটা নতুন পরিবেশে নিয়ে যাওয়ার মতোই সহজ হতে পারে, বিশেষ করে প্রকৃতির মাঝে, যেখানে আপনার চিন্তাচ্ছন্ন মনের ভাবনাগুলো একটু শান্ত হওয়ার অবকাশ পায়।

যদি আপনার মনে হয় আপনি আটকে আছেন, তবে নিজেকে জিজ্ঞাসা

করুন: আমি কি আসলে আটকে আছি, নাকি আমি কেবল ভিন্ন কিছু করতে ভয় পাচ্ছি? আমি কি একই পরিবেশে খুব বেশি দিন ধরে আছি, একই মন দিয়ে সমস্যা সমাধানের চেষ্টা করছি যা তাদের সৃষ্টি করেছে? কারণ বেশিরভাগ ক্ষেত্রে, একমাত্র যে জিনিসটি আপনাকে এক জায়গায় আটকে রাখছে তা আপনার চারপাশের জগৎ নয়—এটি আপনার মনের ভেতরের গল্প। যে মুহূর্তে আপনি নড়াচড়া করার সিদ্ধান্ত নেন, তা ভিন্ন কোনো পদক্ষেপ নেওয়া হোক বা কেবল আপনার শারীরিক অবস্থান পরিবর্তন করা, আপনি বুঝতে পারবেন যে আপনি সবসময়ই উন্নতির জন্য প্রস্তুত ছিলেন। কিন্তু এই সীমা উৎপাদক গল্পগুলো প্রথমে তৈরিই হয় কার দ্বারা? এই মানসিক বাধাগুলোর পেছনে একটি শক্তিশালী শক্তি রয়েছে যা আপনাকে রক্ষা করে আবার সীমাবদ্ধও করে—তা হলো অহং বা ইগো। এই নীরব প্রতারক কীভাবে কাজ করে তা বোঝা হলো স্থবিরতার বিভ্রম থেকে নিজেকে মুক্ত করার চাবিকাঠি।

ষষ্ঠদশ অধ্যায়

ইগোর নীরব কারসাজি: আপনার মন কীভাবে আপনাকে ছোট করে রাখে

কখনো কখনো মানুষ এমন আচরণ করবে যেন আপনাকে সামলানো কঠিন, কারণ আপনাকে বোকা বানানো সহজ নয়।

ইগো বা অহং-কে প্রায়ই ভুল বোঝা হয়। এটাকে সহজেই অহঙ্কার হিসেবে ভাবা যায়। অর্থাৎ এমন ব্যক্তি যে উচ্চস্বরে বড়াই করে, জায়গা দখল করে এবং বিশ্বাস করে যে সে অন্য সবার চেয়ে শ্রেষ্ঠ। **কিন্তু ইগো তার চেয়ে অনেক বেশি শান্ত।** এটি কেবল অতিরিক্ত আত্মবিশ্বাস হিসেবেই দেখা দেয় না—এটি আত্ম-সন্দেহ, বিচারের ভয় এবং নিজেকে সকলের সামনে প্রকাশ করতে দ্বিধা হিসেবেও উপস্থিত হয়।

ইগো হলো তা যা আপনাকে আপনার চিন্তাভাবনা শেয়ার করা থেকে বিরত রাখে, কারণ আপনি ভয় পান যে মানুষ দ্বিমত পোষণ করবে। ইগো হলো তা যা আপনাকে আপনার স্বপ্নগুলো নিয়ে দ্বিতীয়বার ভাবায়, কারণ ব্যর্থ হওয়াটা অপমানজনক। ইগো হলো সেই কণ্ঠস্বর যা আপনাকে আপনার কমফোর্ট জোনে থাকতে রাজি করায়, আপনাকে বলে যে ঝুঁকি নেওয়ার চেয়ে নিরাপদে খেলা ভালো। ইগো আপনাকে বলে যে আপনি সবসময় সঠিক, এবং চায় না আপনি শিখুন, পরিবর্তন করুন বা বড় হোন। ইগো চায় আপনি আটকে থাকুন, একই চক্র তৈরি করুন।

কিন্তু ফাঁদটা এখানে: **ইগোর এক নম্বর লক্ষ্য আপনাকে সুখী করা নয়—এর লক্ষ্য আপনাকে নিরাপদ রাখা।** এবং তা করতে গিয়ে, এটি প্রায়শই আপনাকে ছোট করে রাখে। এটি আপনাকে অজানার পথে পা বাড়ানোর আগে দ্বিধান্বিত করে, নিয়ন্ত্রণের এক বিভ্রমকে আঁকড়ে ধরে যার আসলে কোনো অস্তিত্বই নেই। এটি আপনাকে বিশ্বাস করায় যে আপনি যদি কেবল লজ্জা, প্রত্যাখ্যান বা ব্যর্থতা এড়িয়ে চলেন তবে আপনি ভালো থাকবেন।

কিন্তু এই জিনিসগুলো এড়িয়ে চলা কি কখনো সত্যিই আপনাকে ভালো বোধ করিয়েছে? ঝুঁকি এড়াতে নিজেকে সংকুচিত করা কি কখনো আপনাকে সত্যিকারের আত্মবিশ্বাসের দিকে নিয়ে গেছে?

আপনার ইগো সবচেয়ে বড় যে চালটি খেলে তা হলো আপনাকে বিশ্বাস করানো যে আপনি যদি অস্বস্তি এড়িয়ে চলেন তবে আপনি সুরক্ষিত থাকবেন। কিন্তু বাস্তবে, অস্বস্তি এড়িয়ে চলা কেবল অবস্থাটিকে আরও খারাপ করে তোলে। **আপনি নিরাপদে খেলে আত্মবিশ্বাস অর্জন করেন না—আপনি আপনার পথে যা-ই আসুক না কেন তা সামলাতে পারেন—এটা নিজেকে প্রমাণ করার মাধ্যমে আত্মবিশ্বাস অর্জন করেন।**

ইগোর কারণে আপনি যে জিনিসগুলো এড়িয়ে গেছেন সেগুলোর কথা ভাবুন। কতবার আপনি নিজেকে প্রকাশ করা থেকে বিরত থেকেছেন কারণ আপনি বিচারের ভয় পেয়েছেন? কতবার আপনি কোনো সুযোগ ফিরিয়ে দিয়েছেন কারণ সেটিতে ব্যর্থ হওয়াটা একদমই চেষ্টা না করার চেয়ে খারাপ মনে হয়েছে? ইগো বরং আপনাকে চেষ্টা না করার অনুশোচনা নিয়ে বাঁচতে দেবে, কিন্তু চেষ্টা করে ব্যর্থ হওয়ার সাময়িক কষ্ট পেতে দেবে না। কিন্তু দীর্ঘমেয়াদে, কোনটি বেশি আঘাত দেয়?

সত্যিটা হলো, ইগো কেবল আরেকটি মানসিক গঠন। এটি আপনার অতীতের অভিজ্ঞতা, সামাজিক কন্ডিশনিং এবং ব্যক্তিগত ভয় থেকে তৈরি একটি প্রতিরক্ষা ব্যবস্থা। কিন্তু এটি স্বয়ং আপনি নন। যে মুহূর্তে আপনি এর কৌশলগুলো চিনতে পারবেন, আপনি এর ওপর ক্ষমতা লাভ করবেন। আপনি ভয়কে আপনার হয়ে সিদ্ধান্ত নিতে দেওয়া বন্ধ করবেন। মানুষ কী ভাববে সেই কারণে আপনি সুযোগ এড়ানো বন্ধ করবেন। আপনি নিরাপত্তার বিভ্রমকে আপনার সত্যিকারের বৃদ্ধি বা গ্রোথ অনুভব করা থেকে আটকাতে দেবেন না। আপনার ইগো সবসময় আপনাকে রক্ষা করার চেষ্টা করবে। কিন্তু এই

সিদ্ধান্তটা নেওয়া আপনার ওপর নির্ভর করে যে আপনি একটি সুরক্ষিত জীবন যাপন করতে চান নাকি একটি পরিপূর্ণ জীবন।

আপনি যদি আমার একটি ভিন্ন রূপ দেখতে পান, তার মানে আমি আপনার আসল রূপ দেখেছি।

যেহেতু আমরা আমাদের ইগোর সীমাবদ্ধতার বাইরে চলে যাচ্ছি, আমরা এবার জীবনের অন্যতম জটিল বিষয়ের মুখোমুখি হই: নিরাময়ের জন্য প্রয়োজনীয় ক্ষমা। আমরা সবাই ক্ষমার বিষয়ে ভিন্ন ভিন্ন দৃষ্টিভঙ্গি শুনেছি—আধ্যাত্মিক ঐতিহ্য থেকে শুরু করে সেলফ-হেল্প বই এবং ব্যক্তিগত উপদেশ পর্যন্ত। কিন্তু নিরাময় খুব কমই একটি সরলরেখা অনুসরণ করে এবং ক্ষমার সঙ্গে আমাদের সম্পর্ক গভীরভাবে ব্যক্তিগত হতে পারে। ক্ষমা আসলে কী বোঝায়? আহত হওয়ার পর শান্তি পাওয়ার কি একটাই উপায় আছে? এই প্রশ্নগুলো অন্বেষণ করতে গিয়ে, আমরা আবিষ্কার করতে পারি যে নিরাময়ে আরও বেশি সূক্ষ্মতা রয়েছে, এবং সামনে এগিয়ে যাওয়ার পথটি আমাদের প্রত্যাশার চেয়ে ভিন্ন হতে পারে।

ষষ্ঠ পর্ব

মুক্তির পথ

সপ্তদশ অধ্যায়

ক্ষমা সম্পর্কে তারা আপনাকে যা বলেনি

আমাদের সারা জীবন ধরে আমরা এই শিক্ষার মুখোমুখি হই যে নিরাময়ের জন্য ক্ষমা অপরিহার্য। বার্তাটি পরিষ্কার মনে হয়: শান্তি পেতে হলে, যারা আমাদের ক্ষতি করেছে তাদের অবশ্যই ক্ষমা করতে হবে। তবুও যখন আমরা নিরাময়ের যাত্রার গভীরে যাই, আমরা আরও সূক্ষ্ম সত্য আবিষ্কার করি—এমন সত্য যা ক্ষমার গভীর ক্ষমতা এবং প্রতিটি ব্যক্তির নিরাময় পথের গভীরভাবে ব্যক্তিগত প্রকৃতি—উভয়কেই সম্মান করে।

যখন কেউ আপনি নিজেকে কীভাবে দেখেন, আপনি কীভাবে পৃথিবীতে চলেন বা আপনার নিজের শরীরে আপনি কতটা নিরাপদ বোধ করেন তা মৌলিকভাবে পরিবর্তন করে দেয়, তখন ক্ষমার প্রশ্নটি অনুপ্রেরণামূলক উক্তিগুলোর পরামর্শের চেয়ে আরও জটিল হয়ে ওঠে। এই গভীর ক্ষতগুলো আমাদের সত্তার মূল স্পর্শ করে, নিজের সঙ্গে এবং আমাদের চারপাশের জগতের সঙ্গে আমাদের সম্পর্ককে নতুন আকার দেয়। এই পরিস্থিতিতে, নিরাময় সবসময় একটি নির্ধারিত সূত্র অনুসরণ করে না। কখনো কখনো, পূর্ণতার পথে নির্দিষ্ট ক্ষতগুলোকে ভিন্নভাবে সম্মান জানানো প্রয়োজন হয়।

এটি প্রতিশোধ পুষে রাখা বা তিক্ত থাকার বিষয় নয়—বরং স্বীকার করা যে সত্যিকারের নিরাময় আসে খাঁটি হওয়া থেকে, আপনি সত্যিই প্রস্তুত হওয়ার আগে ক্ষমা করতে নিজেকে বাধ্য করা থেকে নয়।

অকাল ক্ষমার চেয়ে নিজের নিরাময়কে অগ্রাধিকার দেওয়ার মধ্যে একটি নীরব শক্তি থাকতে পারে। এই বিকল্পটিকে পছন্দ করা স্বচ্ছতাকে প্রতিফলিত করে, বিরক্তিকে নয়। আপনি বাস্তবতাটিকে ছোট না করেই স্বীকার করেছেন। আপনি মেনে নিয়েছেন যে অন্য ব্যক্তিটি হয়তো কখনোই বদলাবে না, ক্ষমা চাইবে না বা দায়িত্ব নেবে না। আপনি এমন ক্ষমার মাধ্যমে নয়, বরং সীমানা এবং আত্ম-সম্মানের মাধ্যমে শান্তি খুঁজে পেয়েছেন।

আপনার শরীরের স্বাভাবিক নিরাময় প্রক্রিয়া বিবেচনা করুন। যখন আপনি গভীর আঘাত পান, তখন নিরাময়ের জন্য আপনার শরীরকে যে জিনিসটি কেটেছে তাকে "ক্ষমা" করার **প্রয়োজন** হয় না। এর সঠিক যত্ন প্রয়োজন—ক্ষত পরিষ্কার করা, এটিকে আরও ক্ষতি থেকে রক্ষা করা, এটিকে সময় দেওয়া এবং হয়তো চিকিৎসার প্রয়োজন। শরীরের প্রজ্ঞা নিহিত থাকে পুনরুদ্ধারে অগ্রাধিকার দেওয়ার মধ্যে, আঘাতের কারণ হওয়া বস্তুর সঙ্গে পুনর্মিলনে নয়। আমাদের মানসিক নিরাময়ও একইরকম প্যাটার্ন অনুসরণ করতে পারে—আমাদের ক্ষতি করা জিনিসের সঙ্গে আমাদের সম্পর্কের চেয়ে আমাদের নিজস্ব পুনরুদ্ধারের ওপর প্রথমে ফোকাস করা, তাতে যতই সময় লাগুক না কেন।

সত্যিকারের ক্ষমা, যখন এটি প্রাকৃতিকভাবে ভেতর থেকে উঠে আসে, তখন তার প্রচুর ক্ষমতা থাকে, এবং আমি মনে করি এটি সেই চূড়া যেখানে আমরা সবাই একদিন পৌঁছাতে চাই, প্রতিটি পরিস্থিতির জন্য। কিন্তু কেবল তখনই, বা যদি, আমরা কখনো প্রস্তুত হই।

যখন এটি একটি সত্যিকারের নিষ্কৃতি হিসেবে আবির্ভূত হয় যা আপনার জন্য সঠিক মনে হয়—বাইরের চাপ বা বাধ্যবাধকতা থেকে নয়—তখন এটি গভীরভাবে মুক্তিদায়ক হতে পারে। তবুও, এই ধরনের ক্ষমা তৈরি করা বা তাড়াহুড়ো করা যায় না। এটি তার নিজস্ব সময়ে আসে, যেমন একটি ফুল তখনই ফোটে যখন পরিস্থিতি ঠিক থাকে, যখন আমরা দাবি করি তখন নয়।

অনেকে যা খোলাখুলি আলোচনা করেন না তা হলো, প্রকৃত প্রস্তুতির চেয়ে বাধ্যবাধকতার অনুভূতি থেকে ক্ষমার পেছনে ছুটলে তা আসলে নিরাময়কে বাধাগ্রস্ত করতে পারে। যারা সময়ের আগে নিজেকে ক্ষমা প্রদান করতে বাধ্য করে তারা প্রায়শই ক্রমাগত ক্ষতি বা দীর্ঘস্থায়ী বিরক্তির চক্রে আটকা পড়ে, যার জন্য তারা পরে অপরাধবোধ অনুভব করে।

তাদের যা অনুভব করা উচিত বলে তারা বিশ্বাস করে এবং তারা আসলে যা অনুভব করে—এর মধ্যে অমিল অতিরিক্ত কষ্টের সৃষ্টি করে—এখন তারা কেবল মূল ক্ষতটিই প্রসেস করছে না, বরং "সঠিকভাবে" ক্ষমা না করার জন্য অপর্যাপ্তও বোধ করছে।

ক্ষমার সঙ্গে আপনার সম্পর্ক সময়ের সঙ্গে বিবর্তিত হতে পারে। আজ যা অসম্ভব মনে হচ্ছে তা আপনি নিজেকে পুনর্গঠন করার সঙ্গে ধীরে ধীরে রূপান্তরিত হতে পারে। হয়তো একদিন, যখন ক্ষতটি আর আপনার পরিচয়ের কোনো অংশকে সংজ্ঞায়িত করবে না, তখন ক্ষমা অপ্রত্যাশিতভাবে আসতে পারে—অন্য ব্যক্তিটি এটির যোগ্য বলে নয়, বরং নিজেকে রক্ষা করার জন্য আপনার আর এটি ধরে রাখার প্রয়োজন নেই বলে। অথবা হয়তো আপনার পথ আপনাকে অন্য কোথাও নিয়ে যায়—এবং সেটিও সম্পূর্ণ বৈধ।

নিরাময়ের সারাংশ বাইরের প্রত্যাশা পূরণ করা নয়, বরং আবার পূর্ণ হওয়া। এটি আপনার খাঁটি সত্তাকে পুনরুদ্ধার করা, অন্যের মানদণ্ডে নিজেকে গুণী বা "সুস্থ" দেখানোর জন্য ক্ষমা প্রদর্শন করা নয়। কারও কাছে আপনার নিরাময় যাত্রার যৌক্তিকতা প্রমাণ করার প্রয়োজন নেই। আপনি সামনের দিকে আপনার নিজস্ব পথ সংজ্ঞায়িত করার জন্য অনুমতিপ্রাপ্ত:

আমি নিরাময়ের জন্য আমার নিজস্ব সময়সীমাকে সম্মান করি। আমি প্রস্তুত হওয়ার আগে সমবেদনা অনুভব করার চাপ ছেড়ে দিচ্ছি। আমি স্বীকার করি যে মুক্তির অনেক পথ আছে।

যা সত্যিই গুরুত্বপূর্ণ তা হলো আপনি ক্ষমা করলেন কি না তা নয়, বরং আপনি এমনভাবে আপনার জীবন নিয়ে এগিয়ে যেতে সক্ষম কি না যা খাঁটি এবং পূর্ণ মনে হয়। অনেকে তাদের নিজস্ব মূল্যবোধ দ্বারা সংজ্ঞায়িত সমৃদ্ধ, পরিপূর্ণ জীবন গড়ে তুলেছেন, নির্দিষ্ট গভীর ক্ষতের জন্য ক্ষমার বিন্দুতে না পৌঁছেই—এবং এটি তাদের নিরাময়কে কোনো অংশে কম সম্পূর্ণ করেনি। তারা তাদের অভিজ্ঞতাগুলো প্রসেস করার, শিক্ষাগুলো গ্রহণ করার, স্পষ্ট সীমানা প্রতিষ্ঠা করার এবং যা তাদের আনন্দ ও উদ্দেশ্য এনে দেয় তার দিকে তাদের শক্তি পুনঃনির্দেশিত করার উপায় খুঁজে পেয়েছেন।

তিক্ততায় আটকে থাকা এবং সচেতনভাবে ক্ষমা না করার সিদ্ধান্ত নিয়ে এগিয়ে যাওয়ার মধ্যে গভীর পার্থক্য রয়েছে। প্রথমটি আপনাকে অতীতের সঙ্গে বেঁধে রাখে, আর শেষেরটি যা ঘটেছে তা স্বীকার করে কিন্তু এটিকে আপনার

ভবিষ্যৎ নির্ধারণ করতে দেয় না। আপনি কাউকে ক্ষমা না করেও আপনার জীবনের ওপর তাদের শ্বাসরোধকারী প্রভাব ছেড়ে দিতে পারেন। আপনি মুক্তি ছাড়াই তাদের কর্মের ভার বহন করা বন্ধ করতে পারেন। সমাজ প্রায়শই যে ক্ষমার আচারের দাবি করে তা সম্পূর্ণ না করেই আপনি আপনার ক্ষমতা এবং শান্তি পুনরুদ্ধার করতে পারেন।

যখন আপনি আপনার নিরাময় যাত্রার ওপর এই সার্বভৌমত্ব পুনরুদ্ধার করেন, তখন উল্লেখযোগ্য কিছু ঘটে। আপনি এমন কিছু স্পর্শ করতে শুরু করেন যা আপনার সঙ্গে কী ঘটেছে তার গল্পের চেয়েও গভীর—অভ্যন্তরীণ শান্তির এক মৌলিক উৎস যা কোনো নির্দিষ্ট সম্পর্ক বা অতীতের ক্ষতের বাইরে বিদ্যমান।

এই পরিবর্তন আপনার ফোকাস বাইরের পরিস্থিতি থেকে আপনার নিজস্ব অভ্যন্তরীণ সামঞ্জস্য চাষের দিকে সরিয়ে নেয়।

যেখানে ক্ষমা অন্যদের সঙ্গে এবং আমাদের অতীতের সঙ্গে আমরা কীভাবে সম্পর্কিত তা নিয়ে কাজ করে, সেখানে অভ্যন্তরীণ শান্তি বর্তমান মুহূর্তে আমরা কীভাবে নিজের সঙ্গে তাকে উদ্দেশ্য সম্পর্কিত করে। এবং শেষ পর্যন্ত, নিজের সঙ্গে এই সম্পর্কটিই হতে পারে সবচেয়ে গভীর নিরাময়।

অষ্টদশ অধ্যায়

সুখের ওপারে:
অভ্যন্তরীণ শান্তি খুঁজে পাওয়া

আপনি এমন কাউকে ঠিক করতে পারবেন না যে ঠিক হতে চায় না, কিন্তু চেষ্টা করতে গিয়ে আপনি নিজের জীবন নষ্ট করতে পারেন।

আপনি মানুষ... ব্যস এটুকুই। নিজেকে কেবল মানুষ হওয়ার অনুমতি দিন, নিখুঁত হওয়ার নয়। কঠিন সত্যটি হলো: সুখ যেভাবে আমাদের বুঝতে শেখানো হয়েছে, তা মূলত একটি মিথ বা কল্পকথা। ধ্রুব সুখের অন্বেষণ সম্ভবত আমাদের নেওয়া সবচেয়ে বিভ্রান্তিকর অনুসন্ধান। এটি মানব ইতিহাসে একটি অপেক্ষাকৃত নতুন আবেশও—এই ধারণা যে আমাদের চিরস্থায়ী আনন্দ এবং সন্তুষ্টির অবস্থায় থাকা উচিত।

একবার ভাবুন: আমরা কখন সিদ্ধান্ত নিলাম যে সবসময় সুখী থাকাই মানব অস্তিত্বের লক্ষ্য? এবং সুখ আসলে কী? কোন জিনিসটি এই শব্দের নিশ্চয়তা দেয়? এটি কি বাইরে গিয়ে মজা করা, এটি কি কোনো ঘোরের মধ্যে থাকা, এটি কি সবসময় শান্তিতে থাকা এবং কখনো কোনো সমস্যা না থাকা? আমরা কখন বিশ্বাস করতে শুরু করলাম যে আমরা যদি সবসময় "ভালো" বোধ না করি তবে আমাদের মধ্যে কিছু ভুল আছে?

সুখের এই আধুনিক মিথ আমাদের গভীর হতাশার জন্য তৈরি করেছে। আমাদের কাছে এই ধারণা বিক্রি করা হয়েছে যে আমরা যদি কেবল সঠিক চাকরি, সঙ্গী, বাড়ি, শরীর বা জীবনধারা খুঁজে পাই, তবে আমরা স্থায়ী সন্তুষ্টির কোনো এক অবস্থা আনলক করব। কিন্তু এই প্রতিশ্রুতি মৌলিকভাবে ত্রুটিপূর্ণ।

সুখ, তার প্রকৃতিগতভাবেই, ক্ষণস্থায়ী। এটি আসে এবং যায়। এটি পরিস্থিতির সঙ্গে, হরমোনের সঙ্গে, আবহাওয়ার সঙ্গে এবং জীবনের অসংখ্য চলক যা আমাদের নিয়ন্ত্রণের বাইরে—তার সঙ্গে বাড়ে এবং কমে। আমরা যত মরিয়া হয়ে এটিকে তাড়া করি, এটি তত বেশি আমাদের এড়িয়ে যায় বলে মনে হয়। আমরা যত বেশি সুখের মুহূর্তগুলো ধরে রাখার চেষ্টা করি, সেগুলো তত দ্রুত আমাদের আঙুলের ফাঁক দিয়ে গলে যায়। এবং ক্রমাগত এই অধরা অবস্থাকে অনুসরণ করতে গিয়ে, আমরা পূর্ণ মানবিক অভিজ্ঞতার সমৃদ্ধি মিস করি।

আমাদের মানবিকতা মেনে নেওয়ার একটা অংশ হলো এটা স্বীকার করা যে **আমরা সর্বদা শেখার প্রক্রিয়ায় আছি**—এবং সেই প্রক্রিয়াটি খুব কমই সরলরেখা অনুসরণ করে। কখনো কখনো আমরা পনেরো বছর ধরে একই ভুল করি। আমরা একই ধরনের মানুষের কাছে ফিরে যাই যারা আমাদের আগে আঘাত করেছিল। আমরা আত্ম-ধ্বংসাত্মক অভ্যাসে ফিরে আসি যা আমরা প্রতিজ্ঞা করেছিলাম আর কখনো করব না। আমরা নিজেদের এমন প্যাটার্নে খুঁজে পাই যা এতই পরিচিত যে শুরু হওয়ার আগেই আমরা তাদের বেদনাদায়ক সমাপ্তি অনুমান করতে পারি।

কিন্তু আমরা প্রতিদিন যে ছোট ছোট ভুলগুলো করি সেগুলোর কী হবে? হাতছাড়া সুযোগ, অসাবধানী কথা, ভুলে যাওয়া কাজ? আমরা প্রায়শই আমাদের বড় প্যাটার্নগুলোর চেয়ে এই দৈনন্দিন ভুলগুলোর জন্য নিজের ওপর অনেক বেশি কঠোর হই। “আমি একটি ভুল করেছি এবং সেটি ঠিক আছে”—এটা বলার এবং তারপর বিষয়টিতে আটকে না থেকে এগিয়ে যাওয়ার মধ্যে মুক্তি আছে। উদ্বেগ তখনই হামাগুড়ি দিয়ে ঢোকে যখন আপনি প্রতিরোধ করার এবং যা ইতিমধ্যে ঘটে গেছে তা সংশোধন করার চেষ্টা করেন। আপনাকে নিজেকে ভুল করার বা নিখুঁত না হওয়ার সুযোগ দিতে হবে। আপনি যত

বেশি বুঝবেন যে ভুল করা মানুষ হওয়ারই অংশ, সেগুলোর ক্ষমতা আপনার ওপর তত কম হবে।

যখন আপনি একটি ছোট ভুল করেন, মুহূর্তের জন্য এটি সম্পূর্ণরূপে অনুভব করুন, তারপর এটি মেনে নিয়ে নিজেকে এগিয়ে যাওয়ার অনুমতি দিন। আপনি দ্রুত বুঝতে পারবেন, এটি কখনোই পৃথিবীর শেষ নয়। আপনি যদি পেছনে তাকানোর পরিবর্তে এগিয়ে যেতে থাকেন তবে জীবন ক্রমাগত নতুন সুযোগ উপস্থাপন করে। সেই মিটিং যেখানে আপনি ভুল বলেছেন? সেই ইমেল যেখানে বানান ভুল ছিল? সেই ভুলে যাওয়ার মুহূর্ত? এই মুহূর্তগুলো বারবার রিপ্লে করা বন্ধ করুন। সেগুলো মেনে নিন, নিজেকে মানুষ হওয়ার সুযোগ দিন, এবং আপনি দৈনন্দিন শান্তির একটি চাবিকাঠি আবিষ্কার করবেন।

পেছনে ফিরে তাকানো এবং ভাবা সহজ: আমার আরও ভালোভাবে জানা উচিত ছিল। আমি অনেক সময় নষ্ট করেছি। আমার সামনে যা ছিল তা দেখতে আমার এত সময় লাগল কেন? কিন্তু সত্যটি আরও সহজ এবং আরও গভীর: যদি আপনি সত্যিই জানতেন—যদি আপনি সত্যিই, গভীরভাবে আপনার মূলে জানতেন—তবে আপনি এখন যে সিদ্ধান্ত নিচ্ছেন আপনি সেটাই নিতেন। আপনি আপনার জীবনের যেকোনো সময়ে যতটুকু জানেন ততটুকুই জানেন, এবং আপনি পরিবর্তন করেন যখন আপনি সত্যিই প্রস্তুত হন। যদি আপনি আগে পরিবর্তন না করে থাকেন, তবে এর সহজ অর্থ হলো আপনার আরও শেখার ছিল।

এজন্যই পরিবর্তনের সময়টা প্রায়ই আমাদের উপলব্ধির চেয়ে বেশি নিখুঁত হয়। আমাদের যে শিক্ষাগুলো নেওয়া দরকার তা আমাদের মনে হওয়ার সময় আসে না—সেগুলো আসে যখন আমরা শেষ পর্যন্ত সেগুলো গ্রহণ করার জন্য প্রস্তুত হই। সেই সম্পর্কটি যেখানে আপনি খুব বেশি দিন ছিলেন? সেই বছরগুলো যখন আপনি একই প্যাটার্ন পুনরাবৃত্তি করেছেন? **সেগুলো নষ্ট সময় ছিল না।** সেগুলো ছিল ঠিক সেই অভিজ্ঞতা যা আপনাকে স্বচ্ছতার এই মুহূর্তে নিয়ে আসার জন্য প্রয়োজন ছিল। ঠিক এই রূপান্তরের পর্যায়ে। এটি আপনার যাত্রা, আপনার আঙুলের ছাপের মতোই অনন্য... অন্য কারও মতো নয়।

প্রকৃতির দিকে তাকান—প্রাকৃতিক জগতে কোনো কিছুই স্থির অবস্থায় থাকে না। ঋতু, চক্র, জোয়ার-ভাটা আছে। গাছে সারা বছর ফুল ফোটে না।

প্রাণীরা অবিরাম স্থানান্তরিত হয় না। মহাসাগর একটি একক জোয়ার বজায় রাখে না। তাহলে কেন আমরা আশা করি আমাদের আবেগীয় জীবন ভিন্ন হবে?

কেন আমরা দুঃখ, রাগ, হতাশা বা শোকের মতো স্বাভাবিক মানবিক আবেগগুলোকে চিরস্থায়ী সুখের এই কাল্পনিক অবস্থার বাধা হিসেবে চিহ্নিত করে সেগুলোকে রোগ হিসেবে গণ্য করি?

কী হবে যদি, সুখের পেছনে না ছুটে, আমরা আরও গভীর কিছু খুঁজি? আরও টেকসই কিছু? কী হবে যদি লক্ষ্যটি সুখ না হয়ে, বোঝাপড়া হয়? **অস্তিত্বের এমন একটি অবস্থা যা সবকিছু ঠিকঠাক চলার ওপর নির্ভর করে না, বরং পরিস্থিতি ভুল হলেও জীবনকে বোঝার এবং মেনে নেওয়ার আপনার ক্ষমতার ওপর নির্ভর করে।** জীবন আনন্দ এবং দুঃখ, আরাম এবং সংগ্রাম, স্বাচ্ছন্দ্য এবং বেদনা ধারণ করবে—এবং এই সমস্ত অভিজ্ঞতার অর্থ আছে।

পরিবর্তনের ভয়, পরিচিত ব্যথার আরাম, ইগোর নীরব কারসাজি—এগুলো সবই বোঝাপড়ার পথে বাধা। এগুলো আমাদের এমন প্যাটার্নে আটকে রাখে যা নিরাপদ মনে হতে পারে কিন্তু শেষ পর্যন্ত আমাদের থেকে কেড়ে নেয় জীবনের পূর্ণতা। এই প্যাটার্নগুলো থেকে মুক্ত হওয়া কোনো নিখুঁত সুখের অবস্থায় পৌঁছানো নয়। **এটি নিজেকে সম্পূর্ণরূপে মানুষ হওয়ার অনুমতি দেওয়া,** যার সঙ্গে সমস্ত বিশৃঙ্খলা এবং অসম্পূর্ণতা জড়িত, এবং তবুও নিজেকে শেখার এবং বিবর্তিত হওয়ার সুযোগ দেওয়া।

সত্যিকারের বোঝাপড়া আসে গ্রহণ বা অ্যাকসেপটেন্স থেকে—হাল ছেড়ে দেওয়া নয়, বরং যা আছে তার প্রকৃত স্বীকৃতি। এটি আসে বাস্তবতার বিরুদ্ধে ক্রমাগত সংগ্রাম করা ছেড়ে দেওয়া থেকে এবং এর পরিবর্তে এর সঙ্গে কাজ করতে শেখা থেকে। এটি আসে আপনার চারপাশের সবকিছু এবং সবাইকে নিয়ন্ত্রণ করার প্রয়োজন ছেড়ে দেওয়া থেকে। এটি আসে এই বিশ্বাস থেকে যে, জীবন যা কিছুই আনুক না কেন আপনি তা বুঝতে পারবেন, এমনকী যদি তা আপনার প্রত্যাশিত বা কাঙ্ক্ষিত নাও হয়।

এর মানে এই নয় যে আপনি কখনোই দুঃখিত, রাগান্বিত, হতাশ বা ভীত বোধ করবেন না। এর মানে হলো আপনি এই আবেগগুলোকে প্রতিরোধ করবেন না বা সেগুলোতে আটকা পড়বেন না। আপনি সেগুলোকে আপনার মধ্য দিয়ে যেতে দেন, আপনাকে শেখাতে দেন যা তারা শেখাতে এসেছে, এবং

তারপর আপনি তাদের ছেড়ে দেন। আপনি স্বীকার করেন যে আবেগ, চিন্তার মতো অস্থায়ী দর্শনার্থী, স্থায়ী বাসিন্দা নয়। শান্ত মুহূর্তগুলোতে যখন আপনি ব্যথা থেকে পালাচ্ছেন না বা আনন্দের পেছনে ছুটছেন না, যখন আপনি কেবল যা আছে তার সঙ্গে উপস্থিত, আপনি দেখতে পাবেন যে বোঝাপড়া আসলে কখনো হারিয়ে যায়নি। এটি কেবল আপনার থামার এবং লক্ষ্য করার অপেক্ষা করছিল। এবং সেই লক্ষ্য করায়, সেই নিজের কাছে ফিরে আসায়, আপনি আবিষ্কার করবেন যে আপনি যা খুঁজছিলেন তা সবসময় আপনার সঙ্গেই ছিল।

তাই হয়তো প্রশ্নটি "আমি কীভাবে সুখী হতে পারি?" নয়, বরং **"আমি কীভাবে যা আছে তা বুঝতে এবং মেনে নিতে পারি?"** কারণ যখন আপনি সেই বোঝাপড়া খুঁজে পান, তখন সুখকে আর তাড়া করার প্রয়োজন হয় না। এটি কেবল একটি পূর্ণরূপে যাপিত জীবনের সমৃদ্ধ ট্যাপেস্ট্রিতে আরেকটি রং হয়ে ওঠে।

যখন আমরা ধ্রুব সুখের ক্লান্তিকর অন্বেষণ ছেড়ে দিই এবং পরিবর্তে গভীর বোঝাপড়াকে আলিঙ্গন করি, তখন উল্লেখযোগ্য কিছু ঘটতে শুরু করে। জীবনের সম্পূর্ণ বর্ণালী—এর আনন্দ এবং দুঃখ, এর আরাম এবং চ্যালেঞ্জ—মেনে নেওয়া অভিজ্ঞতার একটি গভীর মাত্রা উঠে আসার জন্য জায়গা তৈরি করে। এবং সেই বোঝাপড়ার মধ্যেই, জীবনের প্রতি সত্যিকারের কৃতজ্ঞতা বিদ্যমান। জীবনের উত্থান-পতন বোঝার মধ্যে একটি নীরবতা, একটি শান্তি রয়েছে, যা অন্য কোনো কিছুই দিতে পারে না।

সপ্তম পর্ব

আলো

উনবিংশ অধ্যায়

জীবনের যাত্রায় আলো খুঁজে পাওয়া

যেমনটি আমরা বইয়ে প্রথম দেখেছিলাম, ঘুম থেকে ওঠার সেই প্রথম মুহূর্তগুলোতে এমন কিছু আছে যা খুব ভারী মনে হতে পারে। আমি এটি অন্তরঙ্গভাবে জানি—ঘুম এবং সচেতনতার মাঝখানের সেই স্থান যেখানে গতকালের উদ্বেগ এবং আগামীকালের অনিশ্চয়তা সব একসঙ্গে ছুটে আসে। অধিকাংশ সকালে, আমি সেই ভার বুকে চেপে জেগে উঠি, অস্থিরতার এক অস্পষ্ট অনুভূতি যা আমি চোখ খোলার আগেই উপস্থিত হয়। কখনো কখনো এটি কেবল নেতিবাচকতার একটি অনুভূতি, যা আমি সেই সময়ে সত্যিই ব্যাখ্যা করতে বা বুঝতে পারি না, আমি কেবল এটি অনুভব করি। কিন্তু, আলো আছে।

আমি সেই ভার বহন করে বাড়ি থেকে বের না হওয়ার জন্য আমার যথাসাধ্য চেষ্টা করি। এখানেই প্রতিদিন আমার যাত্রা শুরু হয়—ভারটি অস্বীকার করে নয়, বরং এর পাশাপাশি আমি আর কী বহন করব তা বেছে নেওয়ার মাধ্যমে। আমার হৃদয়ের ওপর আলতো করে হাত রেখে, আমি সেই শব্দগুলো ফিসফিস করে বলি যা আমার নোঙর হয়ে উঠেছে: **"ধন্যবাদ, জীবনের আরেকটি দিনের জন্য।"** সেই মুহূর্তে, একটি পরিবর্তনের শুরু। সামনের দিনটি নিখুঁত না-ও হতে পারে—সেখানে চ্যালেঞ্জ, হতাশা, বিরক্তির মুহূর্ত থাকতে পারে—কিন্তু সকালের এই আচারে, যা কিছুই আসুক না কেন আমি তার

মোকাবিলা কীভাবে করব তার ভিত্তি আমি স্থাপন করি। আমি নিজেকে বলি, "আমি কেমন অনুভব করব তার নিয়ন্ত্রণও আমার হাতে।" এমনকী যদি এটি সামান্য পরিমাণ নিয়ন্ত্রণও হয়, তবুও এটি কিছু একটা। আমি আমার হৃদয়কে ভালোবাসা এবং আলো দিয়ে পূর্ণ করি, নিঃশ্বাসে নিঃশ্বাসে, কৃতজ্ঞতাকে আমার ভেতরে জায়গা তৈরি করতে দিই—যা আছে তার বাস্তবতা এবং যা হতে পারে তার সম্ভাবনা, উভয়ের জন্য।

এটি জোর করে ইতিবাচকতা বা অসুবিধাগুলোর অস্তিত্ব নেই এমন ভান করা নয়। এটি আরেকটি দিন বেঁচে থাকার, ভালোবাসার, বড় হওয়ার, অস্তিত্বের অসাধারণ অলৌকিকতা অনুভব করার আরেকটি সুযোগ পাওয়ার গভীর উপহারটিকে স্বীকৃতি দেওয়া। যখন আমরা সত্যিই বুঝতে পারি যে প্রতিটি দিন নিশ্চিত নয় বরং সদয়ভাবে প্রদত্ত, তখন সবকিছু বদলে যায়। সাধারণ হয়ে ওঠে পবিত্র। ছোট ছোট আনন্দ হয়ে ওঠে সম্পদ।

এবং এই কৃতজ্ঞতার জায়গা থেকে আমরা নতুন চোখে আমাদের চারপাশের অবিশ্বাস্য প্রাচুর্য দেখতে শুরু করি, এমনকী আমাদের সবচেয়ে চ্যালেঞ্জিং ঋতুগুলোতেও। যাদের আমরা ভালোবাসি তাদের মুখ—পরিবারের সদস্য এবং বন্ধুরা যারা আমাদের পুরোপুরি চেনে এবং তবুও আমাদের বেছে নেয়। আমি এই শান্ত সকালের মুহূর্তগুলোতে তাদের কল্পনা করি, আমার পাশে ভ্রমণকারী প্রতিটি অনন্য আত্মার জন্য আমার হৃদয় কৃতজ্ঞতায় পূর্ণ হতে দিই। আমরা আমাদের পছন্দের এই বিশেষ মানুষগুলোর সঙ্গে কেবল একটি জীবন পাই। আমাদের জন্য ত্যাগ স্বীকার করা বাবা-মা, যে শিশুটির বৃদ্ধি আমরা দিনের পর দিন সাক্ষী থাকি, যে বন্ধু জীবনের ঝড়ের মধ্য দিয়ে ধারাবাহিকভাবে উপস্থিত থাকে, যে সঙ্গী আমাদের পাশে দাঁড়ায়, যে পোষা প্রাণীটি নিঃশর্তভাবে ভালোবাসে বা সবার চেয়ে গুরুত্বপূর্ণ, আমাদের নিজেদের, পুরোপুরি প্রশংসা করার এটি একটি সুযোগ। আমি নিজেকে ধন্যবাদ জানাই।

এটা মনে রাখবেন... আপনার সাধারণ দিনটি অন্য কারও
স্বপ্ন। তাই কৃতজ্ঞ হোন, প্রতিটি দিন।

বাড়ি ছাড়ার আগে সেই স্থির মুহূর্তগুলোতে যা শুরু হয়েছিল তা ধীরে ধীরে পৃথিবীতে চলার একটি পদ্ধতিতে প্রসারিত হয়েছে। আমি আবিষ্কার করেছি যে

কৃতজ্ঞতা কেবল একটি অনুভূতি নয় যা আসে এবং যায়—এটি একটি লেন্স যার মাধ্যমে আমরা সবকিছু দেখতে বেছে নিতে পারি। যখন আমরা এই লেন্স দিয়ে তাকাই, আমরা সেই ছোট অলৌকিক ঘটনাগুলো লক্ষ্য করি যা অন্যথায় আমরা মিস করতে পারতাম—মেঝের ওপর সূর্যের আলোর উষ্ণতা, আমাদের জানালার বাইরে পাখির সুর, এমন একটি শরীরের শক্তি যা তার অসম্পূর্ণতা সত্ত্বেও আমাদের বহন করে চলেছে।

আমি গভীরভাবে বিশ্বাস করতে শুরু করেছি যে আমরা পৃথিবীতে যা কিছু ভালো রাখি তা বহুগুণ হয়ে আমাদের কাছে ফিরে আসে। যখন আমরা অকৃত্রিম কৃতজ্ঞতার সঙ্গে জীবনের কাছে যাই, তখন আমরা আরও উদার, আরও করুণাময়, আরও উপস্থিত হয়ে উঠি। আমরা অন্য মানুষের ত্রুটিগুলো দ্বারা কম প্রভাবিত হই। এবং এই গুণগুলো অনিবার্যভাবে আমাদের দিকে একইরকম শক্তি আকর্ষণ করে। আমরা কোনো মহাজাগতিক পুরস্কার ব্যবস্থাকে প্রভাবিত করছি বলে নয়, বরং **কৃতজ্ঞতা আমাদের এবং আমরা কীভাবে বিশ্বের সঙ্গে যোগাযোগ করি তা মৌলিকভাবে পরিবর্তন করে বলে।**

আমার জীবনের সবচেয়ে চ্যালেঞ্জিং সময়গুলো এই সত্যটি সবচেয়ে স্পষ্টভাবে প্রকাশ করেছে। পেছনে ফিরে তাকালে, আমি নিখুঁত স্বচ্ছতার সঙ্গে দেখতে পাই যে প্রতিটি আপাত ব্যর্থতা আসলে আমাকে এমন বৃদ্ধির জন্য প্রস্তুত করছিল যা আমি তখনও কল্পনা করতে পারিনি। এটা সত্য, আমাদের জীবনের ঋতু আছে, ঠিক আবহাওয়ার মতো। যে সম্পর্কটি বেদনাদায়কভাবে শেষ হয়েছিল তা গভীর ভালোবাসার প্রবেশের জন্য জায়গা তৈরি করেছিল। সেই পেশাগত হতাশা আমাকে এমন কাজের দিকে পুনঃনির্দেশিত করেছিল যা আমার আত্মাকে পুষ্ট করে। অনিশ্চয়তার সেই সময়কাল আমাকে জীবনের উন্মোচনে বিশ্বাস করতে শিখিয়েছিল এমনভাবে, যা আমি কেবল স্বাচ্ছন্দ্যের মাধ্যমে কখনো শিখতে পারতাম না।

এবং এখানে আরেকটি সত্য যা আমি পথ চলতে চলতে আবিষ্কার করেছি: **আমাদের হাতে যথেষ্ট সময় আছে।** তাড়াহুড়ো করার, সময় ফুরিয়ে যাওয়ার আমাদের ধ্রুবক অনুভূতি সত্ত্বেও, নতুন স্বপ্ন, নতুন অভিজ্ঞতা অনুসরণ করার, সফল হওয়ার, রূপান্তরিত হওয়ার জন্য আমাদের হাতে যথেষ্ট সময় আছে। নেলসন ম্যান্ডেলার কথা ভাবুন, যিনি ২৭ বছর কারাগারে কাটিয়েছেন। সাতাশ বছর!

এক মুহূর্তের জন্য ভাবুন ২৭ বছর আগে আপনি কোথায় ছিলেন—সময়ের সেই পুরো ব্যপ্তি, সেই সমস্ত মুহূর্ত এবং অভিজ্ঞতা যা আপনি তখন থেকে পার করেছেন, তিনি একটি সেলে কাটিয়েছেন। আপনি যা যা করতে মুক্ত ছিলেন তার সবকিছু করতে অক্ষম হয়ে। এটি বিবেচনা করুন: ম্যান্ডেলার বয়স ছিল ৭১ বছর যখন তিনি শেষ পর্যন্ত কারাগার থেকে মুক্তি পান। ৭৫ বছর বয়সে—এমন এক বয়সে যখন অনেকে বিশ্বাস করেন যে জীবনের সবচেয়ে ফলপ্রসূ বছরগুলো তারা পেছনে ফেলে এসেছেন—তিনি দক্ষিণ আফ্রিকার রাষ্ট্রপতি হন। তিনি একটি জাতিকে রূপান্তরিত করতে এবং এমন একটি উত্তরাধিকার রেখে যেতে আবির্ভূত হয়েছিলেন যা প্রজন্মের পর প্রজন্ম ধরে প্রতিধ্বনিত হবে। এখন আমি আপনাকে জিজ্ঞাসা করছি: আপনি আপনার জীবনের পরবর্তী ২৭ বছর দিয়ে কী করবেন? একই সময়ের ব্যবধানে আপনি কোন স্বপ্নগুলো পূরণ করতে পারেন, কী প্রভাব ফেলতে পারেন, কী আনন্দ সৃষ্টি করতে পারেন?

ম্যান্ডেলা যদি তার জীবনের প্রায় তিন দশক হারানোর পরে যা করেছিলেন তা অর্জন করতে পারেন, তাহলে আপনার পক্ষে কী সম্ভব হতে পারে? “অনেক দেরি হয়ে গেছে” বা “আমার পর্যাপ্ত সময় নেই” ভেবে আপনি কোন স্বপ্নগুলো স্থগিত করেছেন? সত্য হলো শুরু করার, সৃষ্টি করার, রূপান্তরিত হওয়ার, বাঁচার জন্য কখনোই খুব বেশি দেরি হয় না। সবকিছু একটি কারণে ঘটে—কোনো পূর্বনির্ধারিত অর্থে নয় যেখানে আমাদের শিক্ষা দেওয়ার জন্য কষ্ট দেওয়া হয়, বরং প্রতিটি অভিজ্ঞতা আমাদের ঠিক সেই ব্যক্তিতে পরিণত করে যা আমাদের হওয়া প্রয়োজন।

প্রতিটি ঝড়ের মধ্য দিয়ে, প্রতিটি হৃদয়ের ভাঙনে, প্রতিটি মুহূর্তে যখন আমি ভেবেছিলাম আমি সম্ভবত আর চলতে পারব না—জীবন প্রমাণ করেছে যে সবকিছু সত্যিই ঠিক হয়ে যায়। সবসময় আমার প্রত্যাশিত উপায়ে নয়। সবসময় আমার সময়রেখা অনুযায়ী নয়। কিন্তু সবসময় এমন উপায়ে যা শেষ পর্যন্ত আমার বৃদ্ধি এবং জাগরণকে সেবা করেছে। এটি অন্ধ আশাবাদ নয়; এটি এমন একটি সত্য যা আমি বারবার প্রত্যক্ষ করেছি, আমার জীবনে এবং অসংখ্য অন্যের জীবনে যারা যাত্রাটিকে বিশ্বাস করতে বেছে নিয়েছে এমনকী যখন সামনের পথটি কুয়াশায় ঢাকা ছিল তখনও।

আপনি এই পৃষ্ঠাগুলোর মাধ্যমে আপনার নিজস্ব যাত্রায় ছিলেন। আপনি

নিজের সম্পর্কে এমন সত্যের মুখোমুখি হয়েছেন যা সবসময় আরামদায়ক ছিল না। আপনি এমন প্যাটার্নগুলো চিনতে পেরেছেন যা আপনাকে আর সেবা করে না। আপনি পথের মাঝে হারিয়ে যাওয়া নিজের অংশগুলো পুনরুদ্ধার করার প্রক্রিয়া শুরু করেছেন। এবং হয়তো, আমার মতো, আপনিও এখনও কিছু সকালে সবকিছুর ভার অনুভব করে জেগে ওঠেন।

কিন্তু আমি আশা করি, আপনি আপনার ভেতরে অন্য কিছু নাড়াচাড়া করতে অনুভব করছেন—একটি শান্ত নিশ্চয়তা যে **আপনি ঠিক সেখানেই আছেন যেখানে আপনার থাকার কথা।** প্রতিটি চ্যালেঞ্জ, প্রতিটি আনন্দ, প্রতিটি আপাতদৃষ্টিতে এলোমেলো সাক্ষাৎ আপনার জীবনের অনন্য ট্যাপেস্ট্রি নিখুঁতভাবে বুনছে। কোনো কিছুই নষ্ট হয় না। কোনো কিছুই আকস্মিক নয়। আপনাকে মুহূর্তে মুহূর্তে সেই ব্যক্তিতে রূপ দেওয়া হচ্ছে যা হওয়ার জন্য আপনি নির্ধারিত।

তাই আগামীকাল সকালে, যখন চেতনা ফিরে আসবে এবং সেই সঙ্গে হয়তো সেই পরিচিত ভারও, আপনার হাতটি আপনার হৃদয়ের ওপর রাখবেন। সেখানে যা আছে তা অনুভব করবেন—ভার, উদ্বেগ, ক্লান্তি। এবং তারপর, নিঃশ্বাসে নিঃশ্বাসে, সেই স্থানটি আলো এবং ভালোবাসা দিয়ে পূর্ণ করবেন যখন আপনি ফিসফিস করে বলবেন, "ধন্যবাদ, জীবনের আরেকটি দিনের জন্য।" সম্ভাবনাগুলোর নাম দেবেন যার জন্য আপনি কৃতজ্ঞ। কৃতজ্ঞতা আপনার মধ্য দিয়ে ধুয়ে যেতে দেবেন, আপনি কীভাবে এই মূল্যবান দিনটির মোকাবিলা করবেন তা রূপান্তর করে।

যেহেতু এই বইটি শেষের কাছাকাছি রয়েছে, আমি আপনাকে এই বিদায় বার্তাটি দিচ্ছি... প্রতিটি চ্যালেঞ্জ আপনাকে রূপ দিচ্ছে। প্রতিটি আনন্দ আপনাকে প্রকাশ করছে। প্রতিটি মুহূর্ত হলো বিরক্তির চেয়ে প্রশংসাকে, অধিকারবোধের চেয়ে কৃতজ্ঞতাকে, অমনোযোগের চেয়ে উপস্থিতিকে বেছে নেওয়ার একটি সুযোগ। এবং সেই পছন্দে—যা বারবার করা হয়, সকালের পর সকাল—আপনার মুখোমুখি হওয়া যেকোনো বাধার চেয়ে বড় শক্তি নিহিত রয়েছে। এটি আপনার এই একটি বুনো এবং মূল্যবান জীবনকে তার আসল রূপে, সেই অসাধারণ উপহার হিসেবে দেখার শক্তি। আপনি কখনো কখনো যা ভাবেন আপনি তার চেয়েও শক্তিশালী... আপনি সবসময়ই তা ছিলেন।

বিংশ অধ্যায়

যান এবং বাঁচুন

এই অধ্যায়টি আপনার লেখার জন্য। যান এবং বাঁচুন... আপনি পারবেন।

ভালোবাসা এবং আলো,
ড্যানিয়েল চিডিয়াক

আমি শুধু এটুকুই বলতে চাই... এই বইটি শেষ করার জন্য আপনাকে অনেক অভিনন্দন। আমি মন থেকেই বলছি! এটি আপনার নিজেকে উন্নত করার দৃঢ় সংকল্প সম্পর্কে অনেক কিছু বলে, যা নিজেই আপনার চরিত্র সম্পর্কে অনেক কিছু প্রকাশ করে। এবং ধন্যবাদ, আমার সঙ্গে এই যাত্রাটি ভাগ করে নেওয়ার সুযোগ দেওয়ার জন্য। আমি আপনার যাত্রায় আপনার সর্বাঙ্গীন মঙ্গল কামনা করি, এবং মনে রাখবেন যে আপনি সবসময় আমরা যা কভার করেছি তা আবার দেখতে পারেন—হোক তা নির্দিষ্ট কোনো অংশ বা পুরো বইটি—যতক্ষণ না এটি সত্যিই মনের গভীরে গেঁথে যায়। আমাদের সবারই মাঝে মাঝে একটি স্বাস্থ্যকর বা ভালো রিমাইন্ডার বা মনে করিয়ে দেওয়ার প্রয়োজন হয়।

আপনি যদি এই বইটি উপভোগ করে থাকেন এবং মনে হয় এটি আপনার সঙ্গে অনুরণিত হয়েছে, তবে আপনি যদি একটি ছোট রিভিউ বা পর্যালোচনা দেন তবে আমি সত্যিই কৃতজ্ঞ থাকব।

ইনস্টাগ্রাম: @danielchidiac

টিকটক: @daniel_chidiac

ফেসবুক: @danielgchidiac